Methoden-Mix

Unterrichtliche Methoden zur Vermittlung beruflicher Handlungskompetenz in kaufmännischen Fächern

von

Bärbel Hoffmann

Ulrich Langefeld

Inhaltsverzeichnis

4., durchgesehene Auflage, 2001

Postfach 11 15 52, 64230 Darmstadt
http://www.winklers.de
Druck: westermann druck GmbH
ISBN 3-8045-**3713**-8

1 Vorüberlegungen

Das vorliegende Buch mit seinen methodischen Unterrichtshilfen soll **keine** normierende Rezeptur für handlungsorientierte Unterrichtskonzeptionen anbieten.

Es will vielmehr generell praxisbezogen handlungsorientierte Unterrichtsprozesse und Lernarrangements in kaufmännischen Unterrichtsfächern anregen, zu integriertem Handlungslernen verhelfen und speziell für methodische Gesichtspunkte zur Vermittlung beruflicher Handlungskompetenz sensibilisieren.

Das Buch wendet sich an Lehrerinnen und Lehrer im berufsbildenden Schulwesen, es wendet sich an Studentinnen und Studenten, an Referendarinnen und Referendare in den Studienseminaren, an deren Leiterinnen und Leiter sowie an Moderatorenteams in der Erwachsenenbildung.

Unterrichtliche Methoden zur Vermittlung beruflicher Handlungskompetenz werden vorgestellt und zugleich beispielhaft konkretisiert. Sie haben sich als angewandte Methoden im Unterricht, in der Seminararbeit und in der Lehrerfortbildung, als Konkretisierungshilfen in Richtlinienkommissionen und auch als aktivierende Elemente in Maßnahmen der Erwachsenenbildung bewährt.

An dieser Stelle danken wir allen Kolleginnen und Kollegen für ihre unterrichtlichen Beiträge und wertvollen Anregungen, ohne die das vorliegende Buch nicht entstanden wäre.

Für weitere Hinweise und Impulse sind wir stets dankbar.

1.1 Legitimation

Die Diskussionen über das Konzept didaktischer Gestaltungsgrundsätze zur Förderung von Schlüsselqualifikationen implizieren mit Berechtigung stets eine Diskussion über Inhalte als auch zugleich eine über Methoden.[1]

Die Zielvorstellungen und Interpretationen des Schlüsselqualifikationskonzepts als Konzept einer bestimmten und erweiterten Qualität beruflicher Handlungsfähigkeit beschreiben nicht nur allgemeine Denkfähigkeiten und anzustrebende allgemeine, fachliche, methodische, soziale und personale Kompetenzen, sondern auch transferfähige Fähigkeiten, Fertigkeiten, Einstellungen und Handlungen, wie sie in den Erziehungs- und Bildungszielen der beruflichen Schulen formuliert sind.[2] Sie sind gebunden an ganzheitliche inhaltliche und methodische Anforderungen, die wegen ihrer Exemplarität und der Möglichkeit von Schülerselbsttätigkeit geeignet sind eine hohe Transferfähigkeit des Gelernten zu sichern.

In der Unterrichtspraxis zentriert sich das Problem im Folgenden auf die Kernfrage, wie Schlüsselqualifikationen durch konkrete Überlegungen, Maßnahmen und Methoden ausgebildet werden sollen oder, um mit Beck zu sprechen, es handelt sich in der zentralen Aufgabenstellung um das pädagogische Transferproblem.[3]

1 Vgl. Beck, Herbert: Schlüsselqualifikationen Bildung im Wandel, Darmstadt 1993, S. 87 ff.
2 Vgl. Mertens, Dieter: Schlüsselqualifikationen, in : Mitteilungen aus Arbeitsmarkt und Berufsforschung, Heft 7/1974, S. 36 ff.
3 Vgl. Beck, Herbert: Schlüsselqualifikationen Bildung im Wandel, a. a. O., S. 74

Mögliche Erschließungsfragen und grundsätzliche Überlegungen für die Auswahl von Lernsituationen und von unterrichtlichen Methoden zur Vermittlung beruflicher Handlungskompetenz sollten daher lauten:

- Inwieweit sind die Strukturen der Lernsituation exemplarisch, d. h. elementar, typisch, repräsentativ und modellhaft für eine mehr oder weniger große Anzahl von Anforderungssituationen des Lebens?
- Wie können die didaktisch ausgewählten exemplarischen Inhalte in einer Weise methodisch erschlossen und vermittelt werden, dass sie berufliche Qualifizierung und zugleich die allseitige und ganzheitliche Entwicklung der Persönlichkeit der Schülerinnen und Schüler fördern?
- In welchem Maße sind Lerninhalte systematisch verbunden, d. h. vernetzt und darüber hinaus im Sinne integrierten Handlungslernens miteinander verknüpft?
- Welche kognitiven, affektiven und psychomotorischen Zielaspekte von Schlüsselqualifikationen werden ganzheitlich angesprochen?

Diese nur exemplarisch aufgezeigten Erschließungsfragen öffnen den Blick in Gestaltungsgrundsätze und Merkmale handlungsorientierten Lernens, wie sie Halfpap als Qualifikations- und Kompetenzstruktur der beruflichen Handlungsfähigkeit aufzeigt.[1]

Methoden bzw. Kombinationen von Lehrverfahren als **Methoden-Mix** sind in Übereinstimmung mit Halfpap für die ganzheitliche Förderung von Schlüsselqualifikationen besonders bedeutsam und wirksam für die berufliche Qualifizierung sowie die allseitige Entwicklung der Persönlichkeit.

Dabei verstehen wir unser **Methoden-Mix** nicht nur als eine in Beispielen konkretisierte Sammlung von unterschiedlichen Methoden zur Vermittlung beruflicher Handlungskompetenz, sondern gleichzeitig als ein durch Unterrichtsbeispiele konkretisiertes Postulat, ganzheitliche Lernarrangements wie Tagesfall und Lernaufgabe durch den Einsatz vielfältiger, ideenreich eingesetzter Methoden, kurzum einer Methodenvielfalt, zu gestalten. Zudem streben wir durch Handlungslernen im **Methoden-Mix** innerhalb ganzheitlicher Lernarrangements in einem sozialen Kontext des Lernens das Lernen als gehaltvollen wechselseitigen Prozess zwischen den Lernenden, der Lehrkraft, anderen Lernenden und den Lernmaterialien an.

Unterrichtliche Methoden zur Vermittlung beruflicher Handlungskompetenz sollen daher im Mittelpunkt unserer folgenden Überlegungen stehen.

Neben dem „Primat der Fachinhalte"[2] als Ausdruck einer stets gleichrangigen und gleichzeitigen Förderung von Fachqualifikationen und von weiteren Schlüsselqualifikationen[3] soll für unsere Themenstellung und damit für die konkrete handlungsorientierte Unterrichtsplanung die zentrale Frage lauten: Welche handlungsorientierten Methoden oder, um mit Klippert[4] zu sprechen, welche lernrelevanten Arbeitsinseln bieten sich für Schülerinnen und Schüler an, in lernrelevanter Weise aktiv zu sein, dass sie z. B. themen- und materialzentriert arbeiten, vorbereiten, organisieren, entdecken, erkunden, produzieren,

1 Vgl. Halfpap, Klaus: Unterricht als integriertes Handlungslernen in kaufmännischen Schulen, Band 1: Absatzwirtschaft, Darmstadt 1993

2 Vgl. Beck, Herbert: Schlüsselqualifikationen Bildung im Wandel, a. a. O., S. 87 ff.

3 In der Wirtschaft existiert dafür inzwischen das Kürzel „**IFAS**" als **I**ntegrierte Vermittlung von **Fa**ch- und **S**chlüsselqualifikationen

4 Vgl. Klippert, Heinz: Handlungsorientiertes Lehren und Lernen in der Schule, in: arbeiten und lernen, Heft 4, 1991, S. 7–16

interagieren und die Arbeitsprozesse und -ergebnisse auswerten, reflektieren und nicht zuletzt auch „auf den Begriff" bringen (Regeln, Strukturen, Definitionen usw.)?

Im Folgenden sollen Antworten auf diese unterrichtlichen methodischen Herausforderungen als mögliche Lösungen des unterrichtlichen Transferproblems gegeben werden.

1.2 Aufbau

Ausgewählte Methoden und Moderationstechniken zur Vermittlung beruflicher Handlungskompetenz werden zentral vorgestellt und in erprobten Unterrichtsbeispielen und Moderationssituationen zur Anregung für die eigene Unterrichtstätigkeit anschaulich belegt und reflektiert.

In der Grundstruktur folgt der Aufbau des Buches den bekannten Prinzipien von möglichen Unterrichtsphasierungen. Die gleichzeitige Verknüpfung methodischer Klein- und Großformen mit effizienten Moderationstechniken soll zum einen das geänderte Rollenverständnis der Lehrerin und des Lehrers im handlungsorientierten Unterricht verdeutlichen, gleichzeitig aber auch neue Denkanstöße und konkrete Anregungen für dynamische unterrichtliche Handlungsprozesse unterbreiten.

Den Ausführungen gehen Überlegungen zu einer didaktisch-methodischen Konzeption voraus, die die Methoden und ihre Vielfalt als einen wichtigen konzeptionellen Teil zur Erlangung beruflicher Handlungskompetenz verstehen und, obgleich nicht themenzentral doch unterrichtsnah, Möglichkeiten zur Schaffung persönlicher und sachlicher Orientierung vorstellen.

2 Berufliche Handlungskompetenz als Ziel beruflicher Bildung

„Non scholae, sed vitae discimus“ umschrieben die Römer vor über 2 000 Jahren ein wichtiges, bewährtes Bildungsziel und wo hat diese Aussage eines Lernens zur Bewältigung von Lebensaufgaben im Beruf im persönlichen und im gesellschaftlichen Leben mehr Sinnberechtigung als gerade im berufsbildenden Schulwesen?

Beruf ist Lernen und Leben.

Arbeits- und damit gleichzeitig auch Lebenswirklichkeit sind stets mehrperspektivisch und komplex. Bildung und Erziehung müssen über die Vermittlung von Schlüsselqualifikationen, d. h. über den Erwerb von „fächerübergreifenden personenbezogenen Kompetenzen“[1] als „Zugriffswissen“ helfen, die ganzheitliche Lebens- und Berufswirklichkeit zu meistern und speziell berufliche Handlungsfähigkeit zu entwickeln und zu fördern.

Unabhängig davon, ob die Zielperspektive als „kategoriale Bildung“, „Entfaltung der Persönlichkeit“, „Mündigkeit“, „Selbst- und Mitbestimmungsfähigkeit“ oder „Emanzipation“ umschrieben wird: Es geht darum, einen Menschen zu befähigen, sein Leben in der Gemeinschaft anderer Menschen angemessen zu bewältigen.[2]

Schlüsselqualifikationen, lebenslanges Lernen, aktiv-produktives Lernen, Lernen in Zusammenhängen, Methodentraining, projektorientierter Unterricht sind beispielhaft für einige Begriffe und methodische Ansätze, die als Reflex auf die technologischen, arbeitsorganisatorischen und wirtschaftstrukturellen Wandlungsprozesse in unserer Gesellschaft stehen.[3]

Sie dienen der Entwicklung der Fähigkeit, wie schon die Römer forderten, für das Leben zu lernen.

2.1 Schlüsselqualifikationen und Kompetenzstruktur der beruflichen Handlungsfähigkeit

Die Frage nach der Bildung, die am besten die eigene Persönlichkeit entfaltet und bewältigt, die die berufliche Existenz optimal fundiert und die gesellschaftliches Verhalten fördert, ist so alt wie die Menschheit selbst.

Zentral mündet die Debatte heute in die pädagogische Leitidee[4] der Weiterentwicklung der Persönlichkeit des Lernenden, eines eigenständigen, selbst- und sozialverantwortlichen, d. h. mündigen Individuums, das im Spannungsfeld von Freiheit und Verantwortung selbstständig nach einem Interessenausgleich streben soll. „Das Paradigma unseres technologischen Zeitalters ist das des selbstbestimmenden, lebenslangen Lernens“[5]. Es be-

---

1 Reetz, Lothar: Schlüsselqualifikationen in der Berufsbildung, in: Twardy, Martin: „Duales System zwischen Tradition und Fortschritt, Köln 1991, S. 30

2 Vgl. Jank; W./Meyer, H.: Didaktische Modelle, Frankfurt a. M. 1991, S. 73–77

3 Vgl. Nyhan, Barry: Entwicklung der Lernfähigkeit, Europäische Beiträge zu Selbst-Lern-Kompetenz und Technologischem Wandel, Hg. Kommission der Europäischen Gemeinschaften, Brussel 1993 und Patzold, G.: Handlungsorientiertes Lehren und Lernen in der schulischen Berufsbildung, in: Die Kaufmännische Schule, 6/95, S. 155 ff.

4 Vgl. Tamm, Tade: Konzeption und theoretische Grundlagen einer evaluativ-konstruktiven Curriculumstrategie–Entwurf eines Forschungsprogramms unter der Perspektive des Lernhandelns, Diss., Göttingen 1992

5 Vgl. Nyhan, Barry: a. a. O., Brüssel 1993

schränkt sich nicht einseitig auf einige ganz bestimmte Persönlichkeitsmerkmale, sondern erfasst die Person in der Totalität aller Qualifikationen und Kompetenzbereiche.

Bezogen auf den Bereich der Berufsbildung, könnte dann ein übergeordnetes Ziel beruflicher Bildung umschrieben werden als Fähigkeit und Bereitschaft zur kompetenten und verantwortlichen Gestaltung von beruflichen, privaten und öffentlich-gesellschaftlichen Lebenssituationen auf der Basis schülergemäßen und damit subjektorientierten, vernunftbestimmten Lernhandelns. Für den berufsschulischen Unterricht öffnet sich damit auch als Reflex auf den technologischen, arbeitsorganisatorischen und wirtschaftsstrukturellen Wandel die reale Chance und die Notwendigkeit, nicht mehr allein die Vermittlung von Faktenwissen, sondern die Entfaltung der Persönlichkeit und Handlungsfähigkeit des einzelnen Schülers in den Mittelpunkt des unterrichtlichen und erzieherischen Bemühens zu stellen.

Fassen wir unsere Forderung nach einem umfassenderen, komplexeren Kompetenzspektrum mit einem aktuellen pädagogischen *Kampfbegriff* zusammen, so zielen wir auf die Vermittlung von **Schlüsselqualifikationen**[1] in der Berufsbildung, die zu einer höheren Form beruflicher Handlungsfähigkeit beitragen sollen. **Schlüsselqualifikationen** sollen im folgenden Kontext als „berufs- und funktionsübergreifende sowie weitgehend zeitunabhängige Qualifikationen mit übergeordneter Bedeutung für die Bewältigung künftiger Aufgaben" verstanden werden. „Sie sind praktisch der Schlüssel zur raschen und reibungslosen Erschließung wechselnden Spezialwissens."[2]

Katalog von Schlüsselqualifikationen

fachliche bzw. materiale Schlüsselqualifikationen	**formale Schlüsselqualifikationen**	**personale Schlüsselqualifikationen**
– berufsübergreifende Kenntnisse und Fertigkeiten (z. B. Fremdsprachen) – Kenntnisse und Fertigkeiten neuer Techniken (z. B. Datenverarbeitung) – Kenntnisse von Verfahrens- und Arbeitsabläufen – Codierungs- und Decodierungsfähigkeiten – Fähigkeit, algorithmisch zu denken ...	– Denken in komplexen Zusammenhängen und Systemen – Abstraktionsfähigkeit – Kreativitätsfähigkeit – Problemlösungsfähigkeit – Lernfähigkeit – kommunikative Fähigkeit – Entscheidungsfähigkeit und Gestaltungsfähigkeit – Beherrschung von Lerntechniken ...	– Zielstrebigkeit – Lern- und Leistungsbereitschaft – Selbstbeherrschung – Besonnenheit – Konzentration – Ausdauer – Zuverlässigkeit, Verantwortlichkeit, Aufgeschlossenheit – Kontaktbereitschaft – Einfühlungsvermögen – Geduld – Offenheit – Hilfsbereitschaft – Verbindlichkeit, Mitverantwortung, Aufrichtigkeit – Solidarität ...

1 Vgl. Beck, H.: Schlüsselqualifikationen Bildung im Wandel, a. a. O., und Halfpap, K.: Unterricht als integriertes Handlungslernen in kaufmännischen Schulen, Band 1, a. a. O., S. 14 ff.

2 Stössel, H.: Schlüsselqualifikationen, in: Lernfeld Betrieb, Heft 2, 1986, S. 45

Der vom ehemaligen Leiter des Instituts für Arbeitsmarkt- und Berufsforschung der Bundesanstalt für Arbeit, Dieter Mertens, Mitte der Siebzigerjahre aus arbeitsmarktpolitischer Sicht entwickelte Begriff definiert **Schlüsselqualifikationen** als solche „Kenntnisse, Fähigkeiten und Fertigkeiten, welche nicht unmittelbaren und begrenzten Bezug zu bestimmten disparaten praktischen Tätigkeiten erbringen, sondern vielmehr die Eignung für eine große Zahl von Positionen und Funktionen als alternative Optionen zum gleichen Zeitpunkt und die Eignung für die Bewältigung einer Sequenz von (meist unvorhersehbaren) Änderungen von Anforderungen im Laufe des Lebens“.[1]

Diese ***arbeitsmarktpolitische*** Begründung des Konzepts der Schlüsselqualifikationen stellt die Fähigkeit des Menschen auf unvorhersehbare neue Anforderungen flexibel und mobil reagieren zu können in den Vordergrund, um seine einmal erworbene Berufsqualifikation zu erhalten, kontinuierlich zu erweitern und zu ergänzen. Mertens orientiert sich in erster Linie an den Anforderungen des Arbeitsplatzes und weniger an den Interessen der Lernenden.

Gleichzeitig wird jedoch auch die ***betriebssoziologische*** Ebene angesprochen. So soll hier die Fähigkeit auf Veränderungen in der Arbeitsorganisation, wie z. B. die zunehmende Integration und Verzahnung von Aufgaben, flexibel und im Team zu reagieren, exemplarisch genannt werden.

Aus ***schulpädagogischer*** Sicht werden z. B. neue Ausbildungskonzepte für die Neuordnung der Berufe gefordert und umgesetzt. Die Forderung nach Unterricht als integriertes Handlungslernen[2] wird als didaktisches Konzept verwirklicht und schlüssig begründet.

Die Vielfalt der ökonomischen Realität, die Wissensflut, die die neuen Informations- und Kommunikationstechnologien mit sich bringen und die immer kürzer werdenden „Zerfallzeiten“ beruflichen Wissens, verlangen für den Unterricht den Verzicht auf Vollständigkeit in der Stofferarbeitung. Stattdessen ist eine Konzentration auf ein Grundwissen erforderlich, das von exemplarischer Bedeutung für die Lebens- und Arbeitssituation des Auszubildenden ist. Unterricht muss die Lernenden in die Lage versetzen die Dynamik in der ökonomischen, technischen und sozialen Entwicklung mitzuvollziehen und sich verändernden Anforderungen zu stellen. Statt Einzeltatsachen anzuhäufen, sind die Lernenden mit beruflicher Handlungskompetenz im Sinne selbstständigen Planens, Durchführens und Kontrollierens auszustatten, damit sie aktuelle und zukünftige Aufgaben eigenständig zu lösen vermögen.[3] Neben der fachlichen Kompetenz sind aber auch Sozial- und Methodenkompetenz zur Bewältigung von Zukunftsaufgaben von Bedeutung.

Interpretiert man das folgende Schaubild und gängige Kataloge von Schlüsselqualifikationen,[4] so können wir feststellen: Materiale bzw. fachliche Schlüsselqualifikationen sind stoffbestimmt; es handelt sich um konkrete Kenntnisse und Fertigkeiten, die die Lernenden im Sinne einer Erweiterung ihrer Fachkompetenz erwerben. Formale Schlüsselqualifikationen fordern denk- und methodenbestimmte Fähigkeiten und fördern in einem Wechselprozess gleichzeitig die Methodenkompetenz. Personale Schlüsselqualifikationen sind sowohl individuelle als auch soziale Verhaltensweisen und präsentieren ein bestimmtes Arbeitsverhalten, wodurch eine größere Personal- und Sozialkompetenz angestrebt wird.[5]

---

1 Mertens, D.: Schlüsselqualifikationen. Thesen zur Schulung für eine moderne Gesellschaft, in: Mitteilungen aus der Arbeitsmarkt- und Berufsforschung, 1974, Heft 6, S. 40

2 Vgl. Halfpap, K.: Unterricht als integriertes Handlungslernen, a. a. O., S. 14

3 Vgl. Stössel, H.: Ausbildungskonzept für die Neuordnung der Büroberufe, in: Neue Entwicklungen in den kaufmännischen Berufen, BIBB-Kongress Neue Berufe – Neue Qualifikationen

4 Vgl. Stössel, H.: Schlüsselqualifikationen, a. a. O., S. 45

5 Aus den Qualifikationen ergeben sich Kompetenzen, denn kompetent ist, wer qualifiziert ist. Zitiert nach Beck, H.: Schlüsselqualifikationen Bildung im Wandel, Darmstadt 1993, S. 20

Schlüsselqualifikationen und Kompetenzstruktur der beruflichen Handlungsfähigkeit[1]

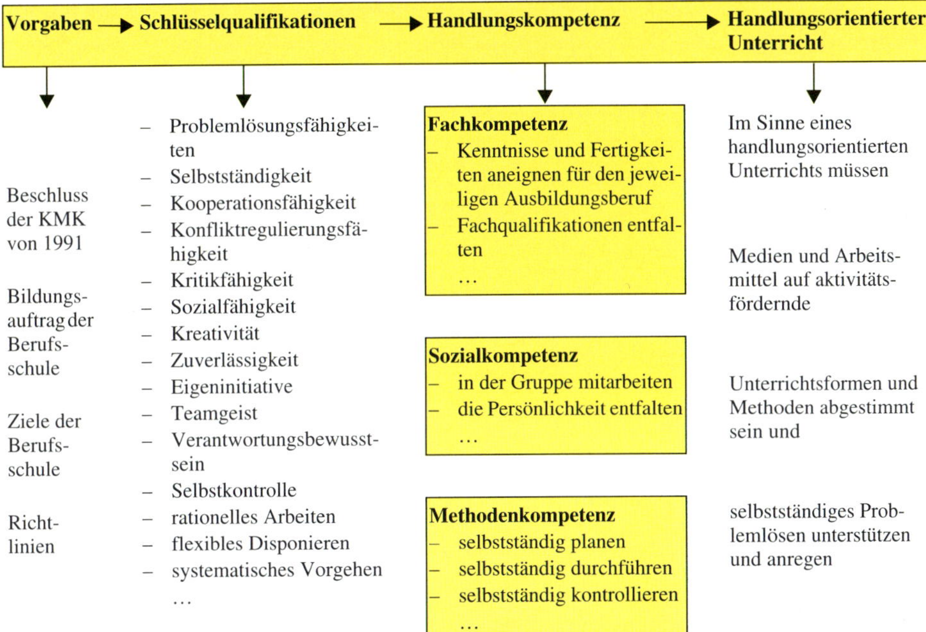

Für die praktische Umsetzung des Schlüsselqualifikationskonzeptes erscheint vor allem das Verhältnis der fach- und berufsübergreifenden Schlüsselqualifikationen zu den traditionellen fachlichen und berufsspezifischen Lerninhalten wichtig. Zusammen mit Webers[2] sei festgestellt, dass es zweifellos weder sinnvoll noch möglich ist, die traditionellen fachlichen Unterrichtsinhalte in ihrem bisherigen Umfang unverändert beizubehalten und zusätzlich die geforderten Schlüsselqualifikationen zu vermitteln, während Dubs[3] perspektivisch akzentuiert, dass das Fachwissen weder grundsätzlich an Bedeutung verliert noch sich durch die Vermittlung von Schlüsselqualifikationen ersetzen ließe.

„Schlüsselqualifikationen sind keine eigenständigen Qualifikationen, die man allein erwerben, als abstrakte Lerngegenstände vermitteln und anwenden kann. Sie werden erst bedeutsam durch den Erwerb bzw. bei der Anwendung von Fachqualifikationen." Fach- und Schlüsselqualifikationen müssen daher gemeinsam, „integriert", vermittelt werden.[4]

Das heißt, es sind Wissen und Fertigkeiten zur Bewältigung der Arbeitsanforderungen notwendig sowie mit zunehmender Bedeutung Problemlösungs-, Interaktions- und Verantwortungsfähigkeit. Dadurch werden die bisher der so genannten Allgemeinbildung zugeordneten Qualifikationen in die berufliche Bildung integriert.[5]

---

1 In Anlehnung an Brunsch/Florenz/Hoffmann/Langefeld/Rückwart/Schreiber: Arbeitspapier für das Fachseminar Wirtschaftswissenschaft Lehramt für die Sekundarstufe II, Stand Ende 1993, S. 71

2 Vgl. Webers, Hans-Harald: Entwicklung und unterrichtliche Erprobung einer Fallstudie zur Produktpolitik im Themenbereich Absatzmarketing zur Förderung der beruflichen Handlungskompetenz, unveröffentlicht, Gelsenkirchen 1994

3 Vgl. Dubs, R.: Der Stellenwert des Wissens im Unterricht der Wirtschaftsfächer, in: Zeitschrift für Berufs- und Wirtschaftspädagogik, 1989, H. 7, S. 634 – 644

4 Dies kommt z. B. in dem Kürzel „IFAS" zum Ausdruck, vgl. Beck, H.: Schlüsselqualifikationen Bildung im Wandel, a. a. O., S. 87

5 Vgl. Halfpap, K., Unterricht als integriertes Handlungslernen in kfm. Schulen, a. a. O., S. 9

Während der Ansatz der integrierten Vermittlung von Fach- und Schlüsselqualifikation auf der inhaltlichen Seite dem pädagogischen Anspruch ganzheitlicher Menschenbildung weitgehend entspricht, fehlt ihm jedoch die für erziehungswissenschaftliches Denken typische subjektorientierte Sichtweise.

Zur Kennzeichnung der subjektorientierten Sichtweise hat der Deutsche Bildungsrat den Qualifikationsbegriff um den Begriff der „Kompetenzen“ erweitert.

Kompetenzen konkretisieren den Lernerfolg im Hinblick auf den Lernenden selbst und beschreiben seine Befähigung zu selbstverantwortlichem Handeln im privaten, beruflichen und gesellschaftspolitischen Bereich. Im Hinblick auf die Verwertbarkeit im privaten Leben, im Beruf und in der Gesellschaft ist der Lernerfolg eine Qualifikation.[1]

Qualifikationen stellen die äußere, objektive, beobacht- und überprüfbare Seite der Leistungsanforderungen dar. Kompetenzen bezeichnen hingegen die innere, subjektive Seite der individuellen Leistungsfähigkeit, die sich einer direkten Beobachtung, Überprüfung und objektiven Bewertung entzieht.[2]

Kompetenz ist demnach immer individuelle Kompetenz. Insofern sind Qualifikationen als allgemeine Voraussetzungen und Komponenten der individuellen Handlungskompetenz anzusehen. Aus den Qualifikationen ergeben sich Kompetenzen, denn kompetent ist, wer qualifiziert ist.

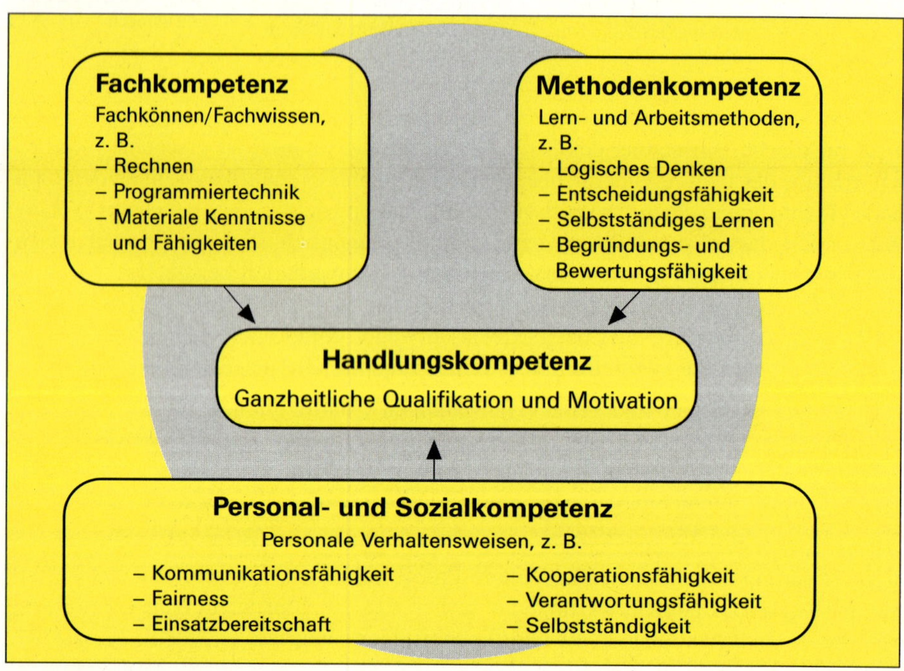

Das Schaubild zeigt die Qualifikations- und Kompetenzstruktur der beruflichen Handlungsfähigkeit in der vereinfachten Darstellung.

Beck, H.: Ein Begriff macht Karriere – Schlüsselqualifikationen, nach WirtschaftsSpiegel Thema des Monats:8/93, S. 6

1 Deutscher Bildungsrat: Empfehlungen der Bildungskommission. Zur Neuordnung der Sekundarstufe II. Konzept für eine Verbindung von allgemeinem und beruflichem Lernen, Stuttgart 1974, S. 65

2 Vgl. Beck, H.: Zur Problematik der Beurteilung von Schlüsselqualifikationen, in: Wirtschaft und Gesellschaft im Beruf, 1993, H. 4, S. 147–156

371310

Folgen wir in diesem Zusammenhang mit Beck[1] dem Grundsatz „Ein Bild ist mehr als tausend Worte", so lässt sich in der Grafik von Klaus Halfpap[2], die Aufgliederung und Verbindung der einzelnen Qualifikations- und Kompetenzbereiche strukturell veranschaulichen.

Fachliche und berufsspezifische Qualifikationen, verbunden mit fach- und berufsübergreifenden Schlüsselqualifikationen, befähigen zu einer umfassenden beruflichen Handlungskompetenz. Die Verbindung und Gleichzeitigkeit der spezifisch fachlichen und fach- und berufsübergreifenden Qualifikationsbereiche erfüllen dabei einerseits die Qualifikationsanforderungen des Beschäftigungssystems, andererseits wird der pädagogische Anspruch der Berücksichtigung der subjektiven Seite des Bildungsprozesses erfüllt.

Fachliche, soziale und methodische Kompetenzen zusammen bilden als „conditio sine qua non" die Kompetenzstruktur der beruflichen Handlungsfähigkeit.

Qualifikations- und Kompetenzstrukur der beruflichen Handlungsfähigkeit[3]

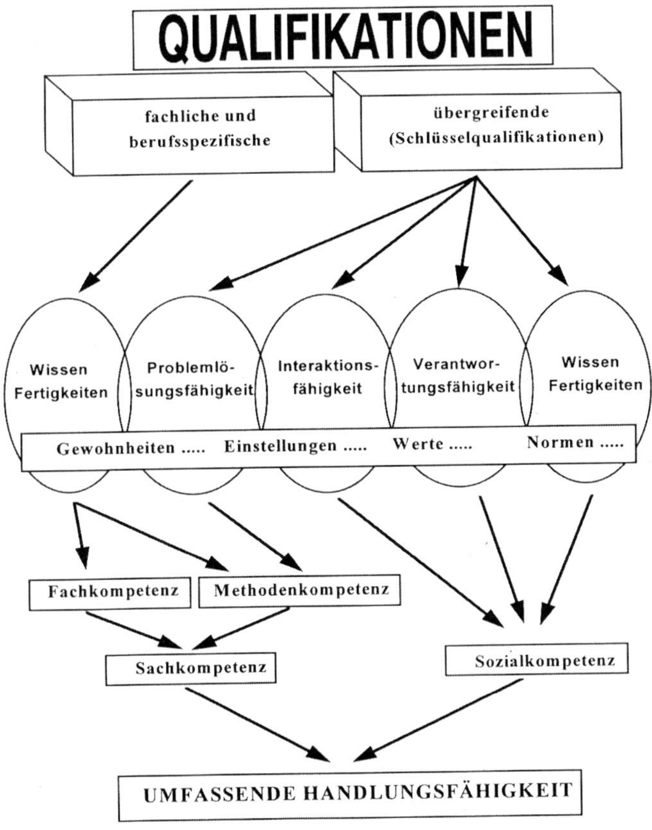

1 Vgl. Beck., H.: Schlüsselqualifikation, Bildung im Wandel, a. a. O., S. 51

2 Halfpap, K.: Ganzheitliches Lernen im Unterricht kaufmännischer beruflicher Schulen, in: Erziehungswissenschaft und Beruf, 1991, H. 3, S. 242

3 Halfpap, Klaus: Ganzheitliches Lernen im Unterricht kaufmännischer beruflicher Schulen, in: Erziehungswissenschaft und Beruf, Heft 3/1991, S. 242

In diesem Sinne definiert Klaus Halfpap die berufliche Handlungsfähigkeit kurz als „die Fähigkeit, in beruflichen Situationen Arbeitstätigkeiten sachgerecht und verantwortungsbewusst zu planen, auszuüben und zu beurteilen."[1]

Reinhard Bader bezeichnet im selben Sinn die „Berufliche Handlungskompetenz" als Leitziel beruflicher Bildung und definiert sie als „die Fähigkeit und Bereitschaft des Menschen, in beruflichen Situationen sach- und fachgerecht, persönlich durchdacht und in gesellschaftlicher Verantwortung zu handeln".[2]

Als richtige Antwort auf dieses umfassende, komplexe Kompetenzspektrum dient ein handlungsorientierter Unterricht, der in seinem vielfältigen **Methoden-Mix** mit möglichst ganzheitlichen Lehr-Lern-Arrangements arbeitet, denn Bildung ist ein offener, handlungsorientierter, lebenslanger Prozess.

2.2 Merkmale des didaktischen Konzeptes der Handlungsorientierung

Wenn es um Fragen der Gestaltungsprinzipien und -formen des beruflichen Lehrens und Lernens etwa in Verbindung mit der Diskussion um das ganzheitliche Lernen in Zusammenhängen zum Erwerb von Schlüsselqualifikationen geht, ist die Handlungsorientierung in vielfältigen Deutungen ein häufig verwendeter Begriff. Dies geschieht in der Literatur und in der öffentlichen Diskussion jedoch eher auf der theoretisch-verbalen als auf der konkret-anschaulichen Unterrichtsebene.

Als pädagogische Leitideen und Grundätze lassen sich die „Handlungsorientierung des Lernens" und der „Erwerb von Schlüsselqualifikationen" nicht eindeutig voneinander trennen.

Beide Grundsätze sind Kennzeichen einer handlungstheoretischen Didaktik, die im Lernen durch Handeln, also im Handlungslernen[3], die entscheidende Voraussetzung für die Entwicklung von Handlungsfähigkeit sieht. Dabei bedeutet Handlungsorientierung nicht einfach methodisches Aneignen von Faktenwissen oder motorisches Tun, nicht bloßes Einüben von Tätigkeiten und Bewegungsabläufen, sondern ist vielmehr gleichzeitig auch gedankliches, gehaltvolles Tun.

Handlungsorientierung verknüpft Wahrnehmen, Denken und Handeln und ermöglicht ein Wechselspiel zwischen einem praktischen Tun bzw. konkreten Erfahrungen und kritisch-systematisierender Reflexion. „Denn dadurch, dass Menschen Situationen deuten und begreifen, Informationen aufnehmen und verarbeiten und tätig sind und so ein immer komplexer und differenzierter werdendes Handlungsrepertoire durch interne Strukturierungsprozesse gewinnen, wird der Dualismus von Denken und Handeln überwunden."[4]

So sind zum Beispiel das bloße einseitige rezeptive Lernen von Sachverhalten, die zu starke Betonung von Detailwissen und die reine Wissenschaftsorientierung im lehrerzentrierten Unterricht ebenso abzulehnen wie seine ausschließliche Fremdorganisation aus Schülersicht.

1 Halfpap, K.: Ganzheitliches Lernen ..., a. a. O., S. 249
2 Bader, R.: Entwicklung beruflicher Handlungskompetenz in der Berufsschule, Soest 1990, S. 11
3 Vgl. Halfpap, K.: Unterricht als integriertes Handlungslernen in kaufmännischen Schulen, a. a. O., Seite 8
4 Gudjon, H.: Handlungsorientiert lehren und lernen, Schüleraktivierung – Selbsttätigkeit – Projektarbeit, Bad Heilbrunn/Obb. 1994, S. 43

Der Lehrer sollte sich vielmehr die Frage stellen:

Was können die Schüler tun, um einen Sachverhalt handelnd zu erschließen?

Unter „Handeln“ wird dabei nach Aebli[1] ein zielgerichtetes, planvolles, geistig gesteuertes Tun verstanden. „Handlung“[2] ist die Auseinandersetzung der personalen Ganzheit mit einer komplexen Situation. Handlungsintention, Handlungsorganisation und Handlungsevaluation sind stets miteinander verknüpft.

Die zentralen didaktischen Prinzipien[3] für handlungsorientierten Unterricht sind das Persönlichkeitsprinzip (subjektive Bedeutsamkeit und Fasslichkeit), das Situationsprinzip und das Wissenschaftsprinzip.

In diesem umfassenden Sinne sind „Handlungsorientierte Lernprozesse“ u. a durch folgende Merkmale gekennzeichnet, wie sie auch R. Arnold und H. J. Müller in ihren 10 Annäherungsversuchen zur Handlungsorientierung und zum ganzheitlichen Lernen in der Berufsbildung ausweisen:[4] Dabei wollen wir die methodische und zugleich handlungsprinzipielle Komponente praxisorientiert und unterrichtsnah in den folgenden Ausführungen berücksichtigen.

- Handlungsorientiertes Lernen zielt nicht auf ein Handeln der Aktivität willen, sondern auf ein gehaltvoll, konstruktiv und prozessorientiertes Lernen in einem bedeutsamen Lernkontext. Handlungsorientiertes Lernen ist somit Lernen durch **planvolles Handeln.** Den Ausgangspunkt des Lernens bildet immer eine Handlung, möglichst eine konkrete, praktische Handlung, mindestens eine gedanklich nachvollzogene Handlung, denn auch die gedankliche Auseinandersetzung mit einem Problem ist Handlungsorientierung. In einem handlungsorientierten Unterricht sind während des gesamten unterrichtlichen Lernprozesses alle Handlungsschritte durch das Wechselspiel von Handeln, Denken und Handeln charakterisiert. So zeigt sich die Interdependenz der Aktionen schon in den unterrichtlichen Planungsphasen, in denen der vorgestellten komplexen Handlungssituation oder, wie bereits oben formuliert, dem bedeutsamen Lernkontext die gedankliche, intensive Analyse der Handlungssituation etwa über Erschließungsfragen folgen soll.
- Die Handlung soll ein Erfassen der Wirklichkeit mit möglichst vielen Sinnen zulassen. Sie fördert **ganzheitliches Lernen** mit dem Kopf, mit dem Herzen, den Händen und allen Sinnen. Für die Unterrichtspraxis bedeutet dies z. B., dass handlungsorientiertes Lernen nicht nur zwischen dem lernenden Subjekt, der Lerngruppe und der Sache stattfindet, sondern dass es gleichzeitig auch stets um die Vermittlung von Fach, Methoden- und Sozialkompetenz einschließlich einer ethisch reflexiven Komponente geht. Arnold und Müller verdeutlichen die Mehrdimensionalität handlungsorientierter Lernprozesse in ihrem didaktischen Sechseck (siehe nächste Seite) einer handlungsorientierten und ganzheitlichen Berufsbildung.
- Die Handlung muss an den Erfahrungen der Lernenden, an ganzheitlich-komplexen, real-problemhaltigen, schülerbedeutsamen Lebenssituationen anknüpfen und motivie-

1 Vgl. Aebli, H.: Denken: das Ordnen des Tuns, Bd. 1: Kognitive Aspekte der Handlungstheorie, Stuttgart 1980

2 Vgl. Gudjons, H.: Handlungsorientiert lehren und lernen, a. a. O., S. 43

3 Vgl. Reetz, L.: Wirtschaftsdidaktik, Bad Heilbrunn 1984

4 Vgl.: Achtenhagen, F./John, G.: Mehrdimensionale Lehr-Lern-Arrangements-Innovieren in der kaufmännischen Aus- und Weiterbildung, Wiesbaden 1992; Arnold, R./Müller, H. J.: Handlungsorientierung und ganzheitliches Lernen in der Berufsbildung – 10 Annäherungsversuche, in: Erziehungswissenschaft und Beruf, 4/93; Halfpap, K.: Dynamischer Handlungsunterricht, Darmstadt 1983 und Kaiser, F. J./Kaminski, H.: Methodik des Ökonomie-Unterrichts – Grundlagen eines handlungsorientierten Lernkonzepts mit Beispielen, Bad Heilbrunn 1994

rend wirken. Handlungsorientierte Lernprozesse zeichnen sich somit durch ihre Erfahrensbezogenheit aus, wie sie durch Methoden unter Einbeziehung der außerschulischen Realität wie Fallstudien, Erkundungen, Befragungen und Projekte in besonderer Weise unterrichtlich motivational genutzt wird.

- Handlungsorientierter Unterricht stellt die Schülerpersönlichkeit, d. h. den Schüler als handelndes Subjekt, in das Zentrum des Lernprozesses. Es wirkt zugleich **persönlichkeitsentwickelnd,** da neben Methoden und Sozialkompetenzen durch den Umgang mit einer intransparenten und normativ ambivalenten Komplexität auch Schlüsselqualifikationen personaler Art entwickelt werden müssen. Solche Individualkompetenzen einer Persönlichkeitsbildung sind z. B. Haltungen wie Offenheit und Vertrauen, Einstellungen wie Selbstakzeptanz und Selbstvertrauen sowie gelebte Normen und Werte.

Das didaktische Sechseck[1]

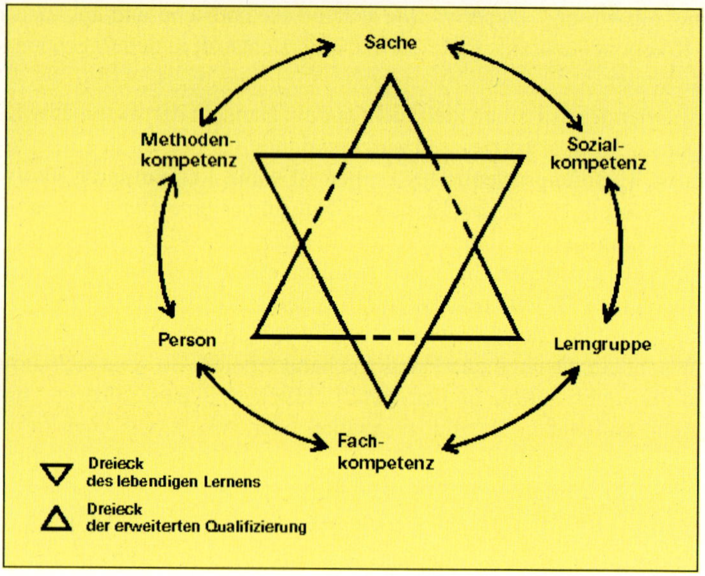

Sache
Methoden-kompetenz
Sozial-kompetenz
Person
Lerngruppe
Fach-kompetenz
Dreieck des lebendigen Lernens
Dreieck der erweiterten Qualifizierung

- Handlungsorientiertes Lernen heißt **exemplarisches**, vertiefendes Lernen im Unterricht, d. h., der Konzentration auf komplexe Problemstellungen folgt eine vielseitige Fähigkeits- und Interessenbildung. Auch bei der Auswahl adäquater Methoden muss daher gelten: Wie können die Lernenden einen möglichen „exemplarischen" Lösungsweg finden, der repräsentativ, abbildend für das „Ganze" steht, d. h., welche allgemeinen Zusammenhänge, Gesetzmäßigkeiten und übergreifenden Strukturen usw. lassen sich durch die gewählte methodische Vorgehensweise erarbeiten?[2]
- Handlungsorientiertes Lernen ist durch eine angemessene Problemorientierung und Komplexität gekennzeichnet, die **vernetzt das Denken** in fächerverbindenden und fächerübergreifenden Zusammenhängen fördern.

---

1 Vgl. Arnold, R./ Müller, H. J.: a. a. O., S. 331
2 Gudjons, H.: Handlungsorientiert lehren und lernen, Bad Heilbrunn 1991, S. 21/22

- Handlungsorientiertes Lernen ist ebenso wie Arbeiten ein Problemlösungsprozess, in dem das **Lernen in Lernschleifen und in „Feed-backs“** geschieht. Effektiv und zugleich unterrichtlich praktikabel bietet ein problemlösendes Artikulationsschema weitgehend Chancen zur Selbsterschließung von Inhalten und Teilaspekten zur Lösung über ständige „Feed-backs“. Die einzelnen Lernschleifen sind in sich identisch konstruiert wie der gesamte problemlösende, handlungsorientierte Lernvorgang, indem sich einer Handlungssituation die selbstständige Problemlösungsphase, die Präsentations- und die Reflexions- bzw. Evaluationsphase anschließen. Hinsichtlich der geforderten Methodenvarianz kommt es in einem solchen Lernprozess wesentlich darauf an, ob und inwieweit die gewählten Methoden selbsttätiges Lernen bzw. die „Ersterschließung von Problemsituationen durch die Schüler“ fördern.

Problemlösendes Artikulationsschema	
Phase	Didaktische Intention
Problemgewinnung – Problemwahrnehmung – Problementfaltung – Problemstellung – Lösungsversuche ...	Bewusstmachung und Transparenz des Problems Einbringung von Schülervorwissen zu ersten Problemlösungsversuchen Motivation durch kognitive Dissonanz Zielpräzisierung ...
Überlegungen zur Problemlösung Planung der Problemlösung ... Problemlösung – Informationserarbeitung – Informationsverarbeitung – Entscheidung – Verallgemeinerung/ Abstraktion ...	Versuche zur Lösung des präzisierten Problems durch Schülervorwissen Vermutungen ... Planung der Problemlösung (Inhalte, Methode) ... Kenntnisse von Verfahrens- und Arbeitsabläufen Bereitstellung neuer Elemente und Strukturen ... Zielgerichtete Anwendung zur Problemlösung ... Bereitstellung für den Transfer durch Einordnung der neuen Struktur in das vorhandene Wissenssystem ...
Wissenssicherung ... Reflexion der Lernergebnisse Einordnung der Problemlösung in den Gesamtzusammenhang Evaluation Transfer ...	Festigung des Gelernten, Bereitstellung für neue Verwendungssituationen ... Motivation zum Weiterlernen Stärkung der Lerngemeinschaft ... Denken in komplexen Zusammenhängen und Systemen …

- Die Handlung muss vom Lernenden möglichst selbstständig geplant, durchgeführt, korrigiert und ausgewertet werden. Damit heißt handlungsorientiertes Lernen entwicklungsgemäß eigenständiges, selbstbestimmtes, **selbst organisiertes Lernen**. Dem Prinzip der didaktischen Selbstwahl folgend sollten in allen handlungsorientierten Unterrichtsphasen die selbst steuernden methodischen Elemente zum aktiven Lernen dominieren, denn Methodenkompetenz kann nicht, wie Klippert[1] richtig akzentuiert, durch Methodenbelehrungen entwickelt werden, sondern Methoden müssen experimentell gelernt und gefestigt werden.
- Handlungsorientiertes Lernen erfordert während des Problemlösungsprozesses in allen Phasen elementare Lern- und Arbeitstechniken und einen Wechsel lernorganisatorischer Formen. Methodisch-strategisches Lernen[2] wie z. B. Markieren, Exzerpieren, Nachschlagen, Organisieren und Entscheiden wird in besonderer Weise geschult, sodass **in methodischer Sicht** handlungsorientierter Unterricht problemorientiertes, **schüleraktives Lernen** meint.

Beachten Sie folgende Verhaltensweisen im Sinne handlungsorientierten Arbeitens

☛ eigenständiges Denken und Handeln herausfordern und fördern – statt fertige Lösungen vorzugeben
☛ Selbstständigkeit, Identifikation, Leistungsbereitschaft herausfordern – statt Unselbstständige unmotiviert arbeiten zu lassen
☛ Mitverantwortung herausfordern und übernehmen lassen – statt alles nur selbst zu verantworten
☛ Probleme formulieren und mögliche Lösungen finden lassen – statt eingrenzende Aufgabenstellungen geben
☛ Alternativen aufzeigen lassen und aufzeigen – statt es bei einer Lösung bewenden zu lassen
☛ planen lassen – statt Planungen vorgeben
☛ organisieren lassen – statt Organisationsmaßnahmen vorgeben
☛ kooperieren lassen – statt allein arbeiten zu lassen
☛ anregen – statt vorgeben
☛ beraten – statt anweisen
☛ erklären und berichten lassen – statt nur selbst zu informieren
☛ erarbeiten lassen und gemeinsam erarbeiten – statt alles vorgeben
☛ den Arbeitsablauf selbst steuern lassen – statt alles selbst festzulegen
☛ die Lernergebnisse auch von den Lernern überprüfen lassen – statt die Beurteilung allein zu vollziehen
☛ Bewertungskriterien erarbeiten lassen – statt sie selbst zu bestimmen
☛ bewerten lassen – statt nur selbst zu bewerten
☛ ermutigen und loben – statt nur zu bemängeln und zu tadeln
☛ auf Positives hinweisen – statt nur Negatives anzusprechen
☛ ...

1 Vgl. Klippert, H.: Lernziel Selbständigkeit, Methodentraining mit Schülern, in: Wirtschaften, Arbeiten und Lernen, 2 (1992), S. 11
2 Vgl. Klippert, H.: Handlungsorientiertes Lehren und Lernen in der Schule, in : a+l/Wirtschaft, Nr. 4, 1991

371316

- Handlungsorientiertes Lernen erfordert den Einsatz schüleraktivierender Methoden auf der Basis möglichst komplexer Lernsituationen bei gleichzeitiger Verknüpfung unterschiedlicher Sozialformen, denn „Handlungsorientiertes Lernen" ist **Lernen im Methoden-Mix.**
- Handlungsorientiertes Lernen erfordert und fördert bei den Lehrkräften eine **kooperative und teamorientierte Arbeitsbewältigung**, etwa durch die gemeinsame Planung und Durchführung eines fächerübergreifenden Unterrichts, wie er in Bildungsgangkonzeptionen der Kollegschule in Nordrhein-Westfalen gefordert und umgesetzt wird. Teamorientierte Arbeitsbewältigung setzt die Bildung einer Kooperationskultur voraus, in der verantwortungsvoll und anerkennend gegenseitig informiert, demokratisch abgestimmt und gemeinsam agiert werden muss. Diese Charakteristika von Kooperationskultur müssen übrigens auf und zwischen allen Entscheidungsebenen von Unterricht- und Schulmanagement etwa im Sinne des Aufbaus flacher Hierarchien gefordert werden.[1]
- Handlungsorientierte Kriterien und Formen der Leistungsbewertung sind stets vom Lehrer als **Prozesshelfer** zu beachten. Dabei sollten der Beobachtung der Lernenden während des gesamten Lernprozesses, etwa der Beobachtung ihrer Aktivitäten und Aussagen in Planungs- und Durchführungsphasen, in Reflexions- und in Präsentationsphasen in individueller als auch in sozial-kommunikativer Sicht erhöhter Bedeutung geschenkt werden.

Prüfen Sie Ihr Unterrichtsthema mithilfe des Kriterienkataloges und der Merkmale des didaktischen Konzeptes der Handlungsorientierung.

Kriteriensuche

Unterrichtsinhalt/Unterrichtsgegenstand
Richtlinien-Lehrplan
Gegenwartsbezug Zukunftsbezug
Lebensrelevanz
Praxisorientierung
Erfahrensbezogenheit
fächerverbindend
fächerübergreifend
Ganzheitlichkeit exemplarisch Lernen
schülernahe Handlungssituationen
Lerntransfer
schülernahe Entscheidungssituationen

Motivation Kooperation Spaß
Kommunikation Kritik
Interaktionen durch Unterrichtsmethoden
Lernen in Lernschleifen
ganzheitliches Lernen
Präsentation der (Schüler-)Ergebnisse
...

Ihre Aufbereitung des Unterrichtsthemas ist handlungsorientiert, wenn möglichst viele Kriterien des Kataloges erfüllt sind und somit Schlüsselqualifikationen als Elemente der beruflichen Handlungskompetenz angestrebt werden.

---

1 Vgl. Halfpap, K.: Bildungsgangkonferenzen an berufsbildenden Schulen und Kollegschulen, in: Die Kaufmännische Schule, 12/94 und Horster, L.: Wie Schulen sich entwickeln können, Schulleitungsseminar, Lehrerfortbildung in NRW, Paderborn 1991

Fasst man letztendlich die aufgezeigten Merkmale des didaktischen Konzeptes der Handlungsorientierung zusammen, so gilt es, Wege zu einem Wissen zu finden, das nicht gelehrt und zur Kenntnis genommen worden ist, sondern erlebt worden ist; zu Erfahrungen, die man mit eigenen Händen greifen, mit eigenen Sinnen vollziehen, mit eigener Aktivität bewältigen und auf zukünftige Herausforderungen anwenden kann.

2.3 Methodische Überlegungen zum handlungsorientierten Unterricht

Im voranstehenden Kapitel systematisierten wir Merkmale eines didaktischen Konzeptes der Handlungsorientierung. Aus der Vielzahl von Veröffentlichungen und Erklärungsversuchen zu diesem didaktischen Prinzip versuchten wir jene Merkmale zu finden und kurz beschreibend zu filtern, die für handlungsorientierte Lernprozesse gleichsam signifikant sind.

Ihre systematische Auflistung sagte jedoch weder etwas über die unabdingbare Notwendigkeit eines einzelnen Merkmals aus noch konnten Aussagen über die Gewichtung, die mögliche Über- und Unterordnung bzw. die Bedeutungsgleichheit der Merkmale getroffen werden. Obgleich es die „conditio sine qua non" für handlungsorientierte Unterrichtsprozesse und Lernarrangements allein wegen der Komplexität des Begriffes „Handlungsorientierung" wohl nicht geben kann, wird in dem dichten Geflecht von Bedeutungsvarianten das Grundmuster dieses didaktischen Grundprinzips erkennbar.

Pätzold stellt in seiner Systematisierung der Bedeutungsvarianten des Begriffs Handlungsorientierung fest: „Mit der Diskussion wird eine konstruktive, die Interdependenz von Handeln und Denken aufnehmende Orientierung der Lehr-/Lernprozessgestaltung und damit eine Kritik an überwiegend auf Rezeption zielende Lehr-/Lernverfahren mit ihren vielfältigen Praxisvarianten verbunden, die aktiv-entdeckendes, selbst organisiertes und kooperatives berufliches Lernen als Prinzip für die Unterrichtsgestaltung ausblenden"[1]. Gerade diese unterrichtsmethodischen Aspekte sind jedoch für handlungsorientierte Lernkonzepte signifikant. Sie sollen im Folgenden unter den Aspekten der Art und Weise des Handlungslernens in einem Methoden-Mix, der grundlegenden Prinzipien der Methodenwahl sowie der konkreten Funktionen von Methoden im Unterrichtsprozess dargestellt werden.

2.3.1 Handlungslernen im Methoden-Mix

Handlungsorientierte Methoden sehen den Lernenden als aktiv Handelnden, der als Subjekt unter Wahrnehmung seiner Interessen am Bildungsprozess mitgestaltend und verantwortungsvoll teilnehmen kann.

„Handlungsorientiertes Lernen ist ein Lernen im **Methoden-Mix**"[2].

Jedoch ist Handlungslernen keine Methode, sondern ein Lernkonzept, in dem sich Didaktik und Methodik gegenseitig bedingen und in dem die Methoden sich vom Lernkonzept her legitimieren. Innerhalb eines handlungsorientierten Lernkonzeptes sind sie bedeutsame **Transportmittel** und **Lernprozessträger.**

---

1 Pätzold, G.: Handlungsorientiertes Lehren und Lernen in der schulischen Berufsbildung, in: Die Kaufmännische Schule 6/95, S. 155

2 Vgl. Pätzold, G.: a. a. O., S. 162 unter Bezug auf Arnold, R./Müller, H. J.: a. a. O., S. 329

„Mit einem handlungsorientierten Unterricht wird die Chance verbunden, es den Schülerinnen und Schülern zu ermöglichen, die bildende, aufklärende Einheit in der Vielfalt ihrer Lebens-, Arbeits- und Lernerfahrungen herzustellen und zu überprüfen, die komplexe, ganzheitliche Lebenswirklichkeit begrifflich aufzunehmen, Erkenntniskritik zu fördern und unterschiedliche Perspektiven zur jeweiligen „Sache“ zu vermitteln, **wenn** eine Methodenvielfalt damit verbunden ist, in der unterschiedliche Formen des Unterrichtsverhaltens im Hinblick auf die Lernziele, den Stand der Klasse, Persönlichkeitsmerkmale der Schülerinnen und Schüler sowie Eigenarten der Lehrkräfte absichtsorientiert angewandt werden.“ [1]

Jede einzelne Methode bzw. das gewählte **Methoden-Mix** im Lernarrangement sollte daher stets **zielorientiert, lerngruppenspezifisch** und für die **Lehrperson** umsetzbar sein.

Das vorliegende **Methoden-Mix** zielt innerhalb des Handlungslernens auf ein Methodenkonzept,

- das darauf ausgerichtet ist, die Schüler zu befähigen, sich selbstständig Wissen anzueignen, Probleme zu lösen, neue Situationen zu bewältigen, ihre Lebens- und Umwelt verantwortungsvoll mitzugestalten, lebenslang lernfähig und lernbereit zu sein.
- das sich durch Methodenpluralismus und Pluralität der Lernorte auszeichnet, sodass auf allen Stufen an unterschiedlichen Lernorten und in unterschiedlichen Erfahrungszusammenhängen Lernprozesse initiiert werden.
- das einen Lernprozess freisetzt, der zunehmend von den Lernenden selbst bzw. autonom gesteuert wird, in dem systematisch Planungs-, Arbeits- und Lerntechniken für die Selbstorganisation der Lernprozesse vermittelt werden.

Somit wird das Methodenkonzept in unseren handlungsorientierten Lernkonzepten zum Gestaltungsgrundsatz für genetisches und entdeckendes Lernen, für ein Lernen über Lernschleifen und „Feed-backs“.

Darüber hinaus verlangt ein an der Vermittlung beruflicher Handlungskompetenz orientiertes Konzept ökonomischer Bildung nach Methoden, die als Lernprozessträger zum einen Fach- und Sachinhalte zur Vermittlung von Fachkompetenz vermitteln, zum anderen aber auch gleichzeitig die Individual- und Sozialkompetenz fördern.

Das vorgestellte **Methoden-Mix** erfüllt diese Forderung nach umfassender Kompetenzvermittlung im Sinne ganzheitlichen Lernens durch Informationen und konkrete Beispiele in besonderer Weise. Es fördert somit im Sinne beruflicher, sozialer und personaler Flexibilität das Transferwissen. **Stets ist die Frage des „Was“ mit jener des „Wie“ zu verbinden!**[2]

Mit dem Einsatz handlungsorientierter Methoden bietet sich zudem die außerordentliche Chance, trotz der unterschiedlichen Voraussetzungen unserer Lerngruppen, ihrer unterschiedlichen Wahrnehmungs- und Erkenntnisfähigkeiten und -bereitschaft eine gemeinsame Lernbasis zu entwickeln. Besondere Bedeutung gewinnt hier die gemeinsame Analyse von komplexen, exemplarischen Handlungssituationen, wie sie beispielsweise in Plan- und Rollenspielen, in Fallstudien und bei Erkundungen vorgestellt werden.

---

1 Dubs, R.: Versuch einer Differenzierung von polarisierenden Aussagen über Lernformen (Unterrichtsmethoden) und über den Führungsstil des Lehrers im Klassenzimmer, in: Zeitschrift für Berufs- und Wirtschaftspädagogik 87 (1991), S. 443

2 Vgl. Dörig, R.: Handlungsorientierter Unterricht – Konzept und Grundsätze der Umsetzung im Unterricht, in: Wirtschaft und Gesellschaft, Heft 5, 1995, S. 207

Handlungsorientierte Lernprozesse leben im Wechselspiel von Handeln, Denken und Handeln. Wenn es richtig ist, dass Denken und Handeln zusammengehören, um die Persönlichkeit zu entwickeln und die Lerneffizienz zu erhöhen, so sind dann all jene Methoden in besonderer Weise unterrichtlich geeignet, die neben Denken ein Handeln im dynamischen Wechselspiel von Kopf- und Handarbeit erlauben. Dabei werden konkrete Problemsituationen etwa in Rollenspielen zu Anlässen und Auslösern individueller Reflexionsprozesse für die persönliche Weiterentwicklung.

Handlungsorientierte Methoden wie Planspiel und Projekt wenden das Prinzip der didaktischen Selbstwahl an. Schülerinnen und Schüler organisieren in Selbst- und Mitbestimmung den Prozess der Wissensaneignung, kurzum, sie entscheiden durch autonome Steuerung über den eigenen Lernprozess und erhöhen damit wesentlich die Lernbereitschaft.

2.3.2 Prinzipien der Methodenwahl

Fassen wir unsere bisherigen Überlegungen unter der besonderen Akzentuierung der Wahl eines geeigneten Methoden-Mix zusammen, so wird deutlich, dass der Grundanspruch der Schlüsselqualifikationsidee (vgl. Abschnitt 2.1) sich neben der didaktischen auch auf die methodische Ebene der Planung, Durchführung und Reflexion von Lernprozessen bezieht.

Sowohl die vorgestellten Merkmale des didaktischen Konzeptes der Handlungsorientierung (vgl. Abschnitt 2.2) als auch die Ausführungen eines Handlungslernens im Methoden-Mix (vgl. Abschnitt 2.3.1) bestätigten eine Kernaussage von Roman Dörig: „Eine elaborierte Wissensbasis kann nur in Lehr-/Lernkontexten erarbeitet werden, in denen an möglichst echten Lernsituationen konstruktives, prozessorientiertes, selbstständiges und somit gehaltvolles Lernen ermöglicht wird."[1] Es genügt also nicht, wenn der Einzelne etwas weiß oder kennt, sondern er muss dieses Wissen auch situationsgerecht einsetzen und anwenden können. Dörig bezeichnet eine gute Wissensbasis, die deklaratives, prozedurales und konditionales Wissen enthält, als Transferwissen, als Metawissen für den Umgang mit Fachwissen in einem prozessorientierten Lernen.[2]

Durch Handlungslernen im Methoden-Mix wird innerhalb ganzheitlicher Lernarrangements in einem sozialen Kontext des Lernens das Lernen als gehaltvoller wechselseitiger Prozess zwischen den Lernenden, der Lehrkraft, anderen Lernenden und den Lernmaterialien angestrebt. Dabei sollen nicht nur für den Erwerb von Transferwissen, sondern auch für die *Wahl des geeigneten* ***Methoden-Mix*** *als Leitsystem eines handlungsorientierten Unterrichts* folgende Prinzipien und Fragestellungen gelten:[3]

1 Dörig, R.: Schlüsselqualifikationen – Transferwissen und pädagogische Denkhaltung, in: Zeitschrift für Berufs- und Wirtschaftspädagogik, 91. Band, Heft 2 (1995), S. 125

2 Vgl. Dörig, R.: Schlüsselqualifikationen, a. a. O., S. 123

3 Vgl. Dörig, R.: Schlüsselqualifikationen, a. a. O., S. 130

Prinzipien	Fragestellungen als Leitsystem
Lernzielprinzip und Wissenschaftsorientierung	Welche höheren kognitiven Lernziele, die aktives und konstruktives Lernen erfordern, werden durch die Wahl des Methoden-Mix betont (Primat der Fachinhalte)[1]?
Prozessprinzip	Werden Lernaktivitäten beispielsweise durch intrinsische Motivation und Lernprozesse durch die Wahl des Methoden-Mix hinreichend gefördert?
Rückbesinnungsprinzip	Kann Lernen durch die Wahl des Methoden-Mix zum Diskussions-/Unterrichtsthema gemacht werden, damit sich die Lernenden ihrer Lernstrategien und Selbstregulierungsfähigkeiten und der Beziehung zwischen diesen und den Lernzielen bewusst werden?
Affektivitätsprinzip	Wird der Einfluss affektiv-emotionaler Prozesse auf das Lernen und deren Interaktionen mit kognitiven und metakognitiven Prozessen durch die Wahl des Methoden-Mix berücksichtigt?
Nützlichkeitsprinzip	Wird den Lernenden die Relevanz und Nützlichkeit der Kenntnisse und Fähigkeiten durch die Wahl des Methoden-Mix bewusst?
Transferprinzip	Werden Transfer und Generalisierbarkeit des Gelernten explizit durch die Wahl des Methoden-Mix bewusst?

Es sei abschließend darauf hingewiesen, dass die für den Unterricht an den vorgestellten Prinzipien überprüfte und ausgewählte Methode, ob Brainwriting, Puzzle, Fallstudie oder Projekt usw., **allein** das angestrebte prozessorientierte und selbst gesteuerte Lernen nicht garantieren. Die Arbeit im Lernbüro und in der Übungsfirma, die Erkundung und die Expertenbefragung sind per se selten Garanten und Selbstläufer auf dem Weg zum selbstständigen und lebenslangen Lernen.[1]

Erfolgreiches Unterrichten muss vielmehr stets von der Fach-, Sozial- und Methodenkompetenz des Lehrenden, wie auch gleichzeitig der Lehrerpersönlichkeit getragen werden.

2.3.3 Funktionen von Methoden im Unterricht

Die unterrichtliche Umsetzung von Methoden zur Vermittlung beruflicher Handlungskompetenz zur Förderung von Schlüsselqualifikationen erfordert keine grundsätzliche Neukonzeption der Methodenlehre. Statt der Erfindung und der Kreation vollkommen neuer Methoden wollen wir mit unserem Methoden-Mix den Blick schärfen für jene Lernorganisations- und Arbeitsformen, bei denen sich prozessorientiert die Begrifflichkeiten, die Regeln und die Handlungsschemata in der Regel aus einer komplexen Lernsituation, aus einem Handlungszusammenhang durch Wahrnehmen, Denken und Tun entwickeln. Und dieses Tun wirkt auf das Wahrnehmen und Denken zurück.[2]

1 Vgl. Beck, H.: Schlüsselqualifikationen, Bildung im Wandel, a. a. O., S. 87 – 89

2 Vgl. Aebli, H.: Denken: Das Ordnen des Tuns, Band 1: Kognitive Aspekte der Handlungstheorie, Stuttgart 1980, S. 18 ff.

Berufliche Handlungskompetenz

Fachkompetenz
Sozialkompetenz
Methodenkompetenz

Methoden-Mix

Phase	Sach-struktur	Arbeitstechniken für ein Methoden-Mix	Kleinformen
Problemfindung Gewinnung Wahrnehmung Entfaltung Leitfrage ...		Die Schülerinnen und Schüler • informieren • notieren • markieren • exzerpieren • interpretieren • experimentieren • vorsemantisieren ...	☛ Brainstorming ☛ Brainwriting ☛ Brennpunkt ☛ Fragerunde ☛ Circept ☛ Innenkreis/ Außenkreis ☛ Metaplan ☛ Schüler sichten Materialien und Thesen Gruppen-unterricht ☛ Versuch ☛ Lehrervortrag ...
Überlegungen zur Problemlösung Planung der Problemlösung		• organisieren • strukturieren • erstellen Maß-nahmen • entwickeln Alter-nativen • legen Arbeitsziele fest • erstellen einen Arbeits- und Zeit-plan • nehmen eine ABC-Analyse vor • arbeiten rationell • disponieren flexibel • entwickeln Ver-besserungs-vorschläge • kooperieren • arbeiten arbeits-teilig • diskutieren konträr • entwickeln Gesprächskultur	☛ Brainstorming ☛ Brainwriting ☛ Metaplan ☛ Brennpunkt ☛ Fragerunde ☛ Circept ☛ Innenkreis-Außenkreis ☛ Mind-Mapping Puzzle ...

Großformen

Leittext
Rollenspiel
Zukunftswerkstatt
Tagesfall
Szenario
Lernaufgabe
Planspiel
Fallstudie
Erkundung
Besichtigung
Expertenbefragung
Projekt

371322

Berufliche Handlungskompetenz

Fachkompetenz
Sozialkompetenz
Methodenkompetenz

Methoden-Mix

Phase	Sach-struktur	Arbeitstechniken für ein Methoden-Mix	Kleinformen
Problemlösung Informations-erarbeitung Informations-verarbeitung Entscheidung Verallgemeinerung Abstraktion		Die Schülerinnen und Schüler • finden Informationsquellen • unterscheiden • reduzieren • werten aus • argumentieren • tauschen Erfahrungen aus • strukturieren • systematisieren • abstrahieren • entscheiden • analogisieren • vergleichen • synthetisieren …	☛ Blitzlicht ☛ Circept ☛ Puzzle ☛ Lernstation ☛ Mind-Mapping …
Wissenssicherung Ergebnissicherung Präsentation		• protokollieren • ordnen • argumentieren • strukturieren • kritisieren • demonstrieren • präsentieren • verbalisieren • moderieren • kontrollieren …	☛ Kreuzworträtsel ☛ Dominospiel ☛ Magische Wand ☛ Tabu ☛ Schülervortrag ☛ Podiums-diskussion …
Reflexion der Lernergebnisse/ Problemlösung Einordnung der Problemlösung in den Gesamt-zusammenhang Evaluation Transfer		• analogisieren • integrieren • moderieren • planen • disponieren • bewerten • prüfen • vergleichen • resümieren …	

Großformen

- Leittext
- Rollenspiel
- Zukunftswerkstatt
- Tagesfall
- Szenario
- Lernaufgabe
- Planspiel
- Fallstudie
- Erkundung
- Besichtigung
- Expertenbefragung
- Projekt

Das bedeutet, dass sich der Lernende selbst aktiv in tatsächliche, simulierte oder symbolisch repräsentative Handlungen einbringt. Dabei stellt unser Methoden-Mix methodische Klein- und Großformen vor, die zum einen jeweils einzeln im Unterricht schüleraktivierend eingesetzt werden können, zum anderen jedoch wegen ihrer Komplexität andere methodische Kleinformen unterrichtsgestaltend nutzen können. So kann die Arbeit in der methodischen Großform „Fallstudie“ durch den wechselnden Einsatz einer Vielzahl von weiteren Methoden (Puzzle, Mind-Mapping, Brainwriting ...) in allen Phasen des Unterrichtsprozesses gekennzeichnet sein.[1]

Weiterhin stellt das **Methoden-Mix** realitätsnah solche Methoden vor, die ohne grundlegende organisatorische Umstellung im täglichen Unterricht umzusetzen sind, die auf vielfältige Inhalte ideenreich anwendbar und damit auch auf die meisten Schulformen und auf ihre Bildungsgänge übertragbar erscheinen.

Grundsätzlich ist der Aufbau unseres Methoden-Mix lernprozessorientiert[2] angeordnet.

Die vorgestellten handlungsorientierten Methoden unterscheiden sich nach ihrer Funktion beim Ablauf eines handlungsorientierten Lernprozesses. Die Art und Weise des Lernprozesses und die Intensität der Einbeziehung von Praxis und von Realität sind weitere auf Handlungsorientierung fixierte Kriterien unserer Methodenwahl. Insgesamt erfolgte die Auswahl und die Gliederung des **Methoden-Mix** somit lernprozess- und funktionsorientiert.

Die vorgestellten Methoden im **Methoden-Mix** erfüllen innerhalb des Handlungslernens ihre Funktion zum **Einstieg bzw. zur Problemgewinnung und -planung von Lernprozessen**, indem sie selbst- und mitbestimmtes Planen motivierend und im Sinne des Lernens wegen fördern.

Sie dienen jedoch schwerpunktmäßig der **selbst- oder mitbestimmten Gestaltung von Lernprozessen und der Problemlösung** unter Einbeziehung bzw. Simulierung der Realität. Dabei werden unsere Handlungssituationen zunehmend komplexer.

Gleichzeitig dienen unsere Methoden im **Methoden-Mix** der **Sicherung von Lernergebnissen, der Reflexion und dem Transfer,** indem sie als reflexive Formen die Planung, die Durchführung und die Ergebnisse handlungsorientierter Lernprozesse wiederholen, auswerten, dokumentieren und/oder transferieren usw.

Eine eindeutige funktionsorientierte Abgrenzung der Methoden kann im handlungsorientierten Unterricht nicht vorgenommen werden. Zentrale Methoden der selbst- oder mitbestimmten Gestaltung von Lernprozessen in problemlösenden Erarbeitungsphasen können gleichermaßen auch zur Initiierung der unterrichtlichen Planung im Einstieg oder in der Sicherung von Lernprozessen eingesetzt werden.

Insofern sollen die folgenden Gliederungspunkte nur die funktionalen Schwerpunkte der vorgestellten Methoden im Unterrichtsprozess präsentieren und gleichzeitig auf ihre Mehrfunktionalität in allen Phasen des Unterrichts hinweisen. So ist das Verfahren des Brainstorming sicherlich eine Methode zur Initiierung und Planung des Lernprozesses, gleichzeitig kann sie in Problemlösungs- bzw. in Entscheidungsphasen als gruppendynamische Methode eingesetzt werden oder in Sicherungsphasen zu einer schüleraktiven Bewertung der Unterrichtsergebnisse und Vorgehensweise führen.

---

1 Beck, H.: Schlüsselqualifikationen Bildung im Wandel, a. a. O., S. 55

2 Vgl. Steinmann, B./Weber, B. (Hrsg.) Handlungsorientierte Methoden in der Ökonomie, Neusäß 1995, S. 17

3 Methoden zur Schaffung persönlicher und sachlicher Orientierung

Schuljahresbeginn und Lehrerwechsel im Schuljahr sind typische Anfangssituationen. Lehrer und Schüler, die zum ersten Mal zusammentreffen, sind häufig neugierig, interessiert, vorsichtig, zurückhaltend, unsicher … . Dabei ist die Anfangssituation vor einer unbekannten Lerngruppe oft entscheidend für die Planung, die Durchführung und den Lernerfolg der zukünftigen Arbeit miteinander. Die anfangs unter Umständen getroffenen Vereinbarungen, die Feststellungen und die Klärung der Interessen von Schülerinnen und Schülern mit ihren Lehrkräften schaffen eine angenehme Arbeitsatmosphäre, die für interaktive Lern- und Arbeitsprozesse von großer Bedeutung ist. Daher werden drei typische, schüleraktivierende Methoden zur Schaffung persönlicher und sachlicher Orientierung einleitend vorgestellt.

Gut begonnen, halb gewonnen!

3.1 Selbstvorstellung

Verfahrens- und Vorgehensweise:

- Kennen lernen durch Kontaktaufnahme und Austausch von Fragen ...
  - vom Lehrer werden eng auf einem Mitteltisch Zeitungsartikel, Bilder usw. gelegt
  - jede Schülerin und jeder Schüler wählt einen Gegenstand aus
- Kennen lernen durch **Selbstvorstellung** der Schülerinnen und Schüler
  - jede Schülerin und jeder Schüler begründet anschließend, warum sie/er diesen Gegenstand gewählt hat und
  - gibt dadurch gleichzeitig Informationen zur eigenen Person.

Ein erstes Kennen lernen bzw. die Kontaktaufnahme erfolgt durch die Wahl eines Gegenstandes vom Mitteltisch. Ein unbewusstes Lösen vom Sitzpartner geschieht und lockert die Atmosphäre. Durch die begründete Entscheidung für einen Gegenstand bekommt die Lehrerin und der Lehrer wichtige Hinweise über die unterschiedlichen Interessenslagen der Lerngruppe.

3.2 Partnervorstellung

Verfahrens- und Vorgehensweise:

- Festlegung der Partner:
  - nach der Sitzordnung,
  - nach dem Zufallsprinzip, z. B.

  a) jeder notiert seinen Namen auf ein Los, die Lose werden anschließend gezogen.

  b) jeder schreibt sein Geburtsdatum (Monat und Tag) auf ein Blatt, Schüler suchen sich den Partner, dessen Geburtsdatum dem eigenen am nächsten liegt.
- Partnerinterview (ca. 10 Min.):
  - durch Findung eigener Interviewfragen (Eigenkonzept)
  - durch Vorschläge des Lehrers: Hobbys, Besuch der letzten Schule, des zuletzt besuchten Kinofilms, Gründe für die Wahl der Schulform ... (Fremdkonzept).
- Vorstellung im Klassenplenum
  - nach der Sitzordnung
  - nach dem Zufallsprinzip …

Durch diese Vorstellungen können die situativen, soziokulturellen und lernpsychologischen Lernvoraussetzungen einer Lerngruppe deutlich werden. Die Lehrerin, der Lehrer erhält so wichtige Hinweise für die zukünftige Planung des Unterrichts. Hemmschwellen werden abgebaut. Dabei sollten die Lehrerin, der Lehrer sich nicht scheuen, auch von ihrer Lerngruppe interviewt zu werden. Tafel, Plakate usw. sind strukturierende Hilfsmittel und skizzieren das Persönlichkeitsbild.

Insgesamt sollte der Interviewpartner als Persönlichkeit positiv vorgestellt werden!

3.3 Selbstporträt

Verfahrens- und Vorgehensweise:

- Jeder stellt sich durch eine eigene Zeichnung vor, die einen Bezug zum Namen hat.

Die erstellten Zeichnungen prägen sich bei den Mitschülern und Lehrern ein. Kombinationen mit anderen methodischen Gestaltungsmöglichkeiten, wie sie in den folgenden Kapiteln erläutert werden, sind sehr vielfältig.

371326

Beispiel Selbstporträt

☛ Die Schülerinnen und Schüler stellen ihren Namen bildlich vor.

Franz Hausmann =

Auf einem Plakat bzw. auf einer Wandzeitung werden Bilder bzw. Selbstdarstellungen der Schülerinnen und Schüler geheftet/geklebt. Den Bildern werden Informationen zur Person zugeordnet.

	Name	**Name**	**Name**
Alter: **Hobby:** **Traumberuf:** **...**			

4 Methoden zur Problemgewinnung, Planung und Problemlösung

Selbst organisiertes und ganzheitliches Lernen sind zwei signifikante Merkmale handlungsorientierter Lehr-/Lernarrangements. Sie stehen stellvertretend für jene prozeduralen verbundenen Handlungsschritte, die handlungsorientiertes Lernen als lebendigen Prozess kennzeichnen, indem in jeder Phase die Sache, um die es geht, die Person, die als Subjekt lernt, und die Lerngruppe, in deren Kontext dies geschieht, gleichermaßen im Blickpunkt stehen.[1]

Zur Verdeutlichung der Prozesshaftigkeit handlungsorientierter Lernprozesse, in denen die einzelnen Phasen ein Kontinuum bilden, werden Methoden vorgestellt, die gleichermaßen der **Problemgewinnung**, ihrer Wahrnehmung und Entfaltung, **der Planung** des Lösungsweges über Inhalte und Methoden sowie der **Problemlösung**, ihrer Erarbeitung, ihrer Verarbeitung und ihrer Abstraktion dienen.

Handlungsorientierte Unterrichtsmethoden zur **Problemgewinnung** sollen in diesem Abschnitt helfen neue Sachgebiete und konkrete Problemstellungen zu erschließen. Durch ihren Einsatz können die Schülerinnen und Schüler die möglichst komplex vorgestellten Handlungssituationen weitgehend autonom erschließen. Durch selbst bzw. gruppendynamische Suchbewegungen, wie sie etwa die 635-Methode nutzt, durch Spiel, durch kreatives Verweilen über Abwege und Umwege im Mind-Mapping organisieren und regulieren sich die Lerngruppen selbst. Der Prozess der Qualifizierung wird gleichzeitig zu einem individuellen Prozess von Erfahrungen und Interessen, der Konfrontation mit Problemen, Konflikten und Widersprüchen in einem methodischen Weg des Entdeckens und Konstruierens, des Sammelns und Forschens, des Erfindens und Neufindens.

Sag mir etwas und ich werde es vergessen!
Zeig mir etwas und ich werde es vielleicht behalten!
Lass es mich tun und ich werde es bestimmt behalten! (Zen-Weisheit)

Handlungsorientierte Unterrichtsmethoden zur **Planung und Problemlösung** sollen in diesem Abschnitt helfen die selbst- und mitbestimmte Planung von Lernprozessen zu gewähren, methodisch eigenständig oder mit Hilfen Vorgehensweisen zu planen, Informationen zu beschaffen und zu verarbeiten, um damit Probleme und Konflikte zu lösen. Doch nicht immer wird es eindeutige Lösungen für komplexe Problemstellungen geben, sodass in Problemlösungsphasen das Lernen des vernetzten Denkens in Zusammenhängen sowie eines Entscheidens durch Abwägen gefordert ist.

Durch einen solchen ganzheitlichen Lernprozess von der Problemgewinnung bis zur Problemlösung und darüber hinaus wird die Schule z. B. durch Erkundungen, durch Befragungen bzw. durch reale Fallstudien, d. h. durch die Einbeziehung der außerschulischen Realität, nach außen geöffnet. In solchermaßen arrangierten Lernprozessen werden die Lehrerin und der Lehrer zu Prozesshelfern, die die Lerngruppen in die Lage versetzen, lebendig **im Methoden-Mix neues Wissen durch Problemgewinnung, Planung und Problemlösung** zu erschließen und ihre professionellen Verhaltensmöglichkeiten zu erweitern.

1 Vgl. Arnold, R./Müller, H. J.: Handlungsorientierung und ganzheitliches Lernen in der Berufsbildung – 10 Annäherungsversuche, in: Erziehungswissenschaft und Beruf 4/93, S. 331

371328

4.1 Brainstorming und Brainwriting-635

Das Brainstorming und Brainwriting sind geradezu „die klassischen" Kreativitätstechniken. Sie stellen offene, schüleraktivierende Methoden zur Problemgewinnung, Planung und Lösung von Lernprozessen dar.

Bereits in den dreißiger Jahren wurde diese Methode von Alex F. Osborn, dem Mitinhaber einer weltweit tätigen Werbeagentur, entwickelt, um kreative Prozesse zur Generierung von Produktideen und Werbekonzeptionen bewusst und gezielt in Gang zu setzen. Brainstorming und Brainwriting gehören inzwischen zum festen Methodenrepertoire des Marketing, wobei der Einsatzschwerpunkt im Bereich der Produktpolitik liegt.[1] Über den wirtschaftlichen bzw. beruflichen Bereich hinaus werden Brainstorming und Brainwriting als Methoden zur kreativen Lösung von Problemen in allen Lebensbereichen und Lebenslagen zur Förderung der persönlichen Kreativität herangezogen. Sie gelten als Ausgangspunkt zur Entwicklung einer Fülle weiterer auf Assoziation beruhender Kreativitätstechniken und können somit als die wohl „exemplarischsten" Kreativitätsmethoden bezeichnet werden.[2]

Hilbert Meyer[3] nennt die Planung, Durchführung und Auswertung eines Brainstorming explizit als eine Maßnahme zum Aufbau von Methodenkompetenz. So soll u. a. die Dominanz der verbal stärksten Schülerinnen und Schüler reduziert und ein schüleraktives Spektrum gefördert werden.

Die Planung, Durchführung und Reflexion eines Brainstorming oder Brainwriting entlassen die Lehrerin und den Lehrer nicht aus ihrer unterrichtlichen, moderierenden Verantwortung. Sie sollten möglichst umfassend die Strukturen und Alternativen des Unterrichtsgegenstandes bzw. der Problemstellung einschließlich methodischer Wege kennen, um problemorientierte Handlungssituationen zu entwickeln und prozesshelfend bei der Strukturierung von Plänen aus den Ideen und Gedanken der Schülerinnen und Schüler zu wirken.

Verfahrens- und Vorgehensweise Brainstorming

Problemfindung

- Ein Begriff (Unterrichtsgegenstand), ein Problem (Unterrichtsthema) oder eine provozierende Leitfrage wird an der Tafel, an der Folie, an der Wandtapete ... festgehalten.

Kreative Phase – Quantität vor Qualität!

- Die Schülerinnen und Schüler sammeln in einer vorher vereinbarten Zeit in Stichpunkten und in großen „Schriftbuchstaben" Ideen bzw. unterbreiten Vorschläge zur Lösung des Problems.
- Jede Idee ist willkommen und wird visualisiert, auch wenn sie abwegig oder fantastisch klingt, Denkschablonen sollen aufgebrochen werden .
- *Kritik ist verboten!*
- Die Vorschläge anderer sollten in die eigenen Überlegungen mit einbezogen, ergänzt, variiert und es sollte mit Alternativen gespielt werden.

---

1 Vgl. Schlicksupp, H.: Produktinnovation, Wege zu innovativen Produkten und Dienstleistungen, Würzburg 1988
2 Vgl. Hürlimann, W.: Methodenkatalog. Ein systematisches Inventar von über 3 000 Problemlösungsmethoden, Bern 1981, S. 35 – 61
3 Vgl. Meyer, H.: Unterrichtsmethoden II: Praxisband, 5. Auflage, Frankfurt a. M. 1993, S. 154

☛ *Lassen Sie sich inspirieren!*

Auswahlphase

☛ Leitideen und Lösungsvorschläge werden zu thematischen Schwerpunkten herauskristallisiert bzw. zu größeren Zusammenhängen geordnet (vgl. Brennpunktmethode).

☛ Ideen und Lösungen werden rational auf ihre Durchführbarkeit geprüft.

Verfahrens- und Vorgehensweise Brainwriting-635

Sechs Personen setzen sich zusammen, schreiben jeweils **drei** Lösungsvorschläge und reichen sie auf einem Formblatt **fünf**mal weiter (daraus resultiert der Name 635). Das System funktioniert in fünf Phasen:

☛ Phase 1: Das anstehende Problem wird sorgfältig analysiert, die Aufgabenstellung genannt.

☛ Phase 2: Jeder Schüler erhält nun ein Formblatt mit 18 Feldern und trägt in die oberste Reihe drei Ideen ein.

☛ Phase 3: Nach dem vereinbarten Zeitraum (3 – 5 Minuten) wird das Formblatt dann im Uhrzeigersinn an den Nachbarn weitergegeben. Jeder bekommt damit automatisch drei neue Vorschläge vorgelegt.

☛ Phase 4: Nun sollen zu jedem Vorschlag vertikal anknüpfende oder assoziierende Ideen in die zweite Reihe geschrieben werden.

☛ Phase 5: Nach weiteren 3 – 5 Minuten wird das Blatt erneut weitergegeben und jeder erhält nun bereits sechs Ideen vorgelegt. Der Vorgang wiederholt sich so lange, bis das Formblatt vollständig ausgefüllt ist.

6 Teilnehmer schreiben in **3** Felder je eine Idee und geben **5**-mal das Blatt weiter

Problem: … Teilnehmer	Idee	Teilnehmer	Idee	Teilnehmer	Idee
1	1	1	2	1	3
2	1	2	2	2	3
3	1	3	2	3	3
4	1	4	2	4	3
5	1	5	2	5	3
6	1	6	2	6	3

Es befinden sich nun auf jedem Blatt 18 Lösungsvorschläge und jeder einzelne Schüler hat seinerseits ebenfalls 18 Ideen eingebracht. Insgesamt bedeutet das: 6 Schüler haben in einer knappen halben Stunde 108 Lösungsvorschläge hervorgebracht.

Beispiel Brainstorming und Brainwriting-635

Entwicklung des Markennamens für eine neue Zahncreme[1]

Die folgende Kombination der Kreativitätstechniken Brainstorming und Brainwriting ist im Themenbereich Absatzmarketing in der Produktpolitik zur Namensgebung einer neuen Zahncreme erfolgreich eingesetzt worden.

1 Quelle: modifiziert nach Hans-Harald Webers

Tafel: **Brainstorming**

Welche Anforderungen soll an den Markennamen gestellt werden?

- *leicht zu merken*
- *sich gut aussprechen lassen*
- *nicht zu lang sein*
- *prägnant sein*
- *rechtlich schutzfähig sein*
- *positive Gedanken/Gefühle hervorrufen*
- *zu einer Zahncreme passen*
- *die Vorteile der Zahncreme herausstellen*
- *kurz sein*
- *sympathisch sein*
- *solide sein*
- *jugendlich sein ...*

Die im Brainstorming an der Tafel gesammelten Anforderungen an den Markennamen einer Zahncreme bleiben den Schülerinnen und Schülern im Blickpunkt. Daraus entwickeln sie assoziativ im **Brainwriting-635** kreative Namensideen.

Arbeitsauftrag:

1. Führen Sie ein Brainwriting durch, um Namensideen zu sammeln.
2. Anschließend wählt jeder Teilnehmer auf dem Blatt, das er zuletzt entgegennimmt, einen Vorschlag aus.
3. Die Gruppe notiert die ausgewählten Vorschläge auf einer Folie und entscheidet sich für einen Produktnamen. Beachten Sie dabei die Anforderungen an einen Produktnamen.
4. Die Gruppe wählt einen Gruppensprecher, der die Vorschläge in der Klasse vorträgt und die Auswahl des Namens begründet.

Problem: ... Teilnehmer Idee	Teilnehmer Idee	Teilnehmer Idee
1 1	1	1
2	2	2
3	3	3
4	4	4
5	5	5
6	6	6

mögliche Lösung:

Problem: Sammlung von Namensideen		
Blaues Wunder	2 Zahnstein-weg	Spendo-fix
Dr. mend Dent´s	Plaque-Ex	Spendomat
Dentisten Wunder	Plaxodent	Spendo-med
Thera-Klin	Plaxo-med	Spenda-dent
Zahn-Wächter	Thera-plax	Dent-o-mat
Der Zahn-Therapeut	Thera-med	Dent-aktiv

4.2 Brennpunkt

In der „Brennpunkt-Methode“ erfolgt durch eine sukzessive Verdoppelung der Sozialformmitglieder (von der Einzel- über die Partnerarbeit zur Gruppen- und Großgruppenarbeit) eine stark kommunikative, diskussionsfreundliche Verständigung und Fokussierung von Arbeitsergebnissen, wie sie möglicherweise im Methoden-Mix durch den Einsatz eines kreativen und äußerst produktiven „Brainwriting“ hervorgegangen sind.

Die aktuellen Arbeitsergebnisse und abgestimmten Lösungsvorschläge werden jedesmal aufs Neue überprüft und variiert, bis schließlich ein gemeinsames Ergebnis der gesamten Lerngruppe präsentiert werden kann.

Die „Brennpunkt-Methode“ fördert somit durch vertiefende Diskussionen die Fachkompetenz. Darüber hinaus eignet sie sich in besonderer Weise durch die notwendige Diskussionsbereitschaft aller Sozialformmitglieder sowie durch die Bedingung, sich mit anderen zu verständigen und zu einigen, zur Schulung sozialer und kommunikativer Kompetenzen.

Verfahrens- und Vorgehensweise Brainwriting-635

- Jeder Schüler erhält 1 Abstimmungskarte und notiert 3 Ideen.
- Schüler erhalten 1 etwas größere Abstimmungskarte und einigen sich auf 3 Ideen.
- Schüler erhalten 1 etwas größere Abstimmungskarte und einigen sich auf 3 Ideen. Kompromissformulierungen sind möglich!
- Vorstellung und Diskussion der abgestimmten Ergebnisse.

Beispiel Brennpunkt

Entscheidung und Findung des Markennamens für eine neue Zahncreme, weiterentwickelt aus dem „Brainstorming“ und dem „Brainwriting“ zu einem ganzheitlichen Methoden-Mix.

- Jeder Schüler schreibt 3 Ideen auf ein Blatt.

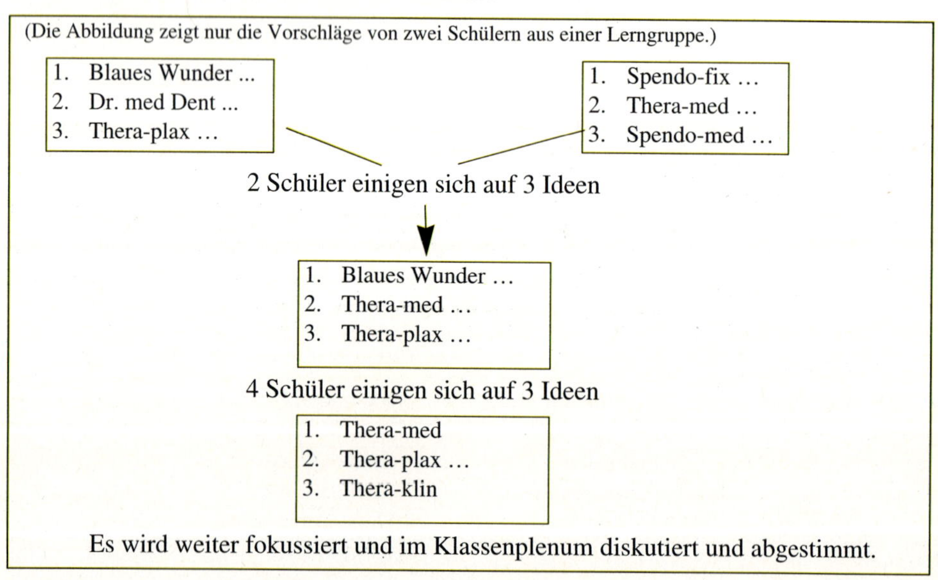

371332

4.3 Metaplan

Die Metaplan-Methode, mit der die Gebr. Eberhard und Wolfgang Schnelle die Konferenztechnik revolutionierten, hat auch in der Schule gerade für handlungsorientierte Unterrichtsprozesse an Bedeutung gewonnen. Mit denkbar einfachen Mitteln wie Filzstiften, Zetteln, Karteikarten, Klebeband, Kärtchen, Klebepunkten usw. setzen Schülerinnen und Schüler diese Konferenztechnik aktiv gestaltend ein.[1]

Schriftliches Diskutieren hat zum Grundprinzip die Einbeziehung der gesamten Schülergruppe in die Kommunikation. Somit kann im Gegensatz zum Vortrag und zur üblichen Diskussion jeder Einzelne aktiv am Problemfindungsprinzip teilnehmen. Die Arbeit mit der Stellwand und den Pinnkarten als so genannte Metaplantechnik hat den großen Vorteil, dass mündliche Diskussionsbeiträge und schriftliche Fixierung in einem interaktiven Wechselspiel zwischen Lerngruppe und Lehrer stattfinden. Die angestrebte Aktivierung der Schülergruppe verlangt eine lockere Sitzordnung, die das Verlassen des Sitzplatzes fordert.

Der Erfolg des schriftlichen Diskutierens beruht wesentlich darauf, dass jeder Schülerin und jedem Schüler die eigenen Ideen und die der anderen sichtbar und damit das Problem und die dazu gesammelten Ideen zu jeder Zeit gegenwärtig sind. Dies soll die Beteiligten immer wieder zu eigenen Ideenbeiträgen motivieren.

Statt einer „Sitzung" wird die Kommunikation zur Bewegung zwischen Tafel/Wand und Sitzplatz.

Die Arbeit mit Karten an den Wänden ist sehr variabel und vielfältig mit unterschiedlichsten Techniken/Methoden (z. B. Puzzle, Circept) kombinierbar. So können in der Ideenstrukturierung unterschiedliche Formen und Farben eingesetzt werden. Der Fantasie sind keine Grenzen gesetzt.

Verfahrens- und Vorgehensweise:

Aufforderung und Zielansprache (Leitfrage)

☛ Gruppenprozess durch Meinungsbefragung, Einstellungen ... in Gang setzen! Aufforderung, Gedanken auf Karten zu schreiben oder zu zeichnen bzw. Stichworte zum erörterten Problem auf Karten zu notieren und lesbar an die Pinnwand zu heften.

Ideenstrukturierung und Clusterbildung

☛ Auf Karten oder durch Zuruf Ideen sammeln und „Ideenklumpen" bilden! Problematisierung der Arbeitsergebnisse und Öffnung der Metaplanstrukturen, z. B. durch Zuordnung, Ideenstruktur skizzieren und auf der Tafel/Wand arrangieren.

☛ Ideenstrukturen in Problemlisten überführen und durch Bewertung eine Problemrangreihe ermitteln! Strukturierungshilfe (z. B. durch Aufkleben von „Gesichtspunkten" auf vorbereitete Raster ...) als didaktische Reserve bereithalten. Die gebildeten „Klumpen, Wolken" ... sind Grundlage für die Aufteilung in Arbeitsgruppen bzw. Problemkreise.

1 Vgl. Derschka, Peter/Gottschall, Dietmar: Das Geheimnis der Wolke in: Management Wissen 12/84, S. 17 ff.

Weiterbearbeitung, Präsentation, Reflexion

- ☛ Durch offene und verdeckte Wahl werden Gruppen zur Weiterbearbeitung einzelner Probleme gebildet.
- ☛ Teilprobleme sollten deutlich formuliert werden.
- ☛ Kleingruppenarbeit durchführen!
- ☛ Mitglieder jeder Kleingruppe präsentieren die Ergebnisse der Kleingruppenarbeit!
- ☛ Reflexion/Kritik der präsentierten Information durchführen!

Neue Zielansprache

- ☛ Detailprobleme von Spezialisten lösen lassen!

Beispiel Metaplan

1. Aufforderung: Welche Gesichtspunkte müssen bei der Unternehmens-
   Leitfrage gründung beachtet werden?

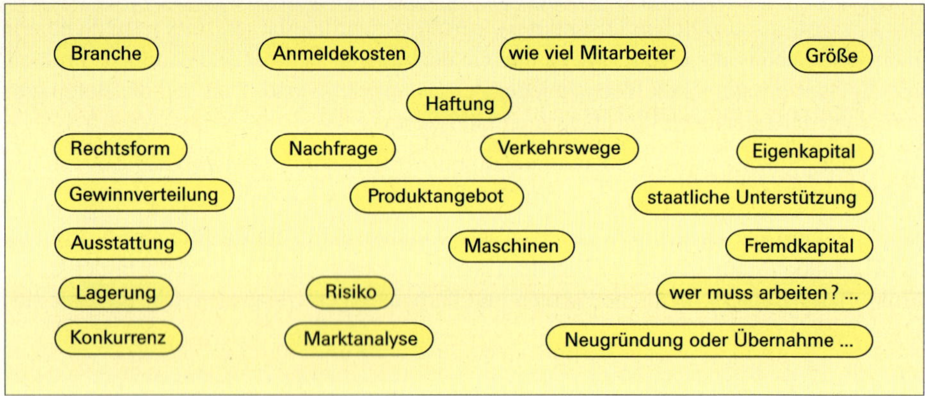

2. Ideenstruktur durch Strukturierung bzw. Zusammenfassung zu „Wolken“ bzw. „Klumpen“ an der Wand oder Tafel arrangieren.

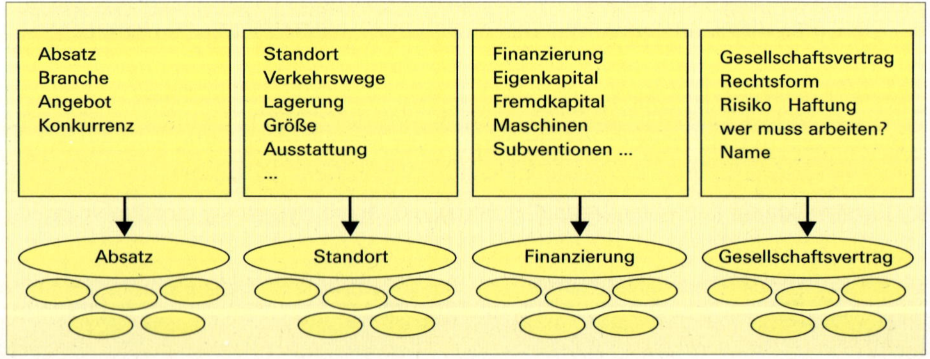

3. Ideenstrukturen in Problemlisten überführen und unter Umständen durch Bewertung eine Problemrangreihe ermitteln.

Nr.	Problemliste	Punkte	Rang
1	Standort	♦♦♦	3
2	Finanzierung	♦♦♦♦♦	1
3	Absatz	♦♦	4
4	Gesellschaftsvertrag	♦♦♦♦	2
	…		

4. Gruppen zur Weiterbearbeitung einzelner Probleme bilden.

4.4 Szenario und Zukunftswerkstatt

Szenario

Die systematisch-kritische und planende Behandlung von Zukunftsfragen wird durch die um 1960 in den USA von Kahn entwickelte Szenariotechnik erreicht. Der Einsatz von Szenarien setzt grundsätzlich fundiertes, fach- und fachübergreifendes Wissen voraus, so z. B. die Fähigkeit zur Beschreibung einer möglichen komplexen Situation sowie die Wahrnehmung einer Entwicklung, die aus der Gegenwart zu dieser Situation führen könnte. Von einer vorgegebenen Situation ausgehend, werden zukünftige Konstellationen als Abfolge hypothetischer Ereignisse in einem bestimmten Zeitraum oder zu einem bestimmten Zeitpunkt durchgespielt.

Aufbauend auf dieser zeitlichen Differenzierung werden zwei Arten von Szenarien unterschieden:

1. Situationsszenarium
In diesem statischen Szenarium wird hauptsächlich eine zukünftige Situation, ein Zeitpunkt, beschrieben, während die Entwicklung von der Gegenwart zu dieser Situation vernachlässigt wird.

2. Prozessszenarium
Der Schwerpunkt liegt auf der dynamischen Betrachtung der Entwicklung einer zukünftigen Situation. Diese ergibt sich aus der Beschreibung eines Entwicklungspfades aus der Gegenwart in die Zukunft.[1]

Gegenüber üblichen Prognosen sind die gleichzeitige Berücksichtigung unterschiedlicher Aspekte eines sich alternativ entwickelnden Problemfeldes und die kreative Beschreibung zukünftiger Situationen angestrebt. Die strategische Planungsmethode Szenario wird in vielen Unternehmen eingesetzt und in den kaufmännischen Fächern an Schulen unterrichtlich zunehmend erprobt.

Die Szenariomethode basiert auf dem Prinzip des vernetzten Denkens in gesellschaftlichen Problemkreisen sowie ihren zukünftigen Entwicklungen unter Analyse von Einflussbereichen und Einflussfaktoren.[2] Verschiedene Einflussfaktoren müssen dabei

1 Vgl. Fink, Alexander, Schlake, Oliver: Szenariomanagement – Ein Rahmenkonzept zur Entwicklung von Leitbildern und Strategien, Universität Gesamthochschule Paderborn, S. 25

2 Vgl. P. Weinbrenner: Darstellung der Szenariomethode und ihrer Anwendung, in: Steinmann, Weber (Hrsg.): Handlungsorientierte Methoden in der Ökonomie, Neusäß 1995, Seite 432 ff.

berücksichtigt werden, da sich die Zukunft niemals exakt prognostizieren lassen kann. Ein Szenario ist folglich ein komplexes Zukunftsbild, weil es auf Entwicklungsmöglichkeiten vieler, miteinander vernetzter Einflussgrößen basiert. Um eine Situation und ihre Eintrittswahrscheinlichkeit vorherzusagen, müssen mehrere Trendprojektionen zugelassen sein, die unterschiedliche Szenarien bedingen. Es entstehen mehrere mögliche Zukunftsbilder, die die Beschreibung von komplexen Situationen der Zukunft darstellen.

Bei Szenarien werden somit wahrscheinliche oder mögliche Zukunftsentwicklungen (Zukünfte) entworfen und optimistische und pessimistische Zukunftsbilder als logische Konstruktionen aus der Gegenwart heraus entwickelt.

Die Szenariomethode ist grundsätzlich analytisch-sachlich ausgerichtet. Der Anwendungsbereich wird in der strategischen Entscheidungsvorbereitung gesehen, wobei die Einsicht vermittelt werden kann, dass prinzipielle Unsicherheit auf die in Zukunft gerichteten Entscheidungen und Handlungen besteht. Die Szenariomethode vermittelt verstärkt die Einsicht, dass die Zukunft prinzipiell gestaltbar und veränderbar ist. Weiterhin kann deutlich werden, dass unsere Zukunftsvisionen von Werten und Normen etwa im Spannungsfeld von Ökonomie und Ökologie abhängig sind. Schließlich fördern Szenarien eine „verständigungsorientierte Kommunikation" und erhöhen damit die abgestimmte Rationalität von Entscheidungen und Handlungen.

Eine Besonderheit der Szenariotechnik liegt u. a. darin, dass nicht nur ein einziges Zukunftsbild entworfen wird, sondern dass alternative Vorstellungen von der Zukunft entwickelt werden. Somit kann deutlich gemacht werden, dass die Zukunft nicht eindeutig vorhersagbar, sondern ihre Entwicklung unsicher und unbestimmt ist. Darüber hinaus werden nicht nur Zukunftsbilder entworfen, sondern auch die Wege dorthin beschrieben. Insofern sind Szenarien keine von der gegenwärtigen Wirklichkeit isolierte Utopien, sondern schlüssige Fortsetzungen der heutigen Gegebenheiten.[1]

Mithilfe eines Trichters kann die Szenariotechnik von der Gegenwart zur Zukunft visualisiert werden.

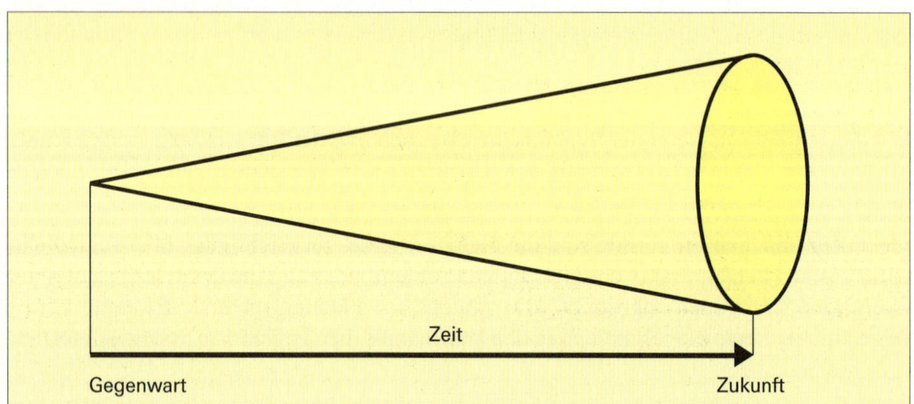

1 Vgl. Kaiser, Franz-Josef und Kaminski, Hans: Methodik des Ökonomie-Unterrichts, Bad Heilbrunn 1994, S. 206

Die gegenwärtige beschreibbare Ausgangssituation wird als Punkt dargestellt. Je mehr Zeit vergeht, desto weniger genau ist die – aus heutiger Sicht – zukünftige Situation eindeutig beschreibbar, weil immer mehr Unwägbarkeiten zu berücksichtigen sind. Diese Vielfalt möglicher Entwicklungspfade führt zu einem Bündel „alternativer Zukünfte", die sich im Zeitablauf auseinander bewegen. Aus Gründen der Übersichtlichkeit werden diese Entwicklungen in der Erarbeitung von Szenarien in der Regel auf zwei einander gegenüberliegende Extremszenarien beschränkt.

Die Extremszenarien beinhalten jeweils – auf eine Problemstellung bezogen – die bestmögliche bzw. schlechtestmögliche Entwicklung, um die Weite und Vielfalt möglicher Zukünfte erfassen zu können und nicht von vornherein mögliche Entwicklungen aus den Überlegungen auszuschließen.

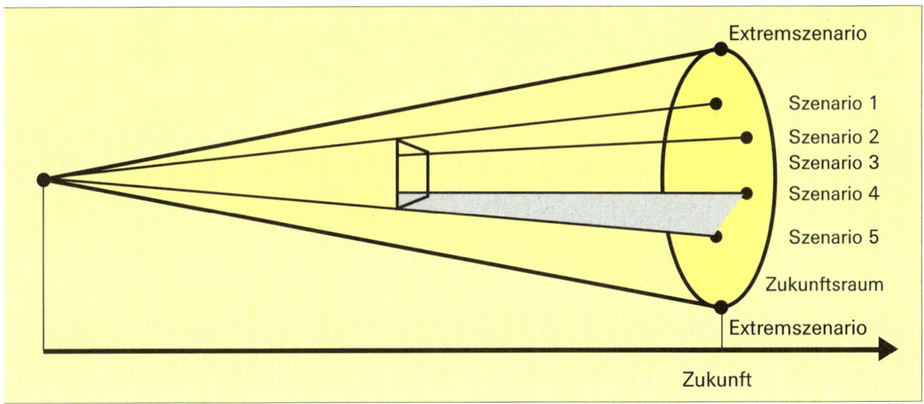

Der dem Entwicklungstrend der Vergangenheit entsprechende Zukunftsentwurf wird als Trendszenario bezeichnet und liegt in der Mitte des Trichterquerschnitts.

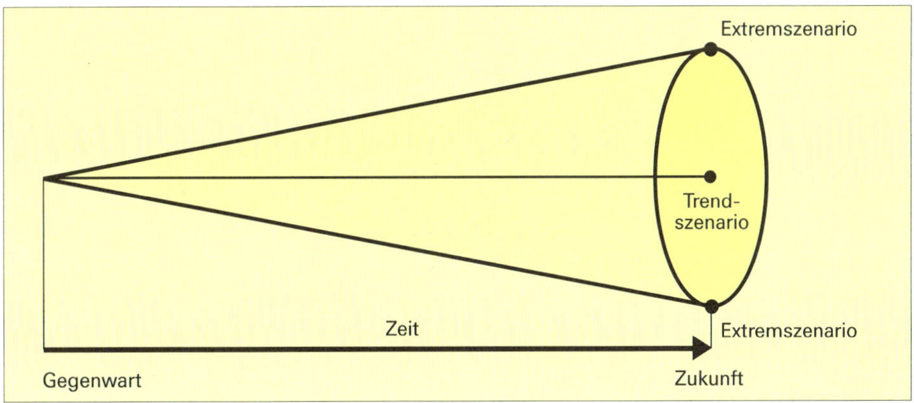

Auf jede der denkbaren Entwicklungslinien können zu jedem Zeitpunkt Störereignisse einwirken. Diese verändern den Linienverlauf und damit den Entwicklungspfad in die Zukunft und erfordern Gegenmaßnahmen, die an bestimmten, jeweils festzulegenden Entscheidungspunkten ergriffen werden müssen.

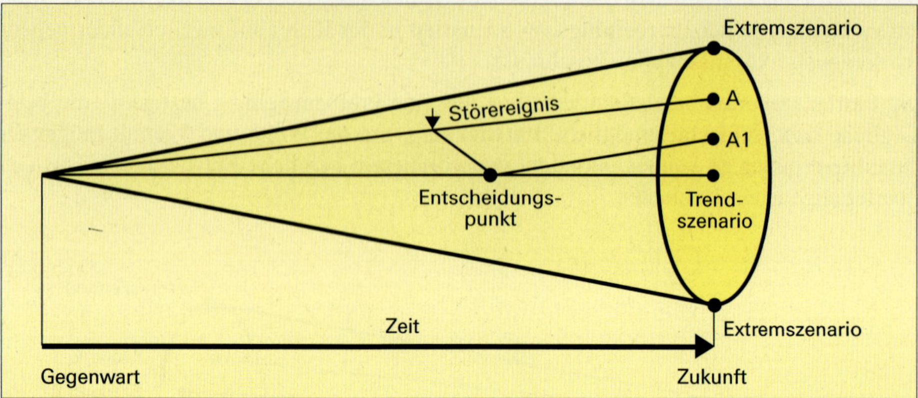

Die Schülerinnen und Schüler sollen durch den Einsatz von Szenarien befähigt werden, sich schlüssig und produktiv mit zukunftsorientierten Problemstellungen auseinanderzusetzen. Die Arbeit mit Szenarien setzt Kreativität und Fantasie frei, fördert zukunftsorientiertes, interdependentes, interdisziplinäres und vernetztes Denken. Die Szenariomethode unterscheidet sich von anderen Denkweisen hauptsächlich durch folgende Charakteristika[1]

- Sensibilisierung für Gegenwartsprobleme und für die Vielfalt möglicher Zukünfte
- Ganzheitliches und systematisches Denken statt isolierend-abstrahierender, zusammenhangloser und reduktionistischer Sichtweisen,
- Fundiertes Analysieren bei aktivem Informationsverhalten
- Organischer statt mechanistischer und deterministischer Denkweise
- Prozessdenken statt Strukturdenken.

Verfahrens- und Vorgehensweise:

Die Vorgehensweise wird in der Literatur sehr verschiedenartig beschrieben. Entscheidend für das Vorgehen sind die situativen Bedingungen (didaktische Intention, Komplexitätsgrad der Aufgabenstellung, Vorhandensein und Zugänglichkeit von Informationen und Informationsquellen ...)

☛ Szenariovorbereitung
   - Der Lehrende sollte Vorüberlegungen treffen, welche Informationen und welche Informationsquellen die Schülerinnen und Schüler zur Erstellung und Anwendung von Szenarien benötigen.

☛ Szenarioanalyse
   - Die Istsituation wird von den Schülerinnen und Schülern durch die gesammelten Informationen beschrieben. Sie analysieren Stärken und Schwächen der komplexen Handlungssituation und legen Zeithorizonte fest.

1 König, Manfred: Szenariotechnik. Unterrichtsgegenstand und Unterrichtsmethode in kaufmännischen Schulen, in: Manfred Becker und Ulrich Pleiss (Hrsg.): Wirtschaftspädagogik im Spektrum ihrer Problemstellung, Beltmannsweiler 1988, S. 279

- Szenarioprognostik
  - Eine mögliche Entwicklung unter Einbeziehung und Verkettung möglicher auftretender Ereignisse wird prognostiziert. Die Beschreibung solcher Ereignisketten kann u. a. durch folgende Fragen und Konditionen angeregt werden:
    „Was wäre, wenn ...“
    Mit welchem Ziel?
    Mit welchen Mitteln?
- Szenariobildung
  - Die Schülerinnen und Schüler entwerfen alternative Szenarien, indem sie die Entwicklung der verschiedenen Einflussfaktoren sinnvoll miteinander kombinieren.
- Szenariotransfer
  Die Schülerinnen und Schüler erarbeiten Maßnahmen und Aktivitäten, die positive Entwicklungstrends fördern könnten und negative vermeiden helfen. Produktorientiert kann die Szenariomethode zu einem Netzwerk des visionären Denkens führen.

Beispiel Szenarien

Zukunft der Schule
Die Zukunft der Stadt
Die Zukunft der Region
Die Zukunft der „Europäischen Währungseinheit“
Die Zukunft der Automobilbranche
Die Zukunft der Computertechnik
...
Vernetzte Zielgrößen der Swissair[1]

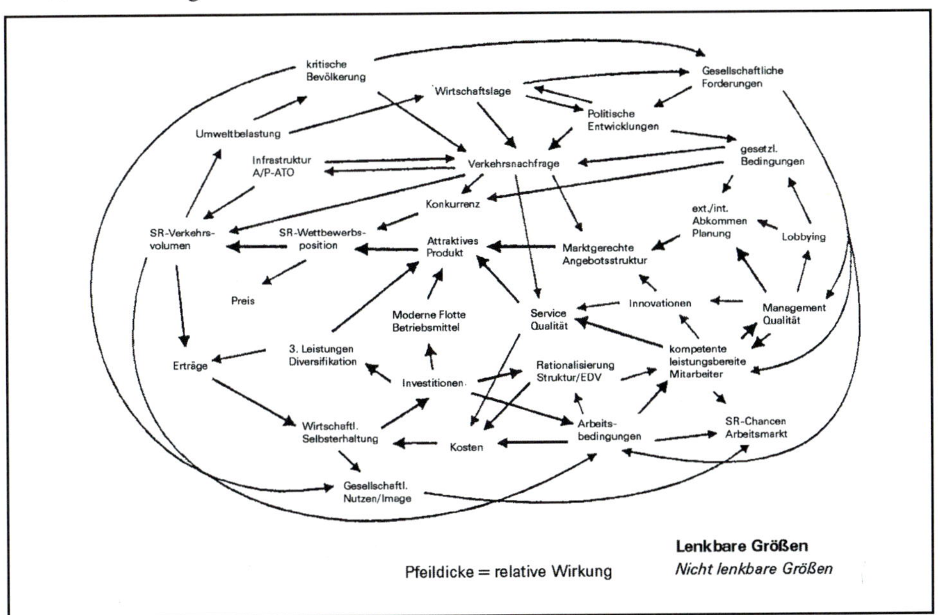

1 Vgl. Gausemeier, Jürgen: Szenario-Technik – Werkzeug auf dem Weg zur kreativen Nation, Universität Gesamthochschule Paderborn, S. 15

Zukunftswerkstatt

Während Szenarien als Methode die systematische und konstruktive Auseinandersetzung mit zukunftsorientierten, meist betriebswirtschaftlichen und volkswirtschaftlichen Themenstellungen behandeln und Zukunftsfragen langfristige Entwicklungen oder globale Weltmodelle diskutieren, werden in der Zukunftswerkstatt **wünschbare** Zukünfte entwickelt. Es werden optimistische Utopien aus Träumen und Wünschen gestaltet und aufbauend auf einer radikalen Kritikphase an den herrschenden Verhältnissen auf Schwierigkeiten ihrer Realisierung überprüft. Die Zukunftswerkstatt ist gegenüber Szenarien somit eher an Intuition und Kreativität orientiert.

Auch wenn wir die Gestaltung unserer Gegenwart nicht immer beherrschen, so ist das Lernen für die Zukunft ein Thema für den Unterricht. Zur Lösung von problemorientierten komplexen Handlungssituationen werden neue kreative Problemlösungen benötigt.

„Erste Zukunftswerkstätten wurden von Robert Jungk Ende der Sechzigerjahre erprobt und zusammen mit Norbert Müller zu ihrer heutigen ‚klassischen Form' entwickelt. Beide gehen von der These aus, dass der Mehrzahl der Bürger das konkrete Mitbestimmungs- und Mitgestaltungsrecht an den wichtigen, sie existenziell betreffenden sozialen und politischen Entscheidungen vorenthalten wird. Gegen die Vorherrschaft der Experten entwickeln sie eine Arbeitsmethode, mit der Betroffene aus ihren unmittelbaren Erfahrungen und ihrem alltäglichen Wissen Ideen zur Bewältigung von Problemen gemeinsam erarbeiten."[1]

So ist die Auseinandersetzung mit sozialen, ökologischen, kulturellen und politischen Problemstellungen heute ohne eine Reflexion der zukünfigen Auswirkungen und das Bedenken auch von langfristigen Handlungsmöglichkeiten nicht mehr möglich.

Verfahrens- und Vorgehensweise:

Bei dem Zeitbedarf für eine Zukunftswerkstatt kann von mindestens einem Unterrichtstag ausgegangen werden.

- ☛ Vorbereitungsphase
  Die Schülerinnen und Schüler erhalten Informationen über den Verlauf der Unterrichtseinheit (Ablauf einer Zukunftswerkstatt).
- ☛ Kritikphase
  Die Schülerinnen und Schüler sammeln radikal und puristisch Probleme und Kritikpunkte zu einem komplexen Problemfeld, bewerten, vernetzen und ermitteln die Problemschwerpunkte.
- ☛ Fantasiephase
  Nachdem eine Auswahl von Problemschwerpunkten getroffen wurde, werden in Gruppen die kritischen Positionen in fantasievolle Utopia formuliert, die im Anschluss nach Systematisierung, nach Bewertung und nach Schwerpunktbildung wiederum von den Gruppen in ausgewählten Dokumentationsformen konkretisiert werden.
- ☛ Verwirklichungsphase
  Die gefundenen und präsentierten neuen Ideen können mögliche Ansatzpunkte, Vorschläge und Durchsetzungsstrategien für die Verwirklichung des bearbeiteten Problemfeldes sein.

1 Schoof, Dieter: Zukunftswerkstatt – Eine Methode der Lehrerfortbildung, in: Pädagogik 6/92, Seite 26

Beispiel Zukunftswerkstatt

Da das Vorstellen von Beispielen zum Bereich Zukunftswerkstatt sehr umfangreich ist, verweisen wir auf Sammlungen von Zukunftswerkstätten in der Literatur:

- Sellnow, A. Becker-Freyseng, H. J. Fietkau & T. Länge: Bürgerforum und Zukunftswerkstatt, Frankfurt 1990
- Pallsch & Reimers: Pädagogische Werkstattarbeit, Weinheim 1990
- Landesinstitut für Schule und Weiterbildung NRW. (Hg.): Zukunftsphantasien (k)ein modischer Trend? Reader zum Lernkonzept der Zukunftswerkstatt, Soest 1987
- Burow, Olaf-Axel, Neumann-Schönwetter, Marina: Zukunftswerkstatt in Schule und Unterricht, Hamburg 1995
- Weinbrenner, P.: Von Otto Normalverbraucher zu Öko-Paul – Auf der Suche nach dem neuen Konsumenten, in: Der berufliche Bildungsweg 2/1989, S. 16 – 23

4.5 Fragerunde

Fragerunden sollen Lernprozesse initiieren und einen Überblick von Aspekten einer komplexen Handlungssituation möglichst eigenständig schaffen. Durch sie werden Schülerinnen und Schüler somit aktiv an Planungsprozessen beteiligt. Gleichzeitig leisten sie durch die Eindeutigkeit der Fragestellung, durch die Klarheit der Formulierungen und durch die Vielschichtigkeit der Fragen die notwendigen Strukturierungshilfen für den Lerngegenstand und die Handlungssituation. Sie öffnen den motivierenden, fragenden Blick für die konträren Positionen, Erkenntnisse und Handlungswünsche.

Fragerunden intensivieren den unterrichtlichen Interaktionsprozess und können nach Deutungen und Erklärungen Abstimmungsprozesse herbeiführen und Alternativen aufzeigen. Zudem helfen sie die Frage- und Antworttechnik von Schülerinnen und Schülern zu verbessern.

Verfahrens- und Vorgehensweise:

- ☛ Die Schülerinnen und Schüler überlegen und formulieren jeweils eine Frage zur Themenstellung und notieren diese. Die Frage kursiert nun im Uhrzeigersinn durch die Lerngruppe und wird möglichst beantwortet.
- ☛ Anschließend werden die Fragen und Antworten verlesen und eine strukturierte Reihenfolge und Einigung auf die wichtigsten Fragen und Antworten herbeigeführt. Die Ergebnisse werden als Meinungsspektrum bzw. Antworten auf einer Folie, einer Tafel ... festgehalten.
- ☛ Abstimmungen, Pro- und Kontra-Debatten ... können abschließend geführt bzw. Prioritätenlisten angefertigt werden.

Variante: Fragerunde mit Karteikarten

- ☛ Jede Schülerin und jeder Schüler erstellt mithilfe von Arbeitsunterlagen z. B. ein oder zwei Fragen. Auf die Rückseite wird sorgfältig jeweils eine Musterlösung ausgearbeitet.
- ☛ Danach beantworten die Schülerpaare wechselseitig ihre notierten Fragen. Mithilfe der Musterlösung wird jede Schülerin bzw. jeder Schüler zum Lernprozesshelfer.

- Sind die Fragen zufrieden stellend beantwortet, suchen sich die Lernenden neue Partner, mit denen dann wiederum gefragt und geantwortet wird. Jede Schülerin und jeder Schüler erhält somit neue Fragen. Durch die Unterschiedlichkeit der Antworten kann der Fragesteller dadurch zum Experten werden.
- Abschließend können im Plenum die Experten z. B. über aufgetretene Schwierigkeiten bei der Beantwortung berichten, die dann u. U. in der gesamten Lerngruppe aufgearbeitet werden können.
- Alle Karten der Schülerinnen und Schüler könnten durch ständige Ergänzung zu einer **Lerndatenbank** zusammengefasst und z. B. für Wiederholungen und zur Prüfungsvorbereitung eingesetzt werden.

Beispiel Fragerunde

z. B. durch Kartenabfrage

Platzwechsel

Schülerin 3 — Schüler 3

Platzwechsel

Schülerin 2 — Schüler 2

Platzwechsel

Schülerin 1 — Schüler 1

Karteikarte der Schülerin 1: Frage
Mit der Aushändigung der Scheckvordrucke kommt stillschweigend ein Scheckvertrag zustande. Welche Pflichten geht das Kreditinstitut mit diesem Rechtsgeschäft ein?

Karteikarte Antwort
Das Kreditinstitut verpflichtet sich die von Konten auf sein Konto ausgestellten Schecks einzulösen. Die Verpflichtung zur Einlösung besteht allerdings nur dann, wenn das Konto des Kunden gedeckt ist. Ein Konto gilt als gedeckt, wenn es ein Guthaben aufweist, oder wenn dem Bankkunden ein entsprechender Kredit eingeräumt worden ist.

Karteikarte des Schülers 2: Frage
Auf der Vorderseite der Eurochequekarte befindet sich ein Hologramm. Was ist ein Hologramm? Wozu dient dieses Hologramm?

Karteikarte: Antwort:
Ein Hologramm ist ein Bild, das den Eindruck der Dreidimensionalität erzeugt. Es wird durch ein besonderes fotografisches Aufnahmeverfahren hergestellt. Durch ein Hologramm soll Fälschungssicherheit der Eurochequekarte erhöht werden.

Beispiel Lerndatenbank zum Themenkreis Zahlungsverkehr

Methodischer Hinweis: Bei der Lerndatenbank handelt es sich um die thematische Sammlung und Strukturierung der Antwortkarten aus der Fragerunde.

371342

4.6 Innenkreis/Außenkreis

Der „Innenkreis und Außenkreis" dient als handlungsorientierte Methode in allen Phasen des unterrichtlichen Erkenntnisprozesses. Er kann z. B. als Konferenzspiel in Debattenform oder als Hearing ohne bzw. mit Beteiligung des Außenkreises phasenübergreifend geführt werden. Primär gesellschaftsbezogene Sachverhalte und Problemfelder werden von Experten mehrperspektivisch oder konträr vorgestellt und miteinander diskutiert. Problemlösungsansätze werden genannt und möglicherweise im Zusammenwirken mit dem Außenkreis ergänzt, ausgetauscht, gewertet und beurteilt. Auch die Entwicklung gemeinsamer Vorschläge bzw. die Dokumentation unterschiedlicher Standpunkte in Meinungsecken fördern den unterrichtlichen Interaktionsprozess durch das Wechselspiel von Artikulieren, Zuhören, Demonstrieren, Exponieren und Reflektieren.

Verfahrens- und Vorgehensweise:

- In ihrer Grundstruktur besteht die Methode Innenkreis/Außenkreis darin, dass eine kleine Gruppe stellvertretend für eine Großgruppe ein Thema erörtert, Ergebnisse austauscht, eine Entscheidung trifft.
- Die Kleingruppe sitzt dabei in der Mitte des Raumes (kleiner Stuhlkreis). Die übrige Großgruppe sitzt außen (großer Stuhlkreis) und hört dem Gespräch im Innenkreis schweigend zu. Der Innenkreis sollte nicht mehr als 7 Schüler umfassen. Die Gesprächsdauer im Innenkreis sollte eher knapp bemessen und vorher festgelegt werden.

Der „Innenkreis/Außenkreis" kann auch zur Präsentation von Gruppenergebnissen eingesetzt werden. Damit wird erreicht, dass alle Gruppen und Gruppenmitglieder auch bei der Vorstellung der Ergebnisse aktiv sind. Durch Wiederholung wird die Präsentationstechnik verbessert.

Variante A

- Der Innenkreis ist „geschlossen", d. h., er besteht aus einer festen Zahl von Schülern. Sie sprechen so lange miteinander, bis sie ihre Aufgabe bewältigt bzw. ihre Zeitvorgabe ausgeschöpft haben.

Variante B

- Der Innenkreis ist „offen", d. h., ein Stuhl bleibt leer. Wer aus dem Außenkreis Lust hat sich an der Diskussion des Innenkreises zu beteiligen, kann hineingehen, seinen Beitrag leisten und dann wieder in den Außenkreis zurückkehren.

Variante C

- Statt sich vor der gesamten Klasse zu präsentieren, wird jede Gruppe geteilt in Innenkreis/Außenkreis.
- Der Außenkreis rückt eine Gruppe weiter, sodass jede Schülerin bzw. jeder Schüler einer neuen Schülerin bzw. einem neuen Schüler gegenübersitzt. Diese neue Gruppenzusammensetzung präsentiert gegenseitig die erarbeiteten Ergebnisse in einer vorgegebenen Zeit. Verbesserungsvorschläge hinsichtlich der erarbeiteten Aufgaben und der Präsentation sollten durchgeführt werden.
- Danach rotieren die Gruppen weiter bis die ursprüngliche Gruppe wieder zusammensitzt. Die Verbesserungsvorschläge aus den jeweiligen Präsentationen sollten die Schülerinnen und Schüler möglichst beachten.

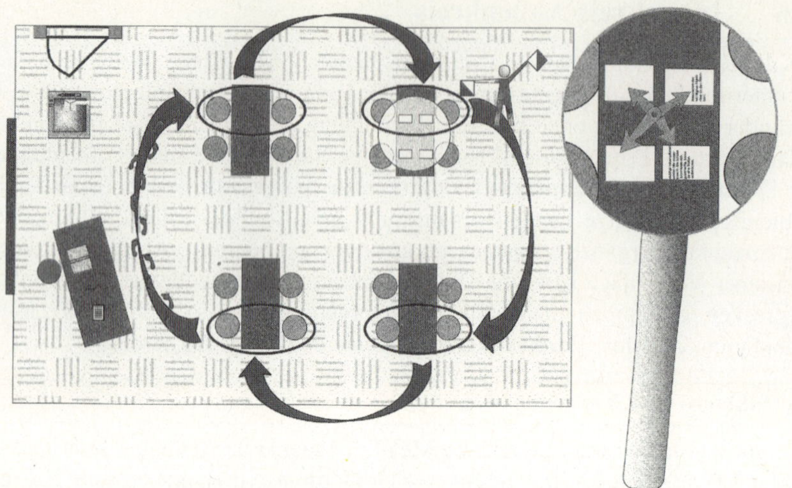

Beispiel Innenkreis/Außenkreis als Variante C

Die Schülerinnen und Schüler erhalten Informationen zum Themenbereich „Ursachen der Arbeitslosigkeit und Gegenmaßnahmen“. Nach dem Textstudium wird der Innenkreis/Außenkreis durchgeführt.

4.7 Circept

Allein die Beteiligung von Schülerinnen und Schülern an der Planung von Lernprozessen und die möglichst selbst gesteuerte Problemlösung verlangen ein hohes Maß an didaktischer Kreativität und Fantasie. So kann die Aufbereitung von Ausgangssituationen in der Problemwahrnehmungsphase über ein Meinungsspektrum als **Circept** dargestellt werden.

Das Circept als „**Cir**cle con**cept**“ gibt Impulse und thematisiert Erfahrungen, Meinungen und Interessen. Die Vielschichtigkeit eines Problems, einer Frage oder eines Begriffes kommt zum Ausdruck. Es kann die sachimmanente Planung von Lernprozessen geradezu provozieren. Die Schülerinnen und Schüler reflektieren das Thema und tragen zu seiner Aufschlüsselung bei.

Darüber hinaus können **Circepte** während der Problemerarbeitung als visualisierte Formen u. a. zur Analyse von Zielen, Strategien, Handlungen und ihrer Wirkungen sowie zur Beurteilung methodischer Vorgehensweisen eingesetzt werden. Sie dienen dann gleichsam der Verbesserung des Handlungsrepertoires und des Methoden-Mix.

Verfahrens- und Vorgehensweise:

- Die Lehrerinnen und Lehrer bitten die Schülerinnen und Schüler, als Antwort auf eine gezielte Fragestellung Probleme/Begriffe usw. auf Karten zu notieren.
- Anschließend werden die Begriffe von zwei oder drei Schülerinnen und Schülern so in Kreisform angeordnet, dass sich, wenn möglich, **gegensätzliche Begriffe gegenüberstehen** und **ähnliche nebeneinander**. Dabei ergibt sich folgendes Circept:

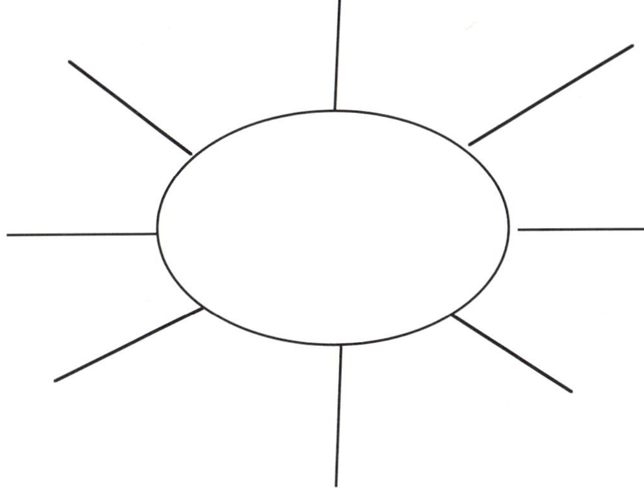

☛ Danach kann die Gruppe Änderungsvorschläge unterbreiten. Aufgeklebt oder angeheftet steht das Circept weiterhin zur Verfügung. Aus den verschiedenen Inhaltsfeldern können die Schülerinnen und Schüler z. B. Arbeitsaufträge entwickeln, aus der Gegensätzlichkeit der Antworten wird die Vielschichtigkeit eines Problems deutlich.

Das Circept eignet sich nur für kleine Gruppen. Bei größeren Gruppen müssten mehrere Circepts zur Darstellung eines umfassenden Meinungsspektrums erstellt werden.

Beispiel Circept

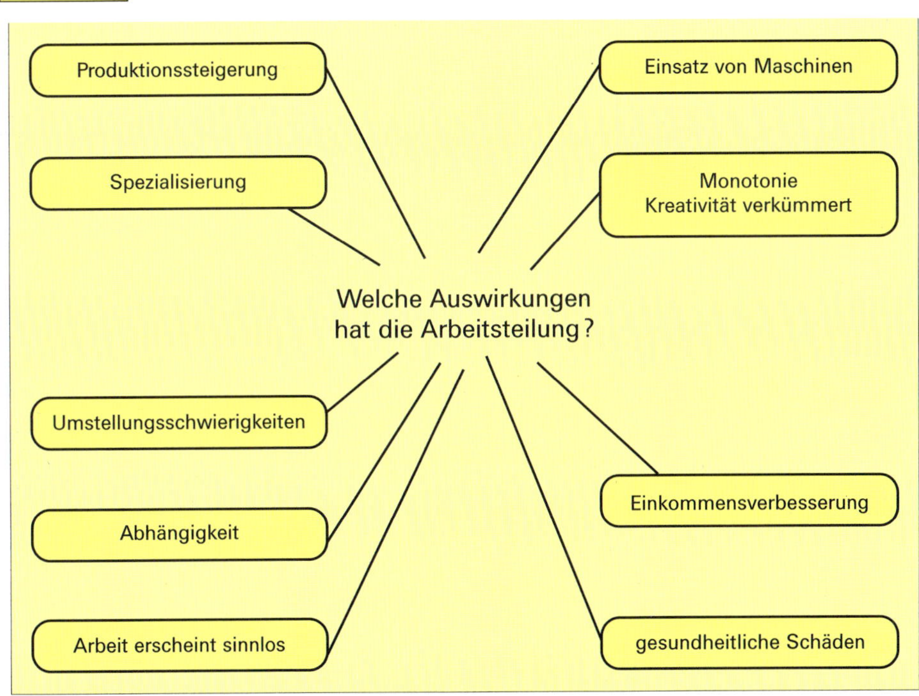

4.8 Lernstationen

Die Einrichtung von Lernstationen, im Aufbau dem Zirkeltraining im Sport verwandt, ist eine spezifische Form differenzierenden Arbeitens. Jeder ist durch individuelle Themenwahl für seinen Lernprozess selbst verantwortlich. Die selbstständige Erarbeitung der Lerninhalte in einer Folge von eigenständig geplanten Lernschritten fordert von den Lernenden Bereitschaft und Fähigkeit, aus eigenem Antrieb zu lernen. Die Mitbestimmung bei der Planung und Durchführung des Lernprozesses **stärkt** die Motivation und Eigenverantwortung der Lernenden.

Für die Planung des Problems oder des Arbeitsschwerpunktes an der vorgesehenen Lernstation muss die Lehrperson geeignete Materialien (Gesetzestexte, Lehrbücher, Arbeits- und Informationsblätter, Broschüren, Zeitungen, Zeitschriften, Statistiken ...) auswählen und möglichst im gleichen qualitativen und quantitativen Umfang den Lernenden an den Lernstationen auslegen.

Die Rolle der Lehrpersonen in der ersten Phase der Lernstation (Einzelarbeit der Lernenden) ist gekennzeichnet durch Beratung und Anleitung von Arbeits- und Lerntechniken. Diese Einzelarbeit, als materialbezogenes, literales Lernen organisiert, wird in der zweiten Phase ergänzt und vertieft durch kommunikative Arbeitsformen. Jeder Teilnehmer fördert durch seine Ergebnispräsentation innerhalb der Lernstationsgruppe eine aktive Auseinandersetzung mit dem vorgegebenen Problem bzw. des Arbeitsschwerpunktes, um zu einer gemeinsamen Problemlösung zu kommen.

Persönliche Schwerpunktsetzung, selbstbestimmter Arbeitsrhythmus, Wechsel der Arbeitsformen, Abstimmung von Ergebnissen sind Grundlage selbst gesteuerten Lernens bei unterschiedlichen Lernvoraussetzungen und individuellen Zielen. Das Lernen an Lernstationen soll die Mündigkeit von Lehrenden und Lernenden sowie deren Fach-, Sozial- und Methodenkompetenz fördern.

Die Relevanz und die Berechtigung des Lernens in Lernstationen erweisen sich, wenn neben der Förderung der beruflichen Handlungskompetenz im gemeinsamen Reflexionsprozess u. a. folgende Fragen bzw. Qualitätskriterien einer kritischen didaktischen Analyse erfüllt sind:

Fragen	Qualitätskriterien
• Ist der Lernstand der Lernenden richtig berücksichtigt? Bringen die Lernenden die notwendigen fachlichen Kenntnisse mit, um den Arbeitsauftrag zu lösen? ... • Besitzen die Lernenden die notwendige Methodenkompetenz? ...	• Beachtung der Lernvoraussetzungen ... • Motivation Aktivierung der Lernenden Hinführung zur Selbsttätigkeit und Selbstständigkeit ...
• Eignet sich das Thema (Lerngegenstand) inhaltlich und zeitlich für das Arbeiten an Lernstationen? ... • Wie wird der thematische Zusammenhang der Lernstationen verdeutlicht und gesichert? ...	• Strukturierung Wissenschaftsorientierung Mehrperspektivität ... • Anschaulichkeit Ergebnissicherung Zielorientierung ...

371346

Verfahrens- und Vorgehensweise:

- Der Lehrende richtet zu einem relevanten Problem Lernstationen ein und stellt Materialien (möglichst im gleichen qualitativen und quantitativen Umfang) zur Problemlösung aus.
- Die geplante methodische Vorgehensweise wird vorgestellt.
- Die Lernenden orientieren sich bei einem Rundgang über die Arbeitsangebote an den Lernstationen.
- Sie wählen für ihre individuelle und für die Teamarbeit ein relevantes Thema aus.
- Nach der individuellen Problemerarbeitung erfolgt die Auseinandersetzung und Abstimmung im Team.
- Die Arbeitsergebnisse der einzelnen Lernstationen werden abschließend dem Plenum vorgestellt.

Beispiel Lernstationen

Der Lehrer stellt Materialien (Lehrbücher, Gesetzestexte, Zeitschriften ...) und Aufgaben für drei Stationen zum Bereich Rechte und Pflichten der Gesellschafter in den Unternehmen OHG, KG und GmbH zusammen.

Folgende Anweisungen können ein Arbeitsblatt ergänzen:

Arbeitsauftrag:

- Sie haben sich für diese Lernstation entschieden.
- Arbeiten Sie die an dieser Station ausgelegten Informationen und Aufgaben in 15 Minuten eigenständig durch.
- Kommen Sie nach 15 Minuten zu dieser Station zurück. Hier treffen Sie Kolleginnen und Kollegen, die sich ebenfalls mit dieser Lernstationsproblematik beschäftigt haben.
- Suchen Sie sich gemeinsam einen ungestörten Arbeitsplatz.
- Werten Sie Ihre Arbeit im Team aus.
- Bereiten Sie gemeinsam die Arbeitsergebnisse der Lernstationen für eine Präsentation im Plenum vor.

4.9 Puzzle

Die Teamfähigkeit von Schülerinnen und Schülern wird durch kooperatives Lernen und durch die Selbstorganisation des Lernens gefördert. Die Bedeutung des kooperativen Lernens und seiner Selbstorganisation mithilfe der Puzzle-Methode liegt unter anderem in der Verbesserung der eigenen Lernfähigkeit, im Vertrauen in die eigene Leistungsfähigkeit, in der Stärkung des Selbstwertgefühls und in der Verantwortung der einzelnen Schülerinnen und der Schüler gegenüber anderen begründet.

Verfahrens- und Vorgehensweise:

- ☛ Eine komplexe Handlungssituation hier bedeutungsgleich mit Fallsituation, Fallbeispiel, Kernsituation bzw. Teilaspekte zur Lösung der Handlungssituation werden vorgestellt.
- ☛ Die zu vermittelnden Lerninhalte werden auf gleich große Schülergruppen in arbeitsteiliger Gruppenarbeit aufgeteilt.
- ☛ Jede Schülergruppe bearbeitet ihren Themenaspekt und wird dadurch für diesen Teilbereich zur Expertengruppe.
- ☛ Der Austausch der erarbeiteten Informationen erfolgt anschließend in neu zusammengesetzten Schülergruppen (Mixgruppen). In diesen neuen Gruppen befindet sich mindestens ein Mitglied aus jeder der vorherigen Expertengruppen und präsentiert als Experte die Gruppenergebnisse. Die Gruppe erhält nur dann die ganze Information, wenn wirklich jedes Gruppenmitglied als Experte in der Erarbeitungsphase gut mitgearbeitet hat. Schon in der Vorbereitungsphase der Puzzle-Methode müssen die Schülerinnen und Schüler auf die Bedeutung einer aktiven Mitarbeit hingewiesen werden.
- ☛ Danach kehren die Schülerinnen und Schüler in ihre Expertengruppen zurück und berichten
  a) über ihre Informationsarbeit,
  b) über den Diskussionsverlauf und
  c) über die neuen Informationen aus der Mixgruppe, deren Ergebnisse abschließend ausgewertet werden.

Beispiel Puzzle

Aufgaben, Funktionen und Arbeitsweise der Sozialversicherung

Die Schüler erhalten z. B.:

- Nummern, Spielkarten und Symbole ... oder
- mit Farbpunkten versehene Arbeitsblätter ...

- ☛ 1. Phase: Problemdarstellung, Problemwahrnehmung, Problemlösung
  Der zu vermittelnde Lerninhalt und die Teilaspekte werden aus der Analyse einer komplexen Handlungssituation genannt und die ausgehändigten Materialien in arbeitsteiliger Gruppenarbeit bearbeitet.

371348

Jede Teilnehmerin und jeder Teilnehmer erhält folgendes Symbol:

① Krankenversicherung	③ Arbeitslosenversicherung
② Rentenversicherung	④ Pflegeversicherung

Gruppe 1 Arbeitsauftrag: ... für die Expertengruppe Krankenversicherung

①	①	①	①	Krankenversicherung (KV)

Gruppe 2 Arbeitsauftrag: ... für die Expertengruppe Rentenversicherung

②	②	②	②	Rentenversicherung (RV)

Gruppe 3 Arbeitsauftrag: ... für die Expertengruppe Arbeitslosenversicherung

③	③	③	③	Arbeitslosenversicherung (AL)

Gruppe 4 Arbeitsauftrag: ... für die Expertengruppe Pflegeversicherung

④	④	④	④	Pflegeversicherung (PFLV)

☛ 2. Phase: Präsentation

Nachdem die Schüler in ihren Gruppen gearbeitet haben, erfolgt die neue Gruppenzusammensetzung, in der die erarbeiteten Arbeitsergebnisse vorgestellt werden. Der Austausch der erarbeiteten Informationen erfolgt somit in neu zusammengesetzten Schülergruppen (**Mixgruppe**).

Gruppe 1

①	②	③	④
KV	RV	AL	(PFLV)

Gruppe 2

①	②	③	④
KV	RV	AL	(PFLV)

Gruppe 3

①	②	③	④
KV	RV	AL	(PFLV)

Gruppe 4

①	②	③	④
KV	RV	AL	(PFLV)

☛ Weiterhin könnte eine 3. Phase eingesetzt werden: Vertiefung und Reflexion
Die Gruppen finden sich zu einem Erfahrungsaustausch in der alten Zusammensetzung (Expertengruppe) wieder:

Gruppe 1 Arbeitsauftrag: Überarbeitung der Aufgaben zur Krankenversicherung

①	①	①	①	Krankenversicherung (KV)

Gruppe 2 Arbeitsauftrag: Überarbeitung der Aufgaben zur Rentenversicherung

②	②	②	②	Rentenversicherung (RV)

Gruppe 3 Arbeitsauftrag: Überarbeitung der Aufgaben zur Arbeitslosenversicherung

③	③	③	③	Arbeitslosenversicherung (AL)

Gruppe 4 Arbeitsauftrag: Überarbeitung der Aufgaben zur Pflegeversicherung

④	④	④	④	Pflegeversicherung (PFLV)

Die Schülerinnen und Schüler berichten z. B.,
welche Fragen sie beantworten mussten,
welche neuen Informationen sie erhalten haben,
wie sie ihre Ergebnisse vorgestellt haben,
wie sie in den Gruppen gearbeitet haben ...

4.10 Mind-Mapping

Der Engländer Tony Buzan entwickelte in den siebziger Jahren das Mind-Mapping als Arbeits- und Kreativitätsmethode. Ingemar Svantesson und Mogens Kirckhoff verfeinerten diese Methode an praktischen Beispielen zum Gedächtnistraining.[1]

Doch gab es die Arbeitstechnik des Mind-Mapping schon im Altertum. Der griechische Lyriker Simonides (500 v. Chr.) lehrte seine Schüler lange Reden und Vorträge ohne Zuhilfenahme eines Manuskripts. Alle Elemente und Inhalte ihrer Reden wurden in Vorstellungsbilder umgesetzt und diese im Geiste an den Säulen eines ihnen bekannten Tempels platziert. Während der Rede konnten die Schüler im Geiste im Tempel „umherwandern" und alle Elemente ihrer Rede nacheinander abrufen. Die einzelnen Vortragspunkte konnten die Schüler in jeder beliebigen Reihenfolge abhandeln, bestimmte Aspekte genauer betrachten oder bestimmte Punkte neu bzw. miteinander kombinieren. Simonides hat erkannt, dass Begriffe oder Namen, die mit einer räumlichen Struktur oder einem Bild assoziiert werden, sich leichter aus dem Gedächnis abrufen lassen.

Diese Erkenntnis wird auch beim Mind-Mapping eingesetzt.

Mind-Mapping ist eine Arbeitsmethode, die sprachliches und bildhaftes Denken verbindet, nutzt und fördert. Wörtlich übersetzt könnte man von dem Anfertigen „geister Landkarten" oder dem Aufzeichnen von „Gedankenbildern" sprechen, bei denen alle Notizen in ihrer Originalfassung zunächst Entwurfscharakter tragen.

---

1 Vgl. Buzan, T.: Use Your Memory, BBC Books 1986
Svantesson, Ingemar: Mind-Mapping und Gedächtnis-Training, Bremen 1993,
Kirckhoff, Mogens: Einführung in eine kreative Arbeitsmethode, Bremen 1993

Die Methode ist eine sinnvolle Möglichkeit, um die Arbeit und die Kommunikation in einer Gruppe zu verbessern und zu erleichtern. Einsatzmöglichkeiten in Schule und Ausbildung sind u. a.:

in Planungsphasen
- das Planen von Projekten
- das Aufzeigen von spontanen Einfällen (Brainstorming)
- das Vorbereiten und die Durchführung von Besprechungen und Vorträgen
- das Exzerpieren von Texten ...

in Problemlösungsphasen
- das Aufzeigen von Entscheidungsmöglichkeiten
- das gemeinsame Erarbeiten von Problemlösungen im Arbeitsteam
- das Mitvisualisieren von erarbeiteten Lerninhalten ...

in Problemsicherungsphasen
- das Festhalten von Lernergebnissen, z. B. Mitschreiben im Unterricht
- das Auswerten von Lernergebnissen ...

Verfahrens- und Vorgehensweise:

☛ Jede Schülerin und jeder Schüler (auch als Partnerarbeit möglich) legt ein Blatt Papier/Tapete (A4 oder A3) auf den Tisch. Bunte Stifte sollten reichlich zur Verfügung stehen.

☛ Das Thema, das Problem oder eine Überschrift wird groß in die Mitte geschrieben oder bildhaft vorgestellt und eingekreist.

☛ Die Schülerinnen und Schüler werden aufgefordert ihre themenbezogenen Einfälle um dieses Zentrum herumzuschreiben. Dabei sollten die Schülerinnen und Schüler Folgendes beachten:
Mit gut lesbaren Druckbuchstaben die Leitgedanken (Schlüsselwort) auf „Äste" schreiben! Alles aufschreiben, was ihnen einfällt – kreativ sein!
Auf jedem „Ast" möglichst nur ein Schlüsselwort zum Leitgedanken!
Wenn ausschließlich Substantive verwendet werden, wird das treffende Formulieren geübt!
Die Schlüsselwörter werden durch weitere Linien („Äste") ergänzt!

☛ Die Schülerinnen und Schüler sollten sich anregen lassen von dem, was schon notiert ist. Sie streichen unwichtige „Äste" und stellen Verbindungen zwischen den Einzelästen her, setzen farbige Symbole, Bilder und Zeichen ein.

☛ Wenn notwendig, wird eine Nummerierung der Äste vorgenommen.

☛ Die Schülerinnen und Schüler nehmen ihr individuelles Mind-Map als Ganzes wahr, als Bild, mit dem sie jederzeit weiter arbeiten können.

Variationen von Mind-Map:
- Gruppen Mind-Mapping
- Zuruf-Mind-Map
- Zwei Schülerinnen bzw. Schüler fertigen aus ihren Mind-Maps ein neues Mind-Map.

  ...

Beispiel Nr. 1 Mind-Mapping

Vorbereitung und Übung für eine Klassenarbeit:

Jede Schülerin und jeder Schüler erstellt ein Mind-Mapping zu dem Themenbereich der bevorstehenden Klassenarbeit, hier: Einführung Recht.

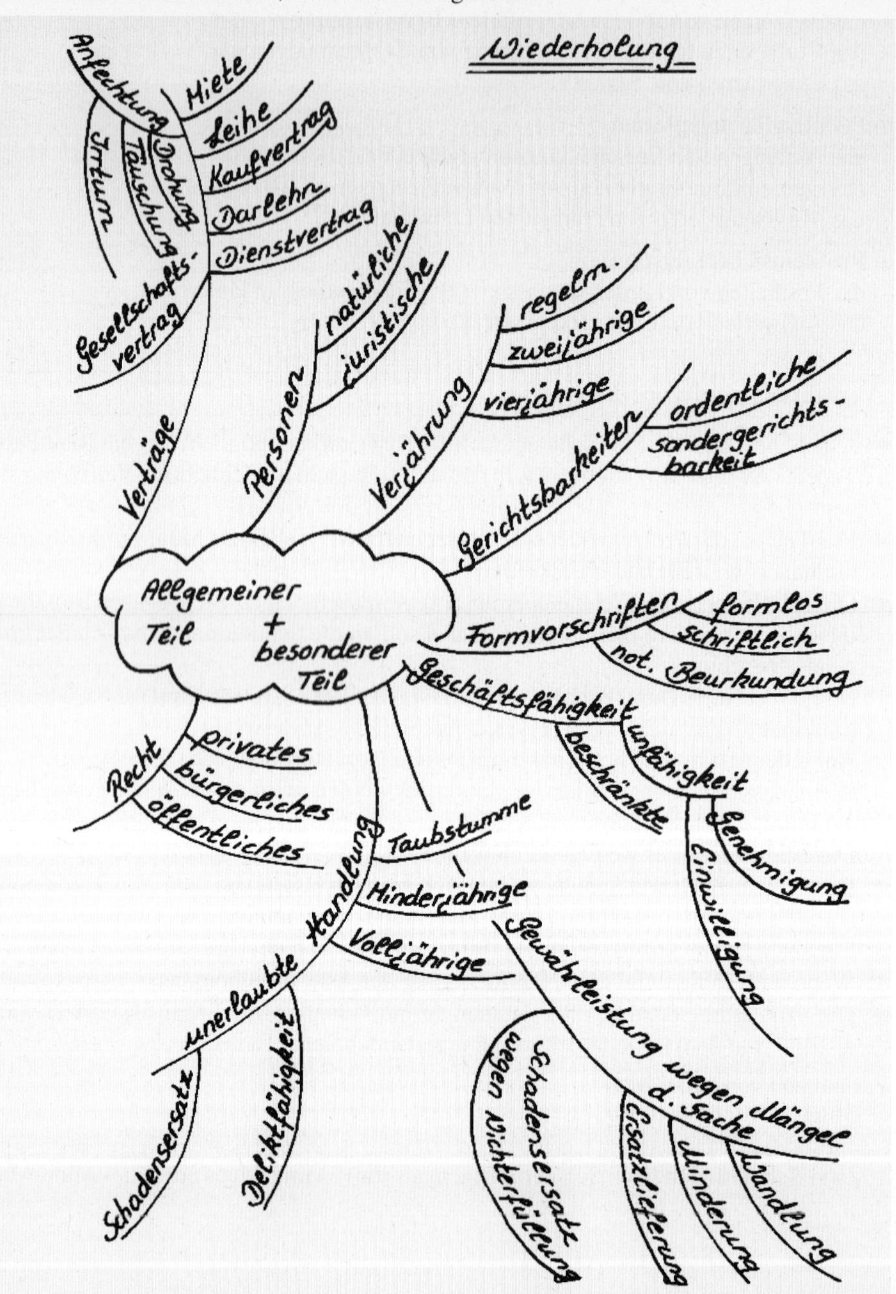

371352

Beispiel Nr. 2 Mind-Mapping

Maßnahmen zur Veränderung des Produktlebenszyklus

Dieses Beispiel zeigt ein Mind-Map, wie es in einer Unterrichtsstunde integriert ist, um Lösungsmöglichkeiten aufzuzeigen und Entscheidungen zu treffen.[1]

Phase	**Sachstruktur**	**Methodische Vorgehensweise und Medien**
Konfrontation	In einer Krisensitzung der Bereichsleiter unseres Unternehmens werden die Mitarbeiter über die Entwicklung der Umsatzzahlen (Kassettendeck) und weitere Merkmale zur Charakterisierung des Produktlebenszyklus informiert	S liest Fall vor Informationsblatt „Krisensitzung"
Problemanalyse	Warum wird diese Sitzung einberufen – negative Entwicklung der Umsatzzahlen und kritische Einschätzung der anderen Fakten (Anzahl der Nachfrager, der Konkurrenten ...)	Lehrgespräch S exzerpieren Merkmale aus dem Fall (Informationsblatt) L kennzeichnet Textstellen auf Folie S schreibt Merkmale an die Tafel
	– anhand konkreter Zahlen wird der Umsatzverlauf grafisch dargestellt, – Phaseneinteilungen werden vorgenommen, – Beschreibung der Phasen durch Umsatz und andere Merkmale, – Kennzeichnung der Phasen durch Symbole (☺, 😐, ☹)	Lehrgespräch S erstellen Wandplakat
Problemstellung	Wie sieht die Prognose für das Produkt aus und welche Maßnahmen könnten den Produktlebenszyklus beeinflussen?	Lehrgespräch
Erstellen von Lösungsmöglichkeiten mit Entscheidungsfindung	Schülerinnen und Schüler erarbeiten Lösungsmöglichkeiten, um den Produktlebenszyklus zu beeinflussen und entscheiden, in welcher Reihenfolge die absatzpolitischen Instrumente eingesetzt werden sollen, z. B.: – Werbung – Preispolitik – neues Produkt	S erstellen Mind-Maps in Gruppen
Präsentation	Vorstellung und Begründung der Ergebnisse – Zukunft zeigt Richtigkeit – wenn neues Produkt eingeführt werden soll, ist Krisensitzung zu spät	Schülervortrag L ergänzt Wandplakat Erweiterung des Wandplakats durch neuen Zyklus
Verallgemeinerung	Unternehmer muss ständig den Umsatz beobachten, ihn analysieren und beurteilen, um entsprechende Entscheidungen treffen zu können.	Lehrgespräch Ergänzung Tafel und Wandplakat

1 Quelle: Fandel, Gabriele

Krisensitzung:

Herr Göllner, Inhaber eines Elektrounternehmens, berichtet in einer Krisensitzung der Bereichsleiter:

„Meine Damen und Herren, seitdem wir unser Kassettendeck KLX eingeführt haben, informiert mich unser Verkaufsleiter, Herr Bollmann, ständig über die neuesten Umsatzzahlen. Ich habe gestern die letzten Zahlen von ihm erhalten und mich daraufhin genötigt gesehen, diese Sitzung für heute einzuberufen. Die Daten habe ich Ihnen in einer entsprechenden Tischvorlage austeilen lassen.

Wenn ich mir diese ***Umsatzzahlen*** *ansehe, dann stimmt mich* ***ihre Veränderung*** *bedenklich. Unsere Marktforschungsabteilung hat noch nicht alle Untersuchungsergebnisse vorgelegt, aber ich bin skeptisch in Bezug auf die* ***Entwicklung unserer Konkurrenz*** *und die* ***Anzahl unserer Kunden****. Wenn ich ehrlich bin, ich mache mir große Sorgen um unseren* ***Marktanteil****."*

Tischvorlage:

Umsatzentwicklung des Kassettendecks KLX

Monat	Umsatz (in Mio. GE)
0	0,0
3	0,1
6	0,3
9	0,6
12	0,9
15	1,5
18	3,0
21	5,0
24	7,5
27	10,0
30	12,5
33	15,0
36	17,0
39	18,6
42	19,1
45	19,4
48	19,6
51	19,4
54	19,1
57	18,6
heute 60	17,0

Tafelbild

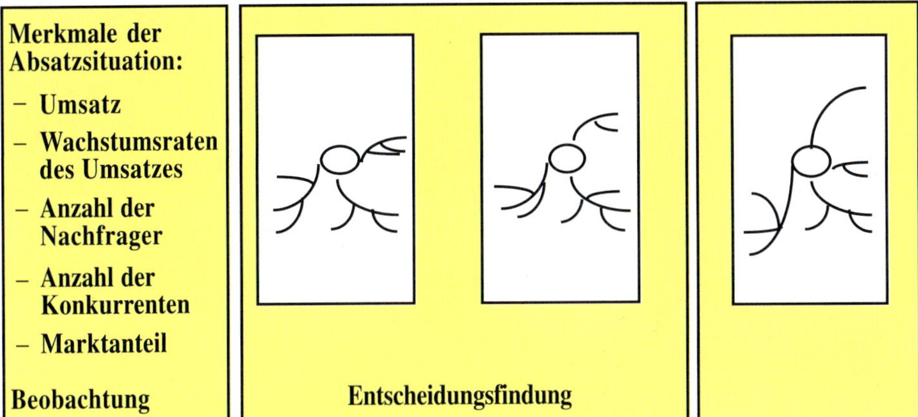

Wandplakat 1

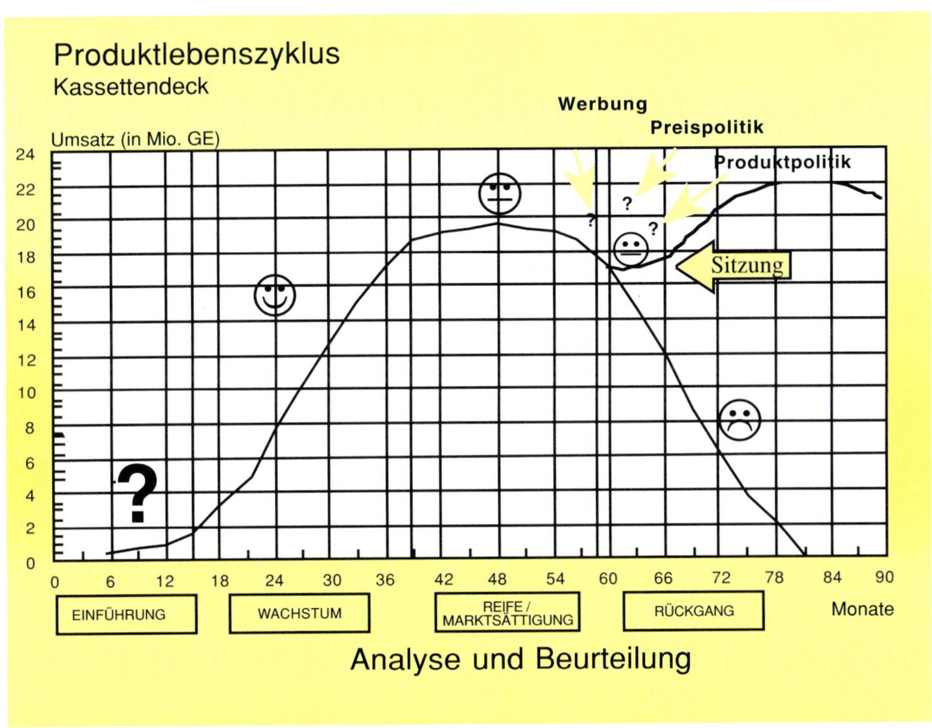

Wandplakat 2

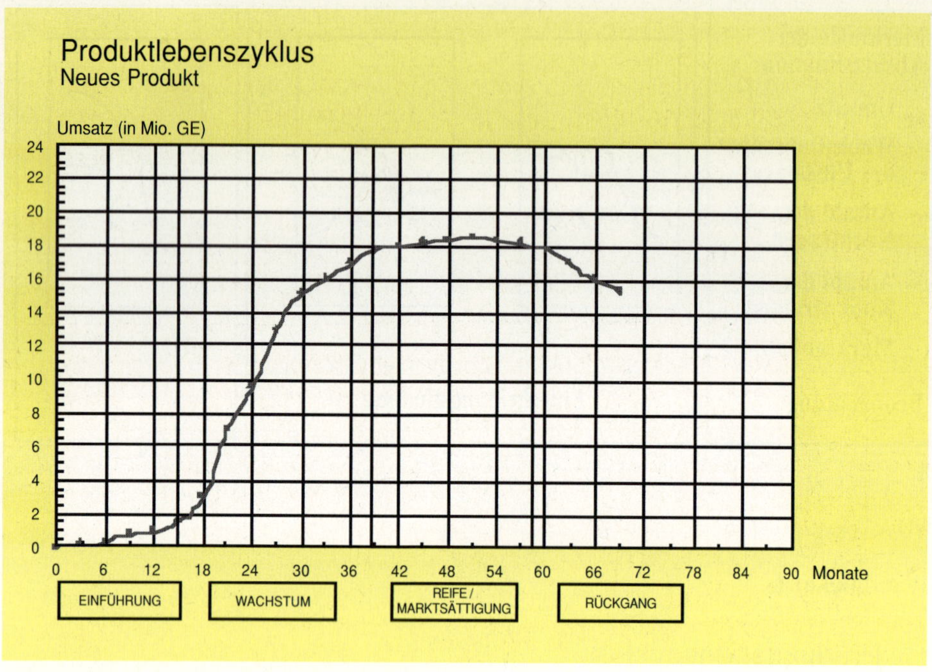

Beispiel für ein erwartetes Mind-Map

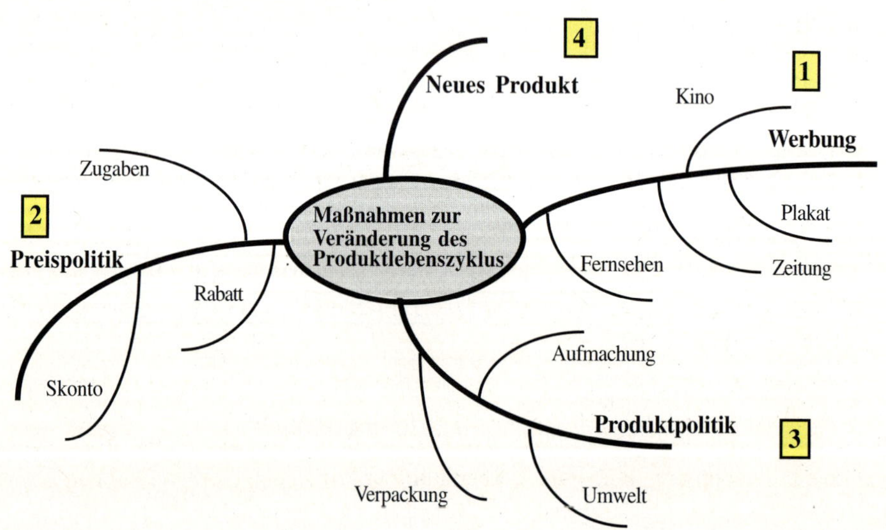

4.11 Besichtigung – Erkundung – Expertenbefragung

Wird Unterricht als ein Kommunikationsprozess verstanden, so spielen mono- oder multimediale Informationsträger eine bedeutende Rolle. Das Angebot an Informationssystemen umfasst Lehr- und Arbeitsbücher, Radio, Fernsehen, Computer ... Im Weiteren gehören zu den Medien die örtlichen verfügbaren Anschauungsmittel von den Besichtigungen und Erkundungen bis zur Begegnung mit außerschulischen Experten.

Ein bevorzugtes Anschauungsmittel bilden Besuche jeder Art. Sie können als integrierende Bestandteile des Unterrichts gelten. Ihr Effekt hängt aber von der rechten Vorbereitung ab. Es gibt von diesen Besuchen unterschiedliche Varianten, die sich z. B. in Planung, Durchführung und Auswertung unterscheiden.

Haben sich Schülerinnen, Schüler und Lehrer dazu entschlossen, einer Unternehmung, Institution oder Behörde einen Besuch abzustatten, so taucht zwangsläufig die Frage auf, ob es sich um eine Erkundung, Besichtigung oder eine Expertenbefragung handelt.

Es ist angebracht, hier zunächst eine klare Abgrenzung der Begriffe vorzunehmen. Immer wieder zeigt sich nämlich, dass gerade die Besichtigung und die Erkundung leicht verwechselt bzw. in „einen Topf“ geworfen werden.

Die Besichtigung

Nach Possner wird „Die Besichtigung ... allgemein als eigentliche Begehung verstanden.“[1] Die Besichtigung oder Begehung ist keine Erfindung der neueren Zeit. Solange Handel, Handwerk, Industrie und in neuerer Zeit auch Behörden interessant Neues, Wissenswertes und Informatives zu zeigen haben und es auf der anderen Seite Interessenten gibt, die viel sehen möchten, werden Besichtigungen durchgeführt.[2] Derjenige, der besichtigt, kommt ohne besondere Vorstellungen und Pläne. Das Interesse des Besichtigenden liegt darin, möglichst viel zu sehen und das, was er sieht, wird hingenommen und bestaunt.

Verfahrens- und Vorgehensweise:

- Vorbereitende Kontaktaufnahme mit Darlegung der Zielvorstellungen, Beschreibung der Lerngruppe ...
- Den Ablauf der Besichtigung bestimmt der Repräsentant des Betriebes; er zeigt, was er glaubt, zeigen zu müssen. Er ist hierbei der aktive Teil der Besichtigung. Der Besichtigende verhält sich passiv und hat häufig Schwierigkeiten, die Vielzahl der Eindrücke aufzunehmen und zu verarbeiten.
- Daher ist es wichtig, dass eine Abstimmung (Zusammenarbeit) der Betriebe bzw. Institutionen mit den Lehrerinnen und Lehrern erfolgt und eine intensive Nachbereitung im Unterricht durchgeführt wird.

Zusammenfassend lässt sich sagen, dass die Besichtigung in erster Linie der Selbstdarstellung des jeweiligen Betriebes bzw. der Institution dient und ihren Wert bzw. Erfolg hat, wenn die Schülerinnen und Schüler die vielfältigen Eindrücke beurteilen können. Zweifellos wäre die Besichtigung eine gute Vorbereitung für eine noch durchzuführende Erkun-

---

1 Possner, Karl-H.: Die Gestaltung von Betriebserkundungen als methodisches Hilfsmittel für den Betriebswirtschaftsunterricht, in: Winklers Flügelstift, Heft 1, Febr. 1977, S. 31

2 Einen Überblick über Besichtigungsmöglichkeiten bietet der FAZ-Leitfaden Betriebsbesichtigungen: „Firmen laden ein“ der Frankfurter Allgemeinen Zeitung, der jedes Jahr überarbeitet herauskommt.

dung, wenn sie als Vorabinformation oder Gesamtdarstellung des Betriebes oder der Institution betrachtet wird.

Die Erkundung

Die Erkundung ist mehr als eine Besichtigung. Die Schülerinnen und Schüler gehen gründlicher, zielbewusster und zielstrebiger vor. Sie lassen sich beeindrucken, aber nicht überraschen. Es genügt ihnen nicht zu wissen, wie etwas ist und dass es so und nicht anders ist. Sie möchten einem Problem auf den Grund gehen ...; sie nehmen also nicht die rezeptive Haltung ein, die oft ein Merkmal der Besichtigung ist.

Die Schülerinnen und die Schüler sollen selbst aktiv sein; sie sollen erkunden. Erkunden heißt nach Klafki: „... unter bestimmten Fragestellungen in methodisch durchdachter Form in einem bestimmten Wirklichkeitsbereich ... Informationen einzuholen, um anschließend mithilfe der so gewonnenen Informationen jene Ausgangsfragen beantworten und in Teilantworten zu einem ... Erkenntniszusammenhang weiterentwickeln zu können.“[1]

Entscheidendes Kriterium der Erkundung ist also das planmäßige Vorgehen, welches sich unter anderem in einer ausführlichen Vorbereitung der Lehrerin und Lehrer und der Erkundenden, einer organisierten Durchführung und einer die Ergebnisse der Durchführung zusammenfassenden Auswertung zeigt. Dies bedeutet aber auch Zusammenarbeit mit den Verantwortlichen des zu erkundenden Objekts.

Da die Erkundung nicht nur eine aufgesuchte Wirklichkeit ist, sondern auch in besonderer Weise verschiedene Unterrichtsprinzipien, z. B. Anschauung, Lebensnähe, Schüleraktivität und primäre bzw. intrinsische Motivation berücksichtigt, sollte versucht werden, die Erkundung nicht auf die genannten Bereiche zu beschränken.

Der wichtige Lernfaktor Erfahrung, d. h. die konkrete und aktive Auseinandersetzung mit der Umwelt, soll somit berücksichtigt werden. Außerdem soll das Prinzip „Lernen durch Handeln“ (learning by doing) bewirken, dass die Schülerinnen und die Schüler ihre passiv-rezeptive Einstellung (Haltung) ablegen.

Der Erkundung, die von den Schülerinnen und Schülern durchgeführt wird, stehen häufig sehr komplexe und schwer durchschaubare Probleme in Gestalt der zu besuchenden Realität an; diese können im Sinne exemplarischer Arbeit elementar aufbereitet werden. Dabei kommen die Grundsätze des exemplarischen und orientierenden Lernens im Lernbereich der Erkundung zur Wirkung. Dies bedeutet für die Auswahl der Lerninhalte bei einem Besuch, dass für die Durchschaubarkeit der Erkundenden ein informierender Überblick vorausgehen bzw. eine Reflexion nachfolgen muss.

Verfahrens- und Vorgehensweise:

- **Vorbereitung:**
  Zielbestimmung: Was soll mit der Erkundung erreicht werden?
  Unter welchen Fragestellungen soll die Erkundung durchgeführt werden?
  Welche Auswahl des zu erkundenden Objektes, welcher Zeitpunkt und welche Dauer der Erkundung sollen getroffen werden?
- Die Schülerinnen und Schüler erarbeiten unter zur Hilfenahme von Informationsmaterial die Aufgabenstellung, den Fragekatalog, den Beobachtungsbogen, die Verhaltensregeln usw.

1 Klafki, Wolfgang: Unterrichtsbeispiele der Hinführung zur Arbeits- und Wirtschaftswelt, Düsseldorf, 1970, S. 86

☛ **Durchführung**:
Die Erkundung wird an dem vereinbarten Termin durchgeführt.

☛ **Auswertung**:
Die Schülergruppen sichten und werten die Ergebnisse aus.
Die Planung und Präsentation (Wandzeitung, Protokoll, Film, Statistik ...) der Ergebnisse werden von den Schülerinnen und Schülern vorgenommen.
Die Reflexion über die durchgeführte Erkundung, die Ergebnisse und ihre Verwendung für den weiteren Unterricht erfolgt meistens im Plenum.

Zusammenfassend lässt sich feststellen, dass die Erkundung nach pädagogischen Gesichtspunkten geplant wird und daher eine intensive Verknüpfung von zu beobachtendem und erfragendem Geschehen bzw. Informationen mit dem Unterrichtsstoff vorgenommen wird.

Die Expertenbefragung

Es ist kein Geheimnis mehr, dass man nicht nur aus der theoretischen und fachwissenschaftlichen Literatur, sondern auch von gut informierten Praktikern (Experten) lernen kann. In vielen Bereichen der Wirtschaft und der Politik ist es heute unumgänglich, den Rat und die Informationen von Experten einzuholen.

Eine solche Art der Expertenbefagung ist zweifellos auch im Rahmen der Schule möglich, denkt man z. B. daran, im Rahmen einer Unterrichtsstunde oder bei einer Erkundung einen bestimmten Fachlehrer/Fachmann (Historiker, Physiker) als Experten zurate zu ziehen.

Wichtige Informationen lassen sich aber auch von außerschulischen Experten einholen, z. B. von Vertretern von Verbänden oder Organisationen. Zwar handelt es sich „nur" um eine Befragung (ohne Diskussion), was jedoch nicht bedeutet gar nicht oder nur wenig informiert in die Befragung zu gehen. Die Fragen, die an den Experten gestellt werden, müssen gründlich vorbereitet werden. Das heißt, die Fragen werden in logischer Reihenfolge, und zwar mit der ganzen Lerngruppe, formuliert, doch es wird vereinbart, dass eine kleinere Gruppe als Frager auftritt. Die Kenntnisse und Erfahrungen des Experten werden dabei berücksichtigt.

Es genügt jedoch nicht, wenn nur die Fragen notiert sind, vielmehr muss auch der Hintergrund dieser Fragen, d. h. ihr sachlicher Zusammenhang fundiert sein, weil man sonst nicht nachfragen kann.

Festzuhalten ist, dass bei der Expertenbefagung die Frage oder der Fragebogen gut vorbereitet, gut formuliert und aufbauend auf einen gewissen „background" an den Experten im Mittelpunkt steht. Zur Durchführung einer Expertenbefragung ist weder eine Besichtigung noch eine Erkundung erforderlich. Wird eine von beiden Möglichkeiten jedoch durchgeführt, so kann man sie unter Umständen durch eine Expertenbefagung ideal ergänzen.

Durch die Expertenbefragung können die Schülerinnen und Schüler Informationen über Fakten, Auffassungen, Einstellungen aufnehmen; Anregungen zur Orientierung und zur eigenen Urteilsbildung gewinnen. Die Befragung eignet sich, wenn ein Thema oder Problem sehr intensiv bearbeitet werden soll. Sie ist besonders ertragreich, wenn die Schüler gezielt fragen können und wenn es bereits eine gemeinsame Sach- oder Problemorientierung gibt (z. B. Sozialversicherung, Werbung, Arbeitszeitverkürzung, Marketing-Konzept ...)

Verfahrens- und Vorgehensweise:

- **Vorbereitung**:
  Die Schülerinnen und Schüler überlegen, welcher Experte bzw. welche Experten für das Thema angesprochen werden sollen. Als Experten sollten nur solche Personen eingeladen werden, die in der Lage sind, aus ihrer Sachkenntnis heraus spontan und lebensnah zu antworten.
- Von den Schülerinnen und Schülern werden Fragen vorbereitet (z. B. durch Einzelarbeit oder Gruppenarbeit). Bei der Sammlung von Fragen in Kleingruppenarbeit empfiehlt es sich, die Gruppen um eine Zuspitzung oder Zentrierung ihrer Fragen zu bitten.
- Die in den Gruppen gesammelten Fragen sollten geordnet sein, um dem Experten die Antwort zu erleichtern und zielorientiert zu strukturieren.
- Die Schülerinnen und Schüler nehmen Kontakt auf und informieren den Experten über Thema, Lerngruppe und vereinbarten Ort und Termin.
- **Durchführung:**
  Experten werden interviewt (Einsatz von Rekorder, Kamera ... möglich).
- **Auswertung:**
  Das Befragungsergebnis wird zusammengefasst, präsentiert, diskutiert und ausgewertet.[1]

Beispiel Expertenbefragung[1]

Thomas Röttgemann, Marketing-Leiter des Fußball-Bundesligisten Borussia Mönchengladbach (r.), hatte Fan-Artikel und anderes Werbematerial mitgebracht, um die Hohenlimburger Schüler zu Sympathisanten zu machen.

---

1 Quelle: Martensen, Gerhard

Fragebogen: Marketing in der Fußballbundesliga[1]

1. Über wie viele Mitglieder verfügt Ihr Verein? ca. ______

2. Die Bedeutung des Marketings für unseren Verein sehen wir ... (kennzeichnen Sie bitte den Grad Ihrer Zustimmung)

	stimmen völlig zu				stimmen gar nicht zu
a) in der Gewinnung neuer Sponsoren und der der Betreuung bestehender Sponsorships.	1	2	3	4	5
b) in der Vermarktung des Produktes Profifußball,	1	2	3	4	5
c) in der systematischen Beeinflussung und Gestaltung des Marktes,	1	2	3	4	5
d) in der systematischen Entscheidungsfindung und Planung,	1	2	3	4	5
e) weniger in der Entwicklung neuer Produkte und Märkte, sondern vielmehr in der Erhaltung unserer traditionellen Stärken,	1	2	3	4	5
f) in der konsequenten Ausrichtung an den Erfordernissen und Bedürfnissen der Zuschauer und Sponsoren.	1	2	3	4	5
g) Sonstiges: ______					

3. Verfügt Ihr Verein über eine Marketingabteilung?
   ( ) ja, wir verfügen über eine Marketingabteilung mit ___ Mitarbeitern, welche seit ___ Jahren existiert (weiter mit Frage 5)
   ( ) nein

4. Beabsichtigen Sie, in naher Zukunft eine Marketingabteilung einzuführen?
   ( ) ja, wann? ______ ( ) nein

5. Von wem werden in Ihrem Verein Marketingaufgaben wahrgenommen?
   ( ) ehrenamtlicher Vorstand ( ) hauptamtliche Mitarbeiter ( ) Manager
   ( ) Geschäftsführung ( ) Marketingabteilung
   ( ) externe Marketingagentur, mit folgenden Aufgaben ______
   ______

6. Wurde eine Befragung und/oder Analyse der Stadionbesucher durchgeführt?
   ( ) nein ( ) einmalig
   ( ) kontinuierlich (wenn ja, in welchen Abständen: ______)
   ( ) mithilfe eines Marktforschungsinstitutes

7. Wurde eine Befragung und/oder Analyse der Fernsehzuschauer durchgeführt?
   ( ) nein ( ) einmalig
   ( ) kontinuierlich (wenn ja, in welchen Abständen: ______)
   ( ) mithilfe eines Marktforschungsinstitutes

8. Haben Sie Verhaltensweisen von Konkurrenzvereinen analysiert?
   ( ) nein ( ) einmalig
   ( ) kontinuierlich (wenn ja, in welchen Abständen: ______)
   ( ) mithilfe eines Marktforschungsinstitutes

9. Haben Sie eine Analyse Ihres gesellschaftlichen Umfeldes vorgenommen (wie z. B. Freizeitverhalten, Einkommensentwicklung, Konkurrenzsportangebote, Akzeptanz des Fußballs als Wirtschaftsfaktor)?
   ( ) nein ( ) Analyse im Verein erarbeitet
   ( ) Analyse von einem Marktforschungsinstitut erarbeitet
   ( ) Material gesammelt, Analyse nicht durchgeführt
   ( ) andere Arbeitsformen (ggf. bitte angeben) ______

10. Welche Daten wurden bezüglich der Fragen 6 – 9 berücksichtigt?
   ( ) eigene Umfragen
   ( ) Umfragen von Marktforschungsinstituten für unseren Verein
   ( ) Auswertung vorhandener Unterlagen
   ( ) Fachzeitschriften
   ( ) Sonstige: ______

1 Quelle: Mählmann, Martin

Beispiel Erkundung und Expertenbefragung

Arbeitsgerichtsbesuch und Richterbefragung beim Arbeitsgericht[1]

Der Besuch beim Arbeitsgericht, der in der Unterrichtseinheit Arbeitsrecht durchgeführt wurde, ist entsprechend dem didaktischen Modell einer Erkundung und Expertenbefragung in drei Phasen (Vorbereitungsphase, Erkundungs- bzw. Befragungsphase und Sicherungs- und Reflexionsphase) unterteilt.

Der zeitliche Ablauf stellte sich folgendermaßen dar:

Vorbereitungsphase

Vorbereitendes Gespräch mit dem Richter	• Information und Abstimmung über die geplanten Unterrichtsstunden vor dem Gerichtsbesuch • Planung und gemeinsame Abstimmung über den geplanten Erkundungsablauf
Unterrichtseinheiten zu den Handlungsfeldern:	• Arbeitsrecht – Recht des Arbeitnehmers oder Arbeitgebers? • Beendigung des Arbeitsverhältnisses • Tarifvertragsrecht • Aufstellung von Frage- und Beobachtungsbogen

Erkundungs- bzw. Befragungsphase

Besuch beim Arbeitsgericht (siehe: Beobachtungsbogen: Richter und Beisitzer und Fragebogen: Fragen an den Richter)

Sicherungs- und Reflexionsphase

Vorstellung und Auswertung der Gruppenergebnisse von Beobachtungs- und Fragebogen sowie Reflexion der gesamten Unterrichtseinheit unter besonderer Berücksichtigung der Erkundung.

Besuch beim Amtsgericht Hagen
Klasse

1 Quelle: Hoffmann, Bärbel

371362

Beobachtungsbogen Richter und Beisitzer

1. Welchen Eindruck macht der Richter auf Sie?		6. Verstanden Sie die Sprache im Gerichtssaal?	
2. Behandelte der Richter die verschiedenen Personen unterschiedlich?		7. Wie ist die Sitzverteilung von Richter und anderen Parteien?	
3. Welche Personen helfen dem Richter?		8. Wie lange dauert eine Verhandlung im Durchschnitt?	
4. Welchen Eindruck machte der Gerichtssaal auf Sie?		9. Ablauf der Verhandlung a) Einigung b) keine Einigung	
5. Wie verhielten sich die anderen Angestellten bzw. Beisitzer des Richters?		10. Wie ist die Stimmung während der Verhandlung? a) aufgeschlossen b) bedrückt	

Fragen an den Richter

1. Wie ist das Arbeitsrecht entstanden?
2. Warum sind die einzelnen Gesetze des Arbeitsrechts nicht in einem Buch wie z. B. das BGB?
3. Wie ist das Arbeitsgericht aufgebaut?
4. Warum hält man noch an Regeln fest wie z. B. Robe?
5. Welche Art von Arbeitsgerichtssachen kommen am häufigsten vor?
6. Warum wird die Öffentlichkeit bei manchen Prozessen ausgeschlossen?

4.12 Leittext

Die Leittextmethode ist eine Lehr-/Lernmethode, die durch Materialien (insbes. schriftliche Leittexte) gestützt wird und zu selbst gesteuertem Lernen und selbstständigem Arbeiten anleitet.

Einsatzbereiche/Leittext-Varianten:
- Projektleittexte
- Typenleittexte
- Grundlagenleittexte
- Experimentalleittexte
- Erkundungsleittexte
- ...

Leittexte integrieren aufgabenbezogen andere Elemente des Lernumfeldes in den Lernprozess. Die Medien der Leittextmethode umfassen somit alle themenbezogenen Unterlagen, die für die Vor- und Nachbereitung einer Arbeitsaufgabe benötigt werden.

Kernstück sind Leitfragen, die zur Beschaffung der zur Planung, Bearbeitung und Bewertung einer Arbeitsaufgabe notwendigen Informationen anleiten.

Grundprinzipien der Leittextmethode:

1. Die Förderung eines selbstständigen, vom Lernenden weitgehend selbst gesteuerten und organisierten Lernprozesses; d. h. Leittexte
   - helfen eigene Kenntnislücken und Fertigkeitsdefizite zu erkennen;
   - erleichtern den Zugang zu umfassenden Kenntnisquellen (Fachbüchern, Vorschriften usw.);
   - ermöglichen individuelle Lern-, Vorgehens- und Verhaltensstile bei der Planung und Durchführung einer Aufgabe einzubringen;
   - bilden eine gute Grundlage für kooperative Sozialformen im Unterricht;
   - ermöglichen eine Selbstbestimmung des Lerntempos ...
2. Die systematische Anleitung zum Lernen entspricht in seiner Struktur einer vollständigen Arbeitshandlung mit den Schritten Planung, Durchführung und Kontrolle.
3. Die Leittexte strukturieren die Bearbeitung einer Aufgabe und stellen sicher, dass benötigte Informationen zur Verfügung stehen.
4. Die Lerninhalte sind bestimmt durch die Arbeitsaufgabe. An die Stelle einer Fachsystematik tritt eine Handlungssystematik.
5. Die Hauptaufgabe des Lehrers besteht in der individuellen Betreuung der Schüler bei Schwierigkeiten. ...

Verfahrens- und Vorgehensweise:

☛ **Erstellung eines Leittextes:**

☛ Die Lehrerin bzw. der Lehrer legt eine Aufgabenstellung fest.

☛ Durch Ermittlung der Tätigkeiten, der Vorkenntnisse und der Kenntnisse von Schülerinnen und Schülern und durch die Zusammenstellung der Informationsquellen werden die Leitfragen zu der Aufgabenstellung erstellt.

Leitfragen erstellen[1]

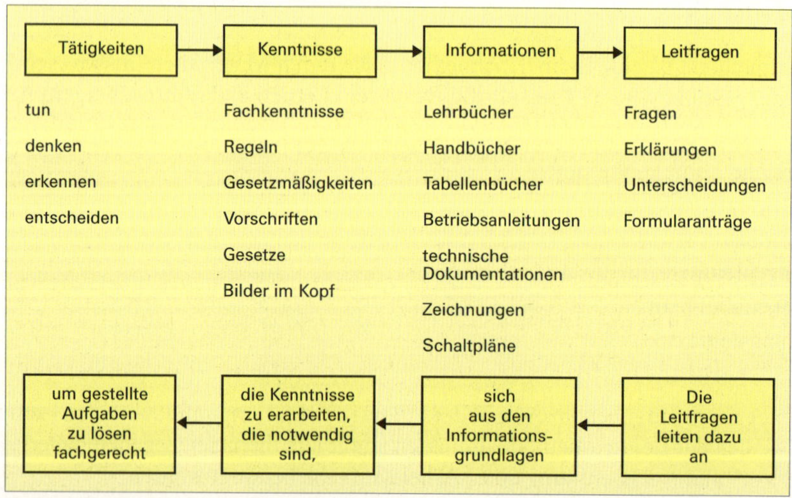

1 Höpfner, Hans-Dieter; Koch, Johannes; Meerten, Egon; Rottluff, Joachim; Schneider, Peter Jürgen; Selka, Reinhard: Leittexte – ein Weg zu selbstständigem Lernen, Referentenleitfaden, Bundesinstitut für Berufsbildung, Der Generalsekretär, Bonn: BIBB, 1991, Seite 50

371364

☛ **Arbeiten mit dem Leittext:**

☛ Die Schülerinnen und Schüler lesen den zu bearbeitenden Text laut vor.

☛ Jeder versucht in Einzelarbeit mithilfe des Informationsmaterials die gestellten Fragen zu beantworten.

☛ Die Schülerinnen und Schüler stellen in der Gruppe ihre gefundenen Lösungen vor und diskutieren ihre Ergebnisse.

☛ Sie einigen sich auf eine Lösung, die sie den anderen Gruppen vorstellen wollen.

☛ Sie setzen eine entsprechende Präsentationstechnik ein, um ihr gefundenes Ergebnis darzustellen.[1]

Beispiel Nr. 1 Leittext

Ermittlung des Nettogehalts:

Aufgabenstellung:
Sie sind Mitarbeiter der Personalabteilung. Ein Arbeitnehmer scheidet durch Kündigung am 31. des Monats aus. Üblicherweise erfolgt die Lohn- und Gehaltsabrechnung zum 15. des Monats, sodass in diesem Fall eine separate, manuell erstellte Gehaltsabrechnung erfolgen muss.[2]

Tätigkeit	Vorkenntnisse und Kenntnisse	Infoquellen	Leitfragen
• Ermittlung Bruttogehalt • ermitteln der persönlichen Steuerklasse • arbeiten mit der Abzugstabelle • ermitteln der Lohnsteuer Kirchensteuer Rentenversicherung Arbeitslosenversicherung Pflegeversicherung • errechnen des Nettogehalts • ausfüllen der Überweisungsträger	• Lohnformen • Steuerkarte • Steuerklassen • Aufbau und Handhabung der Abzugstabellen • Sozialversicherungsbeiträge in (%) • Sozialversicherungsträger • Pflichtgrenzen • Grundrechenarten • Überweisungsträger • Abrechnungsformulare • Unterschied brutto/netto	• Lohnsteuerkarte • Abzugstabellen • EST-Gesetz • EST-Durchführungsverordnung • Lehrbücher • Sozialversicherungsgesetz • Arbeitsvertrag • Personalstammkarte	• Aus welchen Unterlagen ermitteln Sie das Bruttogehalt? • Welche Informationen benötigen Sie über den Arbeitnehmer, um das Nettogehalt ermitteln zu können? • Welche Abzüge sind bei der Nettogehaltsabrechnung zu berücksichtigen? • Wie hoch sind die einzelnen Abzüge? • Welche Beträge überweisen Sie an die Versicherungsträger? • Welcher Betrag wird auf das Bankkonto des Arbeitnehmers überwiesen?

1 Vgl. Höpfner u. a. : a. a. O., Seite 27
2 Quelle: Hoffmann, Horst

Beispiel Nr. 2 Leittext

Anleitung zur Erkundung von Sachbearbeitertätigkeiten in Betriebsabteilungen.[1]

Leittexte haben sich auch für aktive Beobachtungen bewährt (Erkundungsleittexte). Die Sachbearbeitungstätigkeiten in Betriebsabteilungen könnten unter Anleitung folgender Leitfragen erarbeitet werden:

1. Welche rechtlichen und gesamtwirtschaftlichen Rahmenbedingungen beeinflussen das Handeln des Unternehmens?
2. Welche Ziele verfolgt das Unternehmen insgesamt und im jeweiligen Funktionsbereich?
3. In welchem organisatorischen Rahmen ist die Abteilung eingebunden? Mit welchen Abteilungen arbeitet sie zusammen?
4. Welche Zielvorgaben hat die Abteilung?
5. Welche Maßnahmen kann die Abteilung zur Erreichung der Ziele ergreifen?
6. Woran ist die Notwendigkeit von Maßnahmen zu erkennen?
7. Nach welchen Kriterien wird die Zweckmäßigkeit verschiedener Maßnahmen unterschieden?
8. Wie und womit werden die Maßnahmen realisiert?
9. Wie und womit wird der Erfolg der Maßnahmen kontrolliert?[2]

Beispiel Nr. 3 Leittext

Zeitliche Abgrenzung von Aufwendungen und Erträgen, hier Rückstellungen[3]

Leittext

Sie sind Auszubildender der Möbelhandlung Ernst Siemons GmbH. Sie werden gebeten folgende Fragen zu beantworten bzw. folgende Aufgaben zu lösen:

1. Für zu erwartende Prozesskosten bilden wir beim Abschluss am 31. Dez. eine Rückstellung in Höhe von 450,00 €. Nach Abschluss des Rechtsstreites überweisen wir durch die Bank am 18. Febr. des folgenden Geschäftsjahres die tatsächlich angefallenen Prozesskosten über 425,00 €. Wie ist
   a) beim Jahresabschluss am 31. Dez.,
   b) nach Eröffnung der Konten im neuen Geschäftsjahr die Banküberweisung am 18. Februar zu buchen?
2. Die im laufenden Geschäftsjahr unterlassenen Instandhaltungsarbeiten an unserem Geschäftsgebäude werden in den ersten drei Monaten des folgenden Geschäftsjahres nachgeholt. Der Kostenvoranschlag beträgt 1.600,00 €, zuzüglich 16 % Umsatzsteuer. Wir bilden beim Jahresabschluss am 31. Dezember eine entsprechende Rückstellung. Am 10. März des folgenden Geschäftsjahres überweisen wir durch die Bank für die durchgeführten Instandhaltungsarbeiten den tatsächlichen Rechnungsbetrag über 1.700,00 €, zuzüglich 16 % Umsatzsteuer. Wie ist
   a) beim Jahresabschluss am 31. Dezember,
   b) im neuen Geschäftsjahr nach Eröffnung der Konten die Überweisung des Rechnungsbetrages am 10. März zu buchen?

---

1 Quelle: BIBB – Leittexte Seite 105

2 Koch, Johannes; Selka, Reinhard: Leittexte – ein Weg zu selbstständigem Lernen, Teilnehmer-Unterlagen, Herausgeber, Bundesinstitut für Berufsbildung, Der Generalsekretär, Bonn: BIBB, 1991, Seite 105

3 Quelle: Wolfgang Schade, Winklers Flügelstift 3/94, Seite 15–16

Leitfragen zu den Fragen und Aufgaben des Leittextes:

1. Erschließen Sie Informationsquellen zum Thema ‚Rückstellungen' und sammeln Sie Informationen zu den gesetzl. Grundlagen, Definitionen und Funktionen der Rückstellungen.
2. Wie wirken sich obige Rückstellungen auf das Jahresergebnis der Möbelhandlung aus und wie sind sie folglich buchhalterisch zu behandeln?
3. Erläutern Sie – ausgehend von der Frage 2 – das Interesse des Finanzamtes bei der Bildung von Rückstellungen.
4. Begründen Sie die Tatsache, dass bei der Bildung von Rückstellungen keine Umsatzsteuer gebucht wird (Hilfsmittel: Umsatzsteuergesetz).
5. Inwiefern handelt es sich bei der ‚Rückstellung' um eine zeitliche Jahresabgrenzung?
6. Sie wissen: Die ‚Rückstellung' ist wie die ‚Verbindlichkeit' ein Bestandskonto. Sie wird für Aufwendungen gebildet. Bilden Sie auf der Grundlage der bisher gewonnenen Erkenntnisse die Buchungen per 31. Dezember.
7. Weitere Buchungen sind erforderlich, wenn die tatsächlichen Zahlungen geleistet werden. Erarbeiten Sie sich mithilfe des Lehrbuches oder anderer Quellen die Buchungssätze zu den Geschäftsvorfällen des Leittextes.[1]

4.13 Fallstudien

Die Arbeit mit der Fallstudie wird in der Literatur häufig synonym auch als Fallmethode, Fallstudienmethode oder „Harvard Methode" bezeichnet. Kaiser bezeichnet die Fallstudie zutreffend als „Lehrmethode, Lernstrategie, Lehrstoff und Medium"[2] zugleich, sodass man in dieser umfassenden Sichtweise von einer Fallstudiendidaktik sprechen kann, die Einflüsse aus verschiedenen wissenschaftlichen Disziplinen verarbeitet und handlungsorientierte Unterrichtsprozesse trägt.

Ihren Ursprung fand die Fallstudie an der Harvard Business School in Boston, als man dort bereits 1908, angeregt durch die Kasuistik der Juristen, sich von der herkömmlichen Vorlesungsmethode abwendete und zur Diskussion betriebswirtschaftlicher Fälle überging. An deutschen Hochschulen wurde die Fallmethode 1957 von Kosiol[3] eingeführt, während Heinen[4] später die entscheidungsorientierte Betriebswirtschaftslehre konzipierte. Beeinflusst durch den Ansatz der entscheidungsorientierten Betriebswirtschaftslehre, durch die Behandlung praktischer Fälle im Hochschulbereich sowie durch die erzieherischen Handlungsziele von „Reformpädagogik" und „Emanzipatorischer Pädagogik", stellt die Fallstudie ein umfassendes, ganzheitliches Lernarrangement dar, das als methodische Großform einen problemorientierten Unterricht in allen Phasen und Handlungsschritten trägt.

Als Fallstudie verstehen wir eine vornehmlich didaktisch strukturierte Methode zur Vermittlung beruflicher Handlungskompetenz durch problem- und entscheidungsorientierte Handlungssituationen. Sie eignet sich besonders zur unterrichtlichen Bearbeitung von Problemen der Lebens- und Berufspraxis, deren Lösungen wirtschaftlichen, rechtlichen oder politischen Einflüssen unterliegen und in der Regel alternativ in vernetzten Denkpro-

1 Schade, Wolfgang: Leittextmethode im kaufmännischen Unterricht, in: Winklers Flügelstift 3/94, Seite 15 -16
2 Vgl. Kaiser, F.-J.(Hrsg.): Die Fallstudie, Bad Heilbrunn/Obb. 1983, S. 11
3 Vgl. Kosiol, E.: Die Behandlung praktischer Fälle im Hochschulunterricht, Berlin 1957
4 Vgl. Heinen, E.: Grundfragen der entscheidungsorientierten Betriebswirtschaftslehre, München 1976

zessen gelöst und begründet werden sollen. So sollen im Sinne des problemlösenden Denkens und Arbeitens die Schülerinnen und Schüler im komplexen Fall z. B. Probleme erkennen, wahrnehmen, lösen, begründen und erfolgreich verteidigen. Fallstudien fördern somit gleichzeitig die Fähigkeiten, Entscheidungen mit Entschlusskraft zu entwickeln, Entscheidungsalternativen zu diskutieren und gleichzeitig die Versprachlichung von entscheidungsorientierten Denkprozessen zu üben.

Reetz versteht unter einem Fall „ ... die Darstellung von realen oder der Realität entsprechenden Ereignissen ..., in denen ein bedeutsamer Zusammenhang, ein Sachverhalt des persönlichen, sozialen, wirtschaftlichen oder politischen Lebens zum Ausdruck kommt."[1]

Zur didaktischen Fallstudie gehören per definitionem:[2]

1. Falldarstellungen, die als Sachdarstellungen, Dialoge oder Quellenmaterial (z. B. Zeitungsartikel, Briefe, Rechnungen) abgefasst sein können und die Problemlösung offen lassen.
2. Fragen, Aufgaben und Arbeitsaufträge zur Erschließung der Problemsituation und/oder mit Leitfunktionen für die Fallbearbeitung
3. Ergiebiges Material, dem die zur Lösung des Falles erforderlichen Informationen, Lerninhalte oder Quellenangaben entnommen werden können.

Nach der schwerpunktmäßigen Aufgabenstellung ergeben sich verschiedene Varianten der Fallstudie, die vom Lehrenden nach den angestrebten vorrangigen unterrichtlichen Intentionen und den Handlungszielen ausgewählt werden können. Dabei wird der Weg vom Problemfindungsfall bis zum Entscheidungsfall im Sinne integrierten Handlungslernens zunehmend komplex und im Sinne von Hierarchisierung ansteigend anspruchsvoll vorgezeichnet.

Fallstudien mit wachsender Komplexität

Handlungsziele Handlungsphasen Varianten	Probleme erkennen und wahrnehmen	Informationen gewinnen	Alternativen entwickeln	Entscheiden	Kritik der Lösung
Case-Study-Method	***	**	** Problemfindungs-fall	*	*
Incident-Method	**	***	** Informationsfall	*	*
Case-Problem-Method	**	**	*** Beurteilungsfall	***	**
Stated-Problem-Method	**	**	*** Entscheidungsfall	***	***

Modifizierter Entwurf nach Knapp, R.[3]:

* erforderlich
** hat Bedeutung, jedoch nicht vorrangig
*** Schwerpunkt

1 Vgl. Reetz, L.: Zum Einsatz didaktischer Fallstudien im Wirtschaftslehreunterricht. in: Unterrichtswissenschaft, 1988, S. 38
2 Vgl. Webers, Hans-Harald: Entwicklung von Fallstudien, in: Dokumentation Projekttage im Studienseminar Gelsenkirchen I
3 Vgl. Knapp, R.: Fallstudien als praxisnahe Curriculumelemente im politisch-ökonomischen Unterricht der kaufmännischen Berufsbildung, in: Erziehungswissenschaften und Beruf, Rinteln, Heft 3/ 1983, S. 243 – 256

Als Checkliste zur Fallbeurteilung und zur eigenen Fallkonstruktion formuliert Reetz[1] vier Kriterien, die in einem interdependenten und zugleich konkurrierenden Zusammenhang stehen:

1 Situative Repräsentation

1.1 Ist der Fall exemplarisch?
1.2 Ist der Fall praxisgerecht?
1.3 Ist eine Handlungsabfolge mit handelnden Personen gegeben?

2 Wissenschaftliche Repräsentation

2.1 Lässt sich der im Fall gestaltete Realitätsausschnitt so verallgemeinern, dass er einer wissenschaftlichen Theorie bzw. dem Teil einer wissenschaftlichen Systematik entspricht?
2.2 Werden Erkenntnisse der Wirtschaftswissenschaft korrekt abgebildet?
2.3 Entspricht die im Fall gestaltete Thematik allgemeiner wissenschaftlicher Erkenntnis?

3 Subjektive Bedeutsamkeit

3.1 Ist der Fall bedeutsam für jetzige und künftige Situationen des Lernenden?
3.2 Lädt der Fall zur Rollenidentifikation ein?
3.3 Spricht der Fall Probleme der Lernenden an?

4 Subjektive Fasslichkeit

4.1 Ist die Komplexität der Situation angemessen reduziert worden?
4.2 Ist der Fall konkret formuliert, sodass er das Vorstellungsvermögen anregt?
4.3 Motiviert der Fall durch einen Konflikt oder eine andere Störung?

Verfahrens- und Vorgehensweise:

Nach Kaiser[2] werden folgende Phasen einer fallbezogenen unterrichtlichen Artikulation unterschieden, die durch konkrete Handlungsschritte und durch didaktische Intentionen eines problemorientierten Unterrichts konkretisiert werden sollen:

Phasen	Konkrete Handlungsschritte	Didaktische Intentionen
☛ Konfrontation	Vorstellung eines Falles Analyse der Fallsituation (evtl. über Erschließungsfragen oder Methoden-Mix)	Problemdarstellung Problemwahrnehmung Zielpräzisierung etwa über Leitfragenstellung
☛ Information	Versuche zur Lösung des präzisierten Problems durch Schülervorwissen, Vermutungen Bereitstellen und/oder Beschaffen der notwendigen Informationen	Überlegungen und Planung zur Problemlösung
☛ Exploration	Planung der Problemlösung Informationserarbeitung Informationsverarbeitung	Zielorientierte Anwendung zur Problemlösung
☛ Resolution	Auswählen und Begründen einer Entscheidung	Subjektorientierte, abgestimmte und begründete Problemlösung
☛ Disputation	Vortragen, Diskutieren der Entscheidung im Plenum	Evaluation und Einordnung der Problemlösung in den Gesamtzusammenhang, Wissenssicherung
☛ Kollation	Vergleich der Lösung mit Realität, evtl. Bereitstellung für neue Problemstellungen	Reflexion und Transfer

1 Vgl. Reetz, L.: Fälle und Fallstudien im Wirtschaftslehre-Unterricht, in: Wirtschaft und Erziehung, 1988, Heft
2 Vgl. Kaiser, F.-J.: Die Fallstudie, a. a. O. 1983

Beispiel Nr. 1 Fallstudien

Die Kündigung eines Mitarbeiters[1]

Konfrontation/ Information *(Einstieg/ Motivation)*	Konfrontation mit der Ausgangssituation: mögliche Kündigung eines Mitarbeiters aufgrund eines Diebstahls.	S erhalten ein Informationsblatt, auf dem eine Fallschilderung und ein Dialog abgedruckt sind. S tragen die Texte vor und werden dadurch mit der Problemsituation (Begehen eines Diebstahls in Verbindung mit einer möglichen Kündigung des Mitarbeiters „Walter Konrad") konfrontiert.
(Konkretisierung/ Problemerkennung	Erkennen der komplexen Entscheidungsproblematik: Berücksichtigung mehrerer Aspekte für oder gegen eine Kündigungsentscheidung – hohe Qualifikation des Mitarbeiters, – spezifische Unternehmenskenntnisse, – gute Beurteilung, – langjährige Betriebszugehörigkeit, – Kosten für eine Neueinstellung und Einarbeitung, – rechtliche Grundlagen ...	Unterrichtsgespräch Informationsblatt
Information	Analyse des vorhandenen Informationsmaterials: Das zur Verfügung gestellte Material soll es den Schülern ermöglichen, als Mitarbeiter der Personalabteilung eine fundierte Stellungnahme bzw. Entscheidungsempfehlung für die Geschäftsleitung im vorliegenden „Kündigungsfall" vorzubereiten. Zu diesem Zweck analysieren S das erhaltene Informationsmaterial und werten es aus.	arbeitsgleiche Gruppenarbeit Informationsmaterial Stellenbeschreibung, Beurteilung, Betriebsvereinbarung, Auszüge aus dem Manteltarif/ BGB/ KSchG)
Exploration *(Erarbeitung)*	Diskussion der alternativen Entscheidungsmöglichkeiten: Kündigung oder Nichtkündigung; ordentliche oder außerordentliche Kündigung	arbeitsgleiche Gruppenarbeit Informationsmaterial Stellenbeschreibung, Beurteilung, Betriebsvereinbarung, Auszüge aus dem Manteltarif/ BGB/ KSchG)
Resolution *(Erarbeitung)*	Entscheidung für eine Gruppenlösung: Das begründete Ergebnis der Gruppenentscheidung sollte von jeweils einem Schüler in Form eines Protokolls festgehalten werden.	arbeitsgleiche Gruppenarbeit Schülerprotokolle
Disputation *(Sicherung)*	Präsentation und Diskussion der Gruppenentscheidungen: Im Rahmen einer abschließenden Diskussion sollen die Gruppenentscheidungen überprüft werden und es soll der Versuch unternommen werden, zu einer gemeinsamen Entscheidung zu gelangen.	Präsentation Schülerdiskussion
Reflexion	Im Sinne einer Reflexion und einer vertiefenden Sicherung sollen S eine schriftliche Empfehlung an die Geschäftsleitung verfassen.	Einzelarbeit

1 Quelle: Bittner, Birgit

371370

Informationsblatt

Der Fall „Walter Konrad"

Die *Fahrzeug AG* ist ein umsatzstarkes Unternehmen in der Automobilbranche. Im Fertigungsbereich der *Fahrzeug AG* werden nach Möglichkeit Facharbeiter beschäftigt, da die Unternehmensleitung großen Wert auf eine qualitativ hochwertige Verarbeitung der Autos legt. Der Industrieelektroniker Walter Konrad ist seit 12 Jahren in der *Niederlassung X* beschäftigt. Am 9. Oktober 2000 wird Herr Konrad bei einer Taschenkontrolle am Werktor gefasst, als er ein elektrisches Bauteil mit nach Hause nehmen will. Das Bauelement hatte seit einigen Tagen in einer Schrottkiste der Werkhalle 1 gelegen. Herr Konrad hatte deshalb geglaubt, dass er durch das Mitnehmen des elektrischen Bauteils keinen „wirklichen" Diebstahl begehen würde, da es ohnehin defekt sei.

Dialog

Sprecher: Der Betriebsleiter, Herr Wegner, bespricht mit dem zuständigen Abteilungsleiter, Herrn Jonas, und einer Vertreterin des Betriebsrates, Frau Kühn, die Situation.

Herr Wegner: Es handelt sich wirklich um eine schwierige Entscheidung, da eine Kündigung immer von großer Tragweite für den Betroffenen und auch für das Unternehmen ist.

Herr Jonas: Genau aus diesen Gründen sollte eine Kündigung nicht in Erwägung gezogen werden. Herr Konrad ist der tüchtigste Mitarbeiter meiner Abteilung. Er ist seit 12 Jahren bei uns beschäftigt und erhält als hochqualifizierter Facharbeiter die schwierigsten Aufgaben von mir, die er zügig und anstandslos erledigt.

Frau Kühn: Außerdem möchte ich zu bedenken geben, dass es sich bei dem angeblichen Diebstahl um eine „Lappalie" handelt. Der Neuwert dieses Bauteils beträgt ca. 5,00 € und außerdem hat es anscheinend defekt in einer Schrottkiste gelegen.

Herr Wegner: Das muss ich leider richtig stellen. Das Bauelement war noch vollkommen intakt. Es wäre denkbar, dass Herr Konrad es für sein eigenes Auto verwenden wollte. Vielleicht hat er es auch selbst in die Schrottkiste geworfen und hinterher behauptet, er hätte es dort zufälligerweise gefunden.

Herr Jonas: Abgesehen von dieser nicht zu beweisenden Unterstellung frage ich mich, woher wir so schnell einen angemessenen Ersatz bekommen sollen. Sie wissen, dass hoch qualifizierte Facharbeiter auf dem Arbeitsmarkt immer noch schwer zu finden sind. Außerdem verfügt Herr Konrad über das Spezialwissen unseres Unternehmens. Denken Sie nur an die Kosten, die mit einer Neueinstellung und einer entsprechenden Einarbeitungszeit eines neuen Mitarbeiters verbunden wären.

Frau Kühn: Sie sollten auch bedenken, dass Herr Konrad nicht mehr so jung ist und deshalb Schwierigkeiten bei der Suche nach einer neuen Arbeitsstelle haben könnte. Darüber hinaus muss er als Alleinverdiener eine fünfköpfige Familie ernähren. Es muss deshalb geprüft werden, ob eine Kündigung überhaupt sozial gerechtfertigt und damit wirksam wäre.

Herr Wegner: Trotz alledem müssen Diebstähle mit aller Konsequenz verhindert werden. Ich erinnere nur an einen ähnlichen, früheren Fall: Der betreffende Mitarbeiter hatte eine ganze Aktentasche voll neuer Zündkerzen mitgenommen. Der Mitarbeiter wurde wegen Diebstahls fristlos entlassen. Dennoch soll die Entscheidung nicht überstürzt werden. Es sollten vielmehr die rechtlichen Grundlagen, betriebswirtschaftliche und soziale Aspekte und wichtige Informationen aus Herrn Konrads Personalakte geprüft werden, um eine fundierte Entscheidung treffen zu können.

	Fahrzeug AG: Stellenbeschreibung
1	**Bezeichnung der Stelle** Industrieelektroniker/in – Fachrichtung Produktionstechnik
2	**Instanzielle Eingliederung** *untergeordnet*: dem Leiter der Abteilung „Produktionstechnik“ *übergeordnet*: den angelernten Arbeitskräften im Bereich „Industrieelektronik“
3	**Stellenvertretung** *wird vertreten von:* Industrieelektronikern – Fachrichtung Produktionstechnik
4	**Aufgaben, Verantwortlichkeiten, Kompetenzen** – Vorbereitung und Überprüfung der automatisierten Maschinen und Anlagen für den Fertigungsprozess – Messung und Einstellung der elektrischen Kontrollwerte – Inbetriebnahme der einzelnen Baugruppen, Geräte und Anlagenteile und Zusammenfügen zu automatisierten Produktionseinrichtungen – Kontrolle und Überwachung der Anlagenfunktionen einschließlich der Sicherheits- und Schutzfunktionen – Veränderung von Funktions- und Prozessabläufen durch mechanische und elektrische Eingriffe in Baugruppen und Geräte – Behebung von Störungen und Wartung der Fertigungs- und Prüfeinrichtungen – Mitentscheidung über das Stillstehen der Produktion bei dem Auftreten mangelnder Fertigungsqualität – Beratung des Abteilungsleiters und des Produktionsleiters über spezielle Fragen der Fertigung – Mitentscheidung über den Urlaubsplan der unterstellten Mitarbeiter
5	**Persönliche Anforderungen an den Stelleninhaber** *Vorbildung:* Hauptschulabschluss, abgeschlossene Berufsausbildung als Industrieelektroniker/in – Fachrichtung Produktionstechnik *Kenntnisse/ Fertigkeiten:* technische Kenntnisse und Fertigkeiten (s. o.), Branchen- und Produktkenntnisse *Eigenschaften:* Organisations- und Improvisationsvermögen, Kontaktfreudigkeit, Selbstständigkeit und Engagement, Zuverlässigkeit, rasche Auffassungsgabe
6	**Entwicklungsmöglichkeiten des Stelleninhabers (Karrierebild)** Bei Erfüllung persönlicher und fachlicher Voraussetzungen (Aufstiegsfortbildung, z. B. als Industriemeister/in der Fachrichtung Elektrotechnik und entsprechender Berufspraxis) könnte der Stelleninhaber die Abteilungsleitung übernehmen.

Fahrzeug AG: Personalbeurteilungsbogen

Name/Vorname:	Konrad Walter	*Unternehmensbeitritt:*	1988-07-01
Geburtsdatum:	1955-04-15	*Lohngruppe:*	IX
Tätigkeit:	Industrieelektroniker – Fachrichtung Produktionstechnik	*Anlass der Beurteilung:*	Höhergruppierung
		Beurteilungszeitraum:	1999/2000

1. Fachkönnen

Fachkenntnisse: Aufgrund seines überdurchschnittlich guten und erprobten Fachwissens erledigt Herr Konrad die ihm gestellten Aufgaben stets und ohne Rückfragen zur vollsten Zufriedenheit.

2. Geistige Fähigkeiten

Auffassungsgabe: Herr Konrad verfügt über eine schnelle und klare Auffassungsgabe und ein gut ausgeprägtes Kombinationsvermögen. Er ist deshalb in der Lage, neue und komplizierte Probleme selbstständig zu bewältigen

Dispositionsvermögen: Herr Konrad arbeitet stets systematisch, planvoll und zielgerichtet. Seiner Arbeit liegt ein klares und durchdachtes Konzept zugrunde.

Improvisationsvermögen: Herr Konrad stellt sich flexibel auf neue Situationen und Anforderungen ein.

Organisation und Kreativität: Herr Konrad kann sich die Arbeit sinnvoll einteilen und Prioritäten setzen. Er ist stets engagiert und äußert oftmals gut verwertbare Anregungen zur Verbesserung der Arbeitsabläufe.

3. Arbeitsvermögen

Arbeitsqualität: Bei der Arbeitsqualität findet sich nur selten ein Grund für Beanstandungen. Aufgetretene Fehler werden selbstständig erkannt und sofort korrigiert.

Arbeitstempo: Herr Konrad verfügt über ein ausdauerndes Arbeitsvermögen.

Belastbarkeit: Er ist ein sehr belastbarer Mitarbeiter. Auch in kritischen Situationen arbeitet er mit hoher Konzentration und Sorgfalt.

4. Sozial- und Humankompetenz

Auftreten: Herr Konrads Auftreten gegenüber Mitarbeitern und Vorgesetzten ist höflich.

Einweisen neuer Mitarbeiter: Trotz des höflichen Auftretens verhält sich Herr Konrad neuen Mitarbeitern gegenüber zunächst reserviert. Notwendige Informationen werden nicht immer vollständig weitergegeben.

Teamfähigkeit: Nach den ersten Anpassungsreibereien ist Herr Konrad in der Lage, zufrieden stellend mit seinen Kollegen zusammenzuarbeiten.

5. Zusammenfassende Stellungnahme:

Insgesamt wird Herr Konrad den Beurteilungskriterien überdurchschnittlich gerecht. Vor allem sein Fachkönnen und seine schnelle Auffassungsgabe überzeugen. Eine Beförderung in eine Vorgesetztenposition (z. B. als Abteilungsleiter) könnte zu einem späteren Zeitpunkt erwogen werden. Voraussetzung dafür ist jedoch, dass Herr Konrad durch den Besuch entsprechender Weiterbildungen darum bemüht ist, seine Sozial- und Humankompetenzen zu vergrößern. Das Einweisen neuer Mitarbeiter sowie eine gute Kontakt- und Kommunikationsfähigkeit gehören unabdingbar zu den Anforderungen eines Vorgesetzten.

XXY, 29. September 2000

Die vorliegende Beurteilung wurde am 28. September 2000 mit dem Beurteilten besprochen.

Jonas	Wegner	*W. Konrad*
(Abteilungsleiter)	(Betriebsleiter)	(Unterschrift des Beurteilten)

Rechtliche Grundlagen und Vereinbarungen

Auszug aus der entsprechend § 77 (2) BetrVerfG vom Betriebsrat und Arbeitgeber gemeinsam beschlossenen und schriftlich niedergelegten

Betriebsvereinbarung der Fahrzeug AG

...

§ 5 [Eintragungen in die Personalakten] (1) Eine wegen Diebstahls erfolgte Abmahnung muss in die Personalakte eingetragen werden. Zusätzlich hat der Mitarbeiter in den folgenden fünf Jahren keinerlei Aufstiegschancen.

(2) Auch der Diebstahl von Gegenständen geringen Wertes berechtigt den Arbeitgeber zu einer fristlosen Kündigung. Gemäß ***§ 626 BGB*** (siehe Anhang A) kann jeder Diebstahl als wichtiger Grund für eine fristlose (außerordentliche) Kündigung angesehen werden.

...

Arbeitgeber		**Betriebsrat**	
Geschäftsführer:	Dr. Müller	Betriebsratsvorsitzende:	Frau Kühn
Datum:	2000-08-15	Datum:	2000-08-15
Unterschrift:		Unterschrift:	

Auszug aus dem Manteltarifvertrag der Metallindustrie u. a. vom 29. Februar 1988

§ 20 Beendigung des Arbeitsverhältnisses

...

6. Während der Kündigungsfrist nach ordentlicher Kündigung durch den Arbeitgeber sowie vor Ablauf eines auf bestimmte Zeit eingegangenen Arbeitsverhältnisses ist dem Arbeitnehmer auf Verlangen ausreichend Zeit zur Bewerbung, um eine andere Arbeitsstelle, bis zu insgesamt 8 Arbeitsstunden, zu gewähren. Eine Entgeltminderung darf hierbei nicht erfolgen.

...

Anmerkung: Die für den Fall wichtigen, sonstigen Absätze des § 20 des Manteltarifvertrages stehen in Übereinstimmung mit den § 622 BGB und § 626 BGB und werden deshalb nicht aufgeführt.

Anhang A: Bürgerliches Gesetzbuch (BGB)

Definition des Begriffs „Kündigung“

Gemäß den Bestimmungen des BGB ist die Kündigung eine einseitige Willenserklärung, die von einem Vertragspartner an den anderen gerichtet wird. Sie ist empfangsbedürftig und muss den zu Kündigenden erreichen. Die Kündigung ist deshalb erst ab dem Zeitpunkt des Erreichens gültig. (§ 130 u. § 349 BGB)

§ 622 BGB [Kündigungsfrist bei Arbeitsverhältnissen] (1) Das Arbeitsverhältnis eines Arbeiters oder eines Angestellten (Arbeitnehmers) kann mit einer Frist von vier Wochen zum Fünfzehnten oder zum Ende eines Kalendermonats gekündigt werden.

(2) Für eine Kündigung durch einen Arbeitgeber beträgt die Kündigungsfrist, wenn das Arbeitsverhältnis in dem Betrieb oder Unternehmen

1.	2 Jahre bestanden hat,	1 Monat zum Ende eines Kalendermonats,
2.	5 Jahre bestanden hat,	2 Monate zum Ende eines Kalendermonats,
3.	8 Jahre bestanden hat,	3 Monate zum Ende eines Kalendermonats,
4.	10 Jahre bestanden hat,	4 Monate zum Ende eines Kalendermonats,
5.	12 Jahre bestanden hat,	5 Monate zum Ende eines Kalendermonats,
6.	15 Jahre bestanden hat,	6 Monate zum Ende eines Kalendermonats,
7.	20 Jahre bestanden hat,	7 Monate zum Ende eines Kalendermonats.

Bei der Berechnung der Beschäftigungsdauer werden Zeiten, die vor der Vollendung des fünfundzwanzigsten Lebensjahres des Arbeitnehmers liegen, nicht berücksichtigt.

§ 626 BGB [Fristlose Kündigung aus wichtigem Grund] (1) Das Dienstverhältnis kann von jedem Vertragsteil aus *wichtigem Grund ohne Einhaltung einer Kündigungsfrist* gekündigt werden, wenn Tatsachen vorliegen, auf Grund derer dem Kündigenden unter Berücksichtigung aller Umstände des Einzelfalles und unter Abwägung der Interessen beider Vertragsteile die Fortsetzung des Dienstverhältnisses bis zum Ablauf der Kündigungsfrist oder bis zu der vereinbarten Beendigung des Dienstverhältnisses nicht zugemutet werden kann.

(2) Die Kündigung kann nur innerhalb von zwei Wochen erfolgen. Die Frist beginnt mit dem Zeitpunkt, in dem der Kündigungsberechtigte von den für die Kündigung maßgebenden Tatsachen Kenntnis erlangt. Der Kündigende muss dem anderen Teil auf Verlangen den Kündigungsgrund unverzüglich schriftlich mitteilen.

Anhang B: Kündigungsschutzgesetz (KSchG)

§ 1 KSchG [Sozial ungerechtfertigte Kündigungen] (1) Die Kündigung des Arbeitsverhältnisses gegenüber einem Arbeitnehmer, dessen Arbeitsverhältnis in demselben Betrieb oder Unternehmen ohne Unterbrechung länger als sechs Monate bestanden hat, ist *rechtsunwirksam*, wenn sie sozial ungerechtfertigt ist.

(2) Sozial ungerechtfertigt ist die Kündigung, wenn sie nicht durch Gründe, die in der *Person* oder in dem *Verhalten des Arbeitnehmers* liegen, oder durch *dringende betriebliche Erfordernisse*, die einer Weiterbeschäftigung des Arbeitnehmers in diesem Betrieb entgegenstehen, bedingt ist. ...

§ 3 KSchG [Kündigungseinspruch] Hält der Arbeitnehmer eine Kündigung für sozial ungerechtfertigt, so kann er binnen einer Woche nach der Kündigung Einspruch beim Betriebsrat einlegen. Erachtet der Betriebsrat den Einspruch für begründet, so hat er zu versuchen, eine Verständigung mit dem Arbeitgeber herbeizuführen. Er hat seine Stellungnahme zu dem Einspruch dem Arbeitnehmer und dem Arbeitgeber auf Verlangen schriftlich mitzuteilen.

§ 4 KSchG [Anrufung des Arbeitsgerichts] Will ein Arbeitnehmer geltend machen, dass eine Kündigung sozial ungerechtfertigt ist, so muss er innerhalb von drei Wochen nach Zugang der Kündigung Klage beim Arbeitsgericht auf Feststellung erheben, dass das Arbeitsverhältnis durch die Kündigung nicht aufgelöst ist. ... Hat der Arbeitnehmer Einspruch beim Betriebsrat eingelegt (§ 3), so soll er der Klage die Stellungnahme des Betriebsrates beifügen. ...

Beispiel Nr. 2 Fallstudien

Angebote vergleichen und auswählen[1]

Für die Einrichtung eines Schulungsraums benötigt die Maschinenfabrik Schnitzler eine Wandtafel. Der Leiter der Abteilung für Aus- und Weiterbildung möchte gerne eine höhenverschiebbare Tafel mit einer Mindestfläche von 4 m^2. Die Tafelfläche sollte kariert sein. Der Schulungsraum soll so bald wie möglich fertig gestellt werden.

Für die Beschaffung wurden bei verschiedenen Anbietern Angebote eingeholt. Jetzt liegen der Einkaufsabteilung der Maschinenfabrik Schnitzler folgende Angebote vor:

1 Quelle: Webers, Hans Harald

Primus Tafeln ... seit Generationen führend

Sehr geehrte Damen und Herren!

Gemäß Ihrer telefonischen Anfrage vom heutigen Tage bieten wir Ihnen an:

Schulwandtafel Modell „Primus Classic T5kHv": robuste, höhenverstellbare Tafel mit zwei ausklappbaren Seitenteilen, Tafeloberfläche 5 m^2, Innentafel kariert.

Preis: 1.560,00 € ab Werk. Zahlungsziel: 30 Tage netto, innerhalb von 8 Tagen mit 3 % Skonto.

Die Lieferzeit beträgt zwei Wochen. Lieferung und Montage können durch unseren Werkskundendienst erfolgen. Hierfür berechnen wir eine Pauschale von 75,00 €.

Das Modell Primus Classic hat sich seit Jahren im härtesten Dauereinsatz in Schulen bewährt. Daher geben wir 3 Jahre Garantie auf diese Tafel. Auch danach führt unser Werkskundendienst eventuelle Reparaturen schnell und zuverlässig aus. Auf alle Ersatzteile geben wir eine Nachkaufgarantie von 30 Jahren.

Eine Abbildung des Modells Primus Classic finden Sie auf Seite 34 in unserem beigefügten Katalog.

Wir freuen uns auf Ihren Auftrag und verbleiben

mit freundlichen Grüßen

i. A. *Justus Schneider*

Ein Anruf bei der Firma SchGro (Groß- und Einzelhändler für Schulmöbel und Schulbedarf) ergab folgendes telefonisches Angebot: Tafeln sind in allen Größen und Ausführungen erhältlich. Genaue Lieferzeiten konnte der Sachbearbeiter zwar nicht angeben, meinte aber „... wenn die Tafel bei dem Hersteller am Lager ist, geht das meistens recht schnell." Eine Tafel, die den Anforderungen des Ausbildungsleiters entspricht, würde „etwa 1.500,00 €" kosten. Ein Rabatt wird nicht eingeräumt („Wenn Sie nur eine Tafel bestellen, müsste ich eigentlich einen Mindermengenzuschlag draufrechnen."). Die Tafel kann auf Wunsch auch durch einen Spediteur geliefert werden.

Die Maschinenfabrik Schnitzler bezieht ihr gesamtes Büromaterial seit Jahren bei dem Bürofachhändler Krause. Krause liefert sehr zuverlässig und gewährt der Firma Schnitzler auf alle in seinem Katalog enthaltenenArtikel einen Großabnehmerrabatt von 25 % sowie 2 % Skonto bei Zahlung innerhalb von 8 Tagen. Alle Waren werden ohne Aufpreis frei Haus geliefert. Im Katalog des Bürofachhändlers Krause ist auf S. 276 eine linierte Wandtafel abgebildet. Sie ist höhenverschiebbar und hat durch ausklappbare Seitenflügel eine Gesamtfläche von 6 m^2. Andere Ausführungen dieser Tafel sind nicht lieferbar. Im Katalog ist der Preis mit 2.089,00 € angegeben. Die Lieferzeit beträgt vier Wochen. Die Montage müsste durch Mitarbeiter der Firma Schnitzler erfolgen (Aufwand: ca. 50,00 €).

Arbeitsauftrag:

Vergleichen Sie die drei Angebote und entscheiden Sie, bei welchem Anbieter die Tafel bestellt werden sollte.

1. Notieren Sie die Kriterien, die bei einem Vergleich der Angebote Ihrer Meinung nach beachtet werden sollten.
2. Legen Sie eine Tabelle an, mit deren Hilfe Sie die Angebote hinsichtlich dieser Kriterien direkt und übersichtlich vergleichen können.
3. Berechnen Sie für alle Angebote den so genannten „Einstandspreis".
4. Entscheiden Sie sich für eines dieser Angebote und begründen Sie Ihre Entscheidung schriftlich in Stichworten.

Zur Information:

Zur Berechnung des Einstandspreises (der Preis, der tatsächlich zu bezahlen ist, bis die Ware im Lager bzw. im Schulungsraum des Käufers steht) benutzt man folgendes Schema:

Einkaufspreis/Listenpreis
– Rabatte (z. B. Mengenrabatt)
= Zieleinkaufspreis
– Skonto
= Bareinkaufspreis
+ Bezugskosten (z. B. Verpackung, Transport, Versicherung)
= Einstandspreis

Sofern keine andere Vereinbarung getroffen wird, muss laut Gesetz (BGB) der Käufer die Verpackungs- und Transportkosten tragen. Wenn die genaue Höhe dieser Kosten nicht bekannt ist, kann man bei der Berechnung des Einstandspreises einen ungefähren Schätzwert von 1 % des Bareinkaufspreises für die Verpackungs- und 3 % für die Transportkosten ansetzen.

4.14 Tagesfall

Den Unterrichtsablauf an einem Unterrichtstag als ganzheitlichen Lernprozess zu gestalten, ist Grundgedanke für die spezielle Form der Fallstudie, des so genannten Tagesfalls. Die von uns vorgestellte Großform Tagesfall soll als fächerübergreifende Fallstudie verstanden werden, somit gilt das in Punkt 4.13 Gesagte in gleicher Weise auch für den Tagesfall.

Dennoch unterscheiden sich Fallstudie und Tagesfall: Die Fallstudie bezieht sich zumeist auf ein Unterrichtsfach und kann nur in Ausnahmefällen im Rahmen einer Unterrichtsstunde bzw. in einer Doppelstunde vollständig bearbeitet werden. Der Tagesfall hebt dagegen die bestehenden Unterrichtsfächer und ihre Grenzen auf. Der Tagesfall kann und sollte nur an einem Unterrichtstag bearbeitet werden, damit seine Lösung noch an diesem Unterrichtstag präsentiert werden kann. Dadurch wird an einem Tag das Denken in Zusammenhängen zu einem Unterrichtsgegenstand ermöglicht und gefördert.

Für den Tagesfall gilt ebenso wie für die Fallstudie, dass die Lernenden durch ihn mit einer konkreten Problemsituation konfrontiert werden, die es zu lösen gilt. Damit ist der Tagesfall als ein Modell zur Abbildung der Realität geeignet, fächerübergreifende Aspekte in den Unterricht einfließen zu lassen und die Förderung der Handlungskompetenz zu begünstigen.

Die erfolgreiche Durchführung eines Tagesfalles hängt im Wesentlichen von der Qualität des zugrunde liegenden Tagesfalls ab. Wie schon im Punkt 4.13 festgestellt, werden in der fachwissenschaftlichen Literatur viele Fälle und Fallstudien angeboten. Anders sieht es bei den Tagesfällen aus. In diesem Zusammenhang müssen wir jedoch darauf hinweisen, dass bei der Verwendung vorgefertigter Tagesfälle eine Reihe von Problemen auftreten können. Denn nur in den seltensten Fällen setzen sie genau an dem jeweils vorhandenen Kenntnis- und Entwicklungsstand der Lerngruppe an und entsprechen dem Konzept der Unterrichtenden. Somit müssen die Unterrichtenden Tagesfälle selbst erstellen bzw. die vorgefertigten Tagesfälle vor dem Einsatz bearbeitet werden.

Verfahrens- und Vorgehensweise:

Bei der **Bearbeitung** und **Erstellung** von Tagesfällen sollte Folgendes beachtet werden:

- Der Tagesfall wird vor dem Hintergrund der jeweils gültigen Richtlinien konstruiert, die alle Intentionen und verbindlichen Lerninhalte aufzeigen.
- Bei der Erstellung des Tagesfalls muss zwischen einer theoretischen Ebene und einer Handlungsebene im Unterricht unterschieden werden. Alle Intentionen und Ziele auf der theoretischen Ebene müssen auf der unterrichtspraktischen Ebene in Lernobjekten konkretisiert werden.
- Ein Tagesfall besteht aus einer Folge von Unterrichtssequenzen, die jede für sich wiederum theoretischen und curricularen Ansprüchen genügen müssen.[1]
- Die Lerninhalte sollen sich aufeinander beziehen lassen, d. h., sie sind zusammengehörig und fächerübergreifend. Der Fall sollte dementsprechend alle berufsbezogenen Fächer und eventuell auch berufsübergreifende Fächer berücksichtigen. Sämtliche Unterrichtsfächer werden befragt, welchen Beitrag sie zur Lösung des Tagesfalls leisten. Dabei soll keinem Fach eine Leitfunktion zukommen.[2]
- Der Tagesfall ist handlungs- und problemorientiert zu gestalten. Dabei ist der Lernprozess so zu organisieren, dass die Schwierigkeit im Handlungsverlauf zur Bearbeitung der Problemstellung motiviert und zur Problemlösung drängt.[3] Entsprechend müssen Informationen aufbereitet und den Lernenden zur Verfügung gestellt werden.
- Der Tagesfall sollte „entdeckendes“ Lernen beinhalten, d. h., die Problemlösung erfolgt aus dem vorhandenen und zu lernenden Handlungsmuster heraus. Damit wird eine Erweiterung in der Komplexität des Denkens und Tuns erreicht und somit ein Beitrag zur Förderung der Handlungskompetenz geleistet.
- Bei der Konstruktion des Tagesfalles ist das exemplarische Prinzip zu berücksichtigen. Daher sollen Tagesfälle so gestaltet werden, dass sie sowohl für etwas repräsentativ als auch für jemanden exemplarisch sind. Dabei kommt es nicht auf Vollständigkeit an, sondern es werden pars pro toto bewusst Schwerpunkte gesetzt. Darüber hinaus soll der Transfer auf weitere Stoffgebiete ermöglicht werden.

Einsatz des Tagesfalls:

- Von einem komplexen Fall (u. U. in Tagesfallsequenzen gegliedert), der zu Beginn eines Unterrichtstages den Schülerinnen und Schülern ausgehändigt wird und im Laufe des Unterrichts (in der 1.– 4. Unterrichtsstunde) selbstständig in Gruppenarbeit gelöst wird, werden innerhalb des Tagesfalls weitere Methoden zur Vermittlung von Handlungskompetenz integriert. Anregungen könnten hierzu z. B. die von uns beschriebenen Methoden sein.
- Die Schülerinnen und Schüler erhalten aufbereitete Informationen zur Lösung ihres komplexen Arbeitsauftrages und methodische Hilfen.
- Eine Zwischenpräsentation kann eingeschaltet werden, um z. B. in einer Fragerunde

1 Vgl. Hemmert, H.: Zur Konstruktion von Handlungslernsituationen, in: Halfpap, K. (Hrsg.): Unterricht als integriertes Handlungslernen in kaufmännischen Schulen, Band 1: Absatzwirtschaft, Winklers Verlag, Darmstadt 1993, S. 198

2 Vgl. Stoll-Röhl, M.: Der Tagesfall „Eingang, Lagerung und Präsentation von Waren“, in: Halfpap, K. (Hrsg.): Unterricht als integriertes Handlungslernen in kaufmännischen Schulen, Band 1: Absatzwirtschaft, Winklers Verlag, Darmstadt 1993, S. 30

3 Vgl. Reetz, L.: Der Umgang mit Fällen und die Verwendung von Fallstudien im Wirtschaftslehreunterricht, in: Achtenhagen, F.; John, E. G. (Hrsg.): Lernprozesse und Lernorte in der beruflichen Bildung, Göttingen 1988, S. 239

Unklarheiten zu beseitigen. Die Lehrerin und der Lehrer sollte den Lernenden einen genauen Zeitablauf für ihre Arbeit und das Zusammentreffen von Zwischenpräsentationen geben, damit ein reibungsloser Tagesablauf erfolgen kann.

- ☛ Die Ergebnisse der Gruppenarbeit werden in einer Plenumssitzung in der fünften und sechsten Unterrichtsstunde vorgestellt und diskutiert. Die Lösung des komplexen Falles wird durch diese Vorgehensweise am gleichen Tag erkennbar.
- ☛ Der nächste Unterrichtstag bietet die Möglichkeit, konventionellen Unterricht zu forcieren und eine stärkere Profilierung der Fächer zu betreiben. [1]

Beispiel Tagesfall

„Betriebliche Leistungserstellung“: Leistungserstellung als Faktorkombination[2]

Die nachfolgende Übersicht zeigt die Auswahl, Anordnung sowie die Verknüpfung der Lerngegenstände der einzelnen Unterrichtsfächer im Tagesfall. Die anschließenden Materialien verdeutlichen das unterrichtliche Vorhaben des Tages mit seinen einzelnen Tagesfallsequenzen.

Tagesfallsequenz	Unterrichtsgegenstand	Fach
1. Tagesfallsequenz Zuordnung und Unterscheidung betriebswirtschaftlicher und volkswirtschaftlicher Produktionsfaktoren	• Betriebswirtschaftliche Produktionsfaktoren • Unterscheidung von Betriebsmitteln, Materialien, Arbeitskräften und Geschäftsleitung • Kombination der Produktionsfaktoren • Unterscheidung hinsichtlich ihrer Ersetzbarkeit in limitationale und substitutionale Produktionsfaktoren • Volkswirtschaftliche Produktionsfaktoren • Unterscheidung von Arbeit, Boden und Kapital • Zusammenhänge zwischen betriebswirtschaftlichen und volkswirtschaftlichen Produktionsfaktoren	Betriebswirtschaftslehre Betriebswirtschaftslehre Volkswirtschaftslehre Volkswirtschaftslehre Betriebswirtschaftslehre Volkswirtschaftslehre
2. Tagesfallsequenz Die Problematik der Substitution von Produktionsfaktoren, insbesondere von Arbeitskräften durch Betriebsmittel, aus betriebswirtschaftlicher und volkswirtschaftlicher Sicht	• Kostenvergleich zwischen dem Produktionsfaktor Arbeitskräfte und dem Produktionsfaktor Betriebsmittel • Handeln der Wirtschaftssubjekte nach dem ökonomischen Prinzip bei der Kombination von Produktionsfaktoren • Substitution von Arbeit durch Kapital	Rechnungswesen Betriebswirtschaftslehre Volkswirtschaftslehre

1 Vgl. Stoll-Röhl, Monika: Der Tagesfall: Beispiel „Eingang, Lagerung und Präsentation von Waren“, in: Halfpap, Klaus: Unterricht als integriertes Handlungslernen in kaufmännischen Schulen, Winklers 1993, Seite 29 ff.

2 Quelle: Minrath, Antje G.

3. Tagesfallsequenz Voraussetzungen und Folgen kosten- und technikbedingter Rationalisierungsmaßnahmen sowie ihre Auswirkungen auf die Umwelt	• Voraussetzungen der Rationalisierung • Folgen der Rationalisierung	Betriebswirtschaftslehre Volkswirtschaftslehre
4. Tagesfallsequenz Der Prozess der Kapitalbildung und seine Auswirkungen auf Produktivität und Gewinn	• Volkswirtschaftlicher Kapitalbegriff • Kapitalbildung • Betriebswirtschaftlicher Kapitalbegriff	Volkswirtschaftslehre Betriebswirtschaftslehre
5. Tagesfallsequenz Tabellarische Ermittlung der Minimalkostenkombination unter Verwendung eines Tabellenkalkulationsprogramms als Hilfsmittel bei der Entscheidungsfindung sowie grafische Ermittlung der Minimalkostenkombination	• Tabellarisch-manuelle Ermittlung der Minimalkostenkombination • Tabellarisch-EDV-gestützte Ermittlung der Minimalkostenkombination mithilfe des Tabellenkalkulationsprogramms WORKS • Berücksichtigung von Faktorpreisänderungen • Grafische Ermittlung der Minimalkostenkombination	Betriebswirtschaftslehre Wirtschaftsinformatik Mathematik Sozialkunde Ethik

Unterrichtsmaterialien

Tagesfallsequenz 1:

Andreas, Michael und Beate, alle drei ehemalige Schüler der Höheren Handelsschule, treffen sich nach dem erfolgreich bestandenen Abschluss ihrer Ausbildung auf einer Fete. Im Laufe des Abends unterhalten sie sich über ihre Zukunftspläne. Andreas und Michael haben eine Ausbildung zum Industriekaufmann, Andreas in einer Textilfabrik und Michael in einer Maschinenfabrik, absolviert. Beate darf sich nach Abschluss ihrer Ausbildung nun Bankkauffrau nennen.

Andreas:
Ich möchte mich möglichst schnell selbstständig machen. Ich bin es leid, mir ständig vorschreiben zu lassen, was ich zu tun und zu unterlassen habe. Während meiner Ausbildung habe ich einen guten Einblick in die Kosten- und Ertragsrechnung meines Ausbildungsbetriebes erhalten. Da kann man wirklich nur staunen, welche Gewinnspannen zum Beispiel bei Jeanshosen erzielt werden. Ich überlege mir momentan ernsthaft, ob ich nicht auch mit der Produktion von Jeanshosen beginnen sollte. Mit ein paar unserer Näherinnen habe ich mich super verstanden. Die wären bestimmt bereit ab sofort für mich zu arbeiten. Ich bräuchte lediglich einen Raum, in dem ich fünf Nähmaschinen aufstellen könnte und natürlich noch ein wenig Platz für die Lagerung des Jeansstoffes und der fertigen Jeans. Ja, und einen Zuschneideplatz und jemanden, der die Jeanshosen zuschneidet, bräuchte ich natürlich auch noch. Aber, dann kann es schon losgehen mit meiner Unternehmung „New Jeans".

Michael:
Du hast dir ja schon richtig Gedanken gemacht. Du meinst es ja wohl wirklich ernst mit deiner Selbstständigkeit. Aber mir wäre das zu riskant, ich bleibe lieber in meinem Beruf. Vielleicht könnte ich dir jedoch mit einem Raum weiterhelfen. Bei meinem Opa im Garten steht noch ein alter Schuppen. Früher hat er dort seine Schlosserei betrieben, aber die hat er vor ein paar Jahren aufgegeben. Er würde dir den Schuppen sicher vermieten.

Beate:
Nun aber mal langsam. Man kann doch nicht einfach hingehen und sagen, ab morgen produziere ich Jeanshosen.Woher weißt du denn, wie man eine Jeans näht? Außerdem ist es mit einem Modell und einer Größe ja wohl nicht getan. Guck nur mal uns an, wir kämen mit einer Größe wohl kaum hin und deine Jeans mit dem weiten Schlag finde ich nicht gerade todschick. Aber, das ist wohl Geschmacksache. Im Übrigen, woher willst du denn das Geld nehmen, das zum Betreiben eines solchen Unternehmens erforderlich ist? Und was willst du in dem Unternehmen tun?

Andreas:
Meine Aufgabe besteht in der Führung der Unternehmung, der Planung und Organisation.

Das Gespräch kam jetzt erst richtig in Gang.

1. Arbeitsauftrag:
Analysieren Sie das Gespräch in Gruppenarbeit.

1. a) Welche Faktoren hält Andreas für erforderlich, um das Unternehmen „New Jeans“ zu betreiben? Worin sieht er seine Aufgabe?
   b) Was kann Michael zum Unternehmen „New Jeans“ beitragen?
   c) Versetzen Sie sich in Beates Rolle. Welche Argumente führt sie an, was hätte sie Andreas noch entgegnen können?
2. Lesen Sie in Ihrem Schulbuch die Informationen zu „Betriebswirtschaftliche Produktionsfaktoren“. Ordnen Sie den Argumenten von Andreas, Michael und Beate die Fachbegriffe zu.
3. Angenommen, die Produktionsfaktoren, die die drei Schüler für erforderlich halten, um zu produzieren, können bereitgestellt werden. Reicht das zur Produktion aus? Was muss man tun um zu produzieren? Wovon hängt die Menge der produzierten Jeans (Ausbringungsmenge) ab?
4. Lesen Sie die folgenden Beispiele.
   Welche Produktionsfaktoren werden benötigt?
   Wodurch unterscheidet sich die Kombination der Produktionsfaktoren?

   Beispiel 1:
   Zur Produktion einer Jeans sind grundsätzlich erforderlich:
   - 120 cm Jeansstoff, 150 cm breit
   - 1 Rolle Nähgarn, 50 m Lauflänge
   - 1 Reißverschluss
   - 1 Knopf
   - 1 Arbeitsstunde

   Beispiel 2:
   In Andreas Jeansfabrik wird überlegt die Zuschneiderinnen durch Zuschneidemaschinen zu ersetzen.

5. Andreas hat anstatt zu seinem Betriebswirtschaftslehrebuch aus Versehen zu seinem Volkswirtschaftslehrebuch gegriffen. Dort werden die Produktionsfaktoren Arbeit, Boden und Kapital unterschieden. Versuchen Sie einen Zusammenhang zwischen den betriebswirtschaftlichen und den volkswirtschaftlichen Produktionsfaktoren herzustellen und mögliche Überschneidungen aufzuzeigen.
6. Sehen Sie Konfliktmöglichkeiten zwischen den einzelnen betriebswirtschaftlichen Produktionsfaktoren oder den einzelnen volkswirtschaftlichen Produktionsfaktoren?

Tagesfallsequenz 2:

Andreas hat seine Pläne tatsächlich verwirklicht. In „Opas Schuppen" lässt er monatlich 2 880 Jeanshosen nähen. Fünf Näherinnen, die Damen Frei, Froh, Fröhlich, Flink und Fleißig, und drei Zuschneiderinnen, Frau Schnipp, Frau Schnapp und Frau Schere, sind für ihn fünf Tage in der Woche im Einsatz.

Andreas hat sich für die Produktion einer so genannten Öko-Jeans entschieden. Daher legt Andreas beim Einkauf des Jeansstoffes besonderen Wert auf die Zusammensetzung des Jeansstoffes (nur Naturfasern), auf den Einsatz von natürlichen, 100 % abbaubaren Färbemitteln, die die Umwelt nicht belasten, auf menschenwürdige Produktionsverfahren usw. Neben dem Einkauf des Jeansstoffes regelt Andreas alle übrigen kaufmännischen und organisatorischen Angelegenheiten. Seine neueste Freundin besucht zufällig die Modefachschule in Mönchengladbach und entwirft, natürlich kostenlos, die Schnitte für die Jeanshosen. Andreas Unternehmen läuft gut und wirft nach den üblichen Anfangsverlusten mittlerweile sogar Gewinne ab.

Mit der morgendlichen Geschäftspost flattert Andreas eine Einladung zur Industriemesse in Hannover auf den Tisch, die er auch prompt besucht. Neben vielen technischen Neuheiten sticht ihm eine computergesteuerte Nähmaschine besonders ins Auge. Bislang lässt Andreas mit etwas antiquierten Nähmaschinen, die er seinem früheren Chef abkaufen konnte, nähen. Der neuesten Technik entsprechen sie lange nicht und ab und zu hakt hier und da auch schon mal etwas, wodurch es zu zeitlichen Verzögerungen kommt. Daher ist Andreas von der computergesteuerten Nähmaschine fasziniert. Lediglich die Anschaffungskosten von 60.000 € pro Maschine liegen ihm etwas im Magen, wenngleich ihm die Worte des Messestandleiters „die können Sie auf fünf Jahre voll abschreiben" und „das haben Sie schnell wieder raus" nicht aus dem Ohr gehen. Würde er sich für die Anschaffung von fünf computergesteuerten Nähmaschinen entscheiden, käme er ohne seine Näherinnen aus. Er bräuchte lediglich eine Bedienungskraft für die fünf Nähmaschinen. Eine seiner Näherinnen könnte er umschulen, die anderen müsste er entlassen bzw. versuchen, sie in seinem Betrieb anderweitig einzusetzen.

2. Arbeitsauftrag:

1. Andreas interessieren zunächst einmal die Kosten. Führen Sie daher für ihn einen Vergleich der Kosten pro Jahr für Näharbeiten durch, wenn
   a) die Damen Frei, Froh, Fröhlich, Flink und Fleißig die Jeanshosen nähen. Ihr monatlicher Bruttolohn beträgt 1.500 €.
   b) Andreas sich für den Kauf von fünf computergesteuerten Nähmaschinen entscheidet. Andreas rechnet pro Nähmaschine mit 1.250 € an Wartungs- und Reparaturkosten im Jahr. Die Nähmaschinen sollen auf fünf Jahre linear abgeschrieben werden. Die Bedienungskraft soll ebenfalls einen monatlichen Bruttoarbeitslohn von 1.500 € erhalten.

371382

2. Treffen Sie für Andreas eine Entscheidung aus betriebswirtschaftlicher Sicht und begründen Sie diese Entscheidung.
3. Welche zusätzlichen Gesichtspunkte könnte Andreas bei der Entscheidung heranziehen? Welche Vor- und Nachteile sehen Sie?
   a) bei der Beschäftigung der Näherinnen Frei, Froh, Fröhlich, Flink und Fleißig,
   b) bei Einsatz der computergesteuerten Nähmaschinen?
4. Zu welchem Ergebnis führt Ihre bzw. Andreas' Entscheidung hinsichtlich des Anteils der verschiedenen betrieblichen Produktionsfaktoren an der Leistungserstellung?
5. Suchen Sie drei weitere Beispiele für den gegenseitigen Austausch (Substitution) von Produktionsfaktoren.
6. Nach welchem Prinzip haben Sie Ihre bzw. Andreas seine Entscheidung getroffen?

Tagesfallsequenz 3:

3. Arbeitsauftrag:

Lesen Sie zunächst die Fortsetzung des Tagesfalls (3. Teil). Planen Sie ein Rollenspiel auf der Grundlage der ausgearbeiteten Argumente.

Stellen Sie sich vor, Andreas wäre Ihr Freund und Sie gehörten zu seinem Freundeskreis. Versetzen Sie sich in die Lage der folgenden Personen und entwickeln Sie Argumente für sie:

- Andreas, der Unternehmer ist und rationalisieren möchte,
- Frau Froh, die befürchtet ihren Arbeitsplatz zu verlieren,
- Frau Fröhlich, die ebenfalls ihren Arbeitsplatz zu verlieren befürchtet,
- Herr Wunder, der die computergesteuerten Nähmaschinen verkaufen möchte und
- Frau Redlich, Mitglied des Betriebsrates.

Andreas hat den Kostenvergleich Näherinnen/computergesteuerte Nähmaschinen vor sich liegen. Danach liegt die Entscheidung eigentlich auf der Hand. Natürlich hat aber auch sein Betriebsrat Wind von der Angelegenheit bekommen. Frau Redlich, Andreas Sekretärin und gleichzeitig Vertreterin des Betriebsrates, hat daher um ein Gespräch mit Andreas gebeten, in dessen Verlauf sie ihm folgenden Zeitungsausschnitt auf den Tisch legt:

„Drei Jahre lang wuchtete Ernst Balentin im Wolfsburger Volkswagenwerk Hinterachsen für den Typ „Golf" vom Fließband, drehte sich um 90 Grad, machte einen Schritt zur Seite und legte das 17,8 Kilo schwere Autoteil vorsichtig in eine Kiste – 140-mal am Tag. „Das ging ganz schön auf die Bandscheibe", erinnert sich Balentin. Zwischen Arbeitsbeginn und Feierabend bewegte er mit seiner Muskelkraft jeweils 2,5 Tonnen. Schließlich wurde er abgelöst. Sein 1,68 Meter großer Nachfolger packt jetzt zehnmal mehr Hinterachsen vom Band in die Kiste: 1 480 Stück pro Schicht. Der neue Kollege macht nur Pause, wenn der Nachschub an Achsen stockt. Er redet kein Wort, geht nicht aufs Klo oder in die Kantine und hat noch nie gefehlt. Diskussionen über Lohnforderungen, Urlaubsgeld und Altersversorgung lassen ihn kalt. Der Neue bei VW hat eine eiserne Wirbelsäule, und in seinen Adern fließt elektrischer Strom. Sein Name: K 15/5. Seine Gattung: Industrieroboter. (...)"

Nachdem Andreas den Zeitungsausschnitt gelesen hat, fragt sie ihn: „Soll etwa so unsere Zukunft aussehen? Das kann ja wohl nicht Ihr Ernst sein, dass wir unsere Arbeit an Roboter abtreten und dann auf der Straße stehen."

Andreas ist beim Lesen des Zeitungstextes nachdenklich geworden und verspricht Frau Redlich, die Angelegenheit noch einmal zu überschlafen.

Am Abend desselben Tages hat Andreas sich mit seinen Freunden verabredet, um ins Kino zu gehen. Treffpunkt soll in Andreas Wohnung sein. Doch schon beim Betreten der Wohnung und Andreas verhaltenem „Hallo" merken sie, dass Andreas mit seinen Gedanken ganz woanders ist. Schnell ist geklärt, wo der Schuh drückt. Michael, Andreas Schulfreund, hat eine geniale Idee: „Also, statt der 19:30 Uhr Vorstellung besuchen wir die Spätvorstellung, Arnold wird so lange auf uns warten können. Bis dahin arbeiten wir die Angelegenheit in einem Rollenspiel auf. Jeder von uns versetzt sich in die Lage von einer der beteiligten Personen, überlegt sich Argumente und dann führen wir das Rollenspiel durch. Okay?"

Tagesfallsequenz 4:

Das Rollenspiel vom Vorabend hat Andreas ein wenig den Rücken gestärkt. Auch, wenn er sich darüber im Klaren ist, dass er rationalisieren muss, ist er sich seiner Sache dennoch nicht sicher. Bei der morgendlichen Lektüre des Wirtschaftsteils der örtlichen Tageszeitung fallen ihm folgende Zeitungsartikel besonders ins Auge:

Text 1:

Wissenschaftszentrum Berlin führte Untersuchung durch:

Der „Kollege Roboter" ist von Automobilwerkern akzeptiert

Weniger Stellen für ungelernte Arbeiter – Gewerkschaften verhielten sich still

Die Einführung neuer Fertigungstechniken in der Automobilindustrie vollzog sich in den letzten Jahren in Europa reibungslos, ohne dass es gegen den „Kollegen" Roboter zu ernsthaften Widerständen gekommen ist. Zu diesem Ergebnis kam jetzt das Wissenschaftszentrum Berlin in einer Analyse, wobei die Einführung der mikroelektronischen Techniken bei Fiat in Rivalta (Robogate-System), bei British Leyland im Werk Longbridge und bei deutschen Automobilherstellern untersucht wurde.

Damit hat der technische Wandel nicht annähernd so viel soziale und innerbetriebliche Probleme in der Automobilindustrie geschaffen, wie vor Jahren vorausgesagt wurde. In der täglichen Praxis am Arbeitsplatz wird die Einführung der elektronischen Helfer nicht als Bruch mit der Vergangenheit angesehen. Vielmehr sehen die Automobilwerker in den elektronischen Helfern nur einen der üblichen Schritte im steten Fluss des technischen und organisatorischen Wandels.

Dieses Ergebnis des Wissenschaftszentrums Berlin ist umso überraschender, da es trotz der unterschiedlichen institutionellen und sozialen Umgebung in den einzelnen Ländern von keiner Gewerkschaft her eine prinzipielle Ablehnung der neuen Technologie gegeben hat. Weder wurden generelle „Technologie-Vereinbarungen" gefordert noch kam es zur Verhinderung von weitgehenden Rationalisierungsmaßnahmen im Namen des Arbeitsplatzschutzes.

Anscheinend haben die Gewerkschaften in Zeiten zunehmender internationaler Konkurrenz die Entwicklung computergesteuerter Fertigung neuer Fahrzeug-Modellreihen als unentbehrlich für die Wettbewerbsfähigkeit der Industrie und die Stabilität der Arbeitsplätze angesehen. Dazu kommt, dass sich die Beschäftigungsauswirkungen durch den technischen Wandel offenbar nicht so einfach feststellen lassen.

Selbst da, wo größere Beschäftigungsverluste durch den technischen Wandel auftraten, wurde dies durchaus als Schutz gegen einen sonst noch größeren Beschäftigungsrückgang interpretiert.

So gingen zum Beispiel beim Volkswagenwerk in Wolfsburg zwar durch die Einrichtung einer vollautomatischen Endmontage für den neuen Golf in Halle 54 traditionelle Arbeitsplätze verloren, doch stieg zugleich die Beschäftigtenzahl des VW-Werkes wegen der höheren Kapazitätsauslastung.

Durch die technischen Neuerungen erhielten jedoch vorwiegend nur höher qualifizierte Arbeiter einen neuen Arbeitsplatz, sodass sich hier ein tief greifender Strukturwandel in der Belegschaft herausstellt und der ungelernte Arbeiter kaum noch gefragt ist. (…)

aus: WAZ vom 28. Okt.1985

371384

Text 2:

Die Kommandozentrale eines Roboters

Einfach fantastisch: Dieser kleine Chip enthält auf wenigen Quadratmillimetern 65 536 Informationen. Zwei solcher Chips reichen zur Steuerung eines Roboters, der uns hilft, rationell zu produzieren.

Besonders monotone und anstrengende Arbeiten, dazu unter schlechten Bedingungen wie Lärm, Hitze, Staub und Dämpfen, übernehmen unsere selbst entwickelten Industrieroboter. Neue anspruchsvolle Arbeitsplätze entstehen bei der Entwicklung und Herstellung der Roboter: Programmierung, Wartung und Einsatzplanung bleiben natürlich in Menschenhand.

In den modernsten Automobilwerken der Welt werden Roboter in immer größerer Zahl eingesetzt. Das zwingt auch uns zu rationalisieren. Heute liegen wir – als Automobilproduzent – in der Robotertechnologie mit vorn und konnten einem namhaften Konzern eine Baulizenz für Volkswagen-Roboter erteilen.

Neuerungen, wie die von Chips gesteuerten Industrieroboter, erhalten weltweit unsere Konkurrenzfähigkeit und sichern somit unsere Arbeitsplätze.

Für uns liegt der Fortschritt im Detail. Wir arbeiten daran.

Mehr als Autos.

Text 3:

Industrierobotereinsatz

In der Vergangenheit konnten die Auswirkungen des Industrieroboter-Einsatzes auf die Mitarbeiter (...) durch Umschulungs- und Versetzungsaktionen bewältigt werden. Ist das aber auch in Zukunft so?

Diese Frage hängt nicht zuletzt von der nationalen und internationalen Wirtschaftslage ab. Sie hängt aber auch davon ab, inwieweit es dem Unternehmen gelingt, die nationale und internationale Wettbewerbsfähigkeit aufrechtzuerhalten. Das wiederum ist nur möglich, wenn das Unternehmen

- marktgerechte, mit moderner Technik ausgestattete Produkte anbietet und
- flexibel auf veränderte Marktgegebenheiten reagieren kann.

Mit konventionellen Technologien wird das Unternehmen den zukünftigen Anforderungen nicht gerecht. Der Einsatz modernster Herstellungstechnologien ist erforderlich.

aus: Menschen im Blickpunkt. Sozialbericht der Volkswagen AG für das Jahr 1991. Wolfsburg, Juli 1992.

Text 4:

Substitution von Arbeit durch Kapital

Die Substitution (Ersetzung) von Arbeit durch Kapital hat sich in der modernen Industrie immer sprunghaft vollzogen. Stets wurden im Zuge von Rationalisierungsmaßnahmen veraltete Produktionsverfahren durch neue, moderne ersetzt. Zu einer Massenarbeitslosigkeit ist es aufgrund dieser Vorgänge jedoch nicht gekommen. Bleibt das auch in Zukunft so?

Text 5:

Das Schicksal der Natur

Nichts hat das Antlitz der Erde während der letzten 150 Jahre so tief greifend verändert wie die menschliche Arbeit. Unter dem Werk unserer Hände ist dieser Planet geschrumpft, nahbar geworden, ein zerbrechliches Heim. Hatte die Arbeit als Körperfron einst die Naturprozesse nur ganz am Rande gestreift, so dringen die modernen Arbeitsprozesse – in der Chemieproduktion etwa oder in der Gentechnologie – immer tiefer in uns ein.

Gewiss, wir arbeiten kürzer und vor allem körperlich weniger erschöpfend als einige frühere Generationen. Aber die arbeitsbedingten Eingriffe in Natur und Umwelt sind deshalb nicht weniger und nicht milder.

Die Hand, welche die Natur schlägt, ist zwar kleiner geworden, zugleich jedoch um ein Vielfaches härter und gefühlloser.

Je weniger die Arbeit unsere Körper erschöpft, umso mehr erschöpft sie die Natur. Zum „Humanismus der halben Wahrheiten" gehört daher auch eine Vielzahl der „entlastenden" Produktionstechniken: Eine „Humanisierung" der Arbeit, welche die Körper schont, aber die Natur schändet, bedeutet keinen wirklichen „Humanfortschritt". Die Befreiung der Körper, die ganz oder überwiegend mit der Unterdrückung und Vernichtung von Natur erkauft ist, beschert uns (...) keine wirkliche Emanzipation.

Quelle: Guggenberger, Bernd, Freizeitgesellschaft – Ohne Freizeit und Zeit, in: Umbrüche in der Industriegesellschaft, Bundeszentrale für politische Bildung, Studien zur Geschichte und Politik, Bd. 284, Bonn 1990, S. 199.

Karikatur: Haitzinger

4. Arbeitsauftrag:

Analysieren Sie die Ihnen vorliegenden Zeitungstexte.

1. Text 2 stellt eine Werbeanzeige dar. Welche Vorteile und welche Nachteile des Einsatzes von Industrierobotern werden darin erwähnt? Achten Sie dabei auf die Verwendung sprachlicher Mittel.
2. Welche Tätigkeiten verbleiben für den Menschen?
3. Der Produktionsfaktor Arbeit wird durch den Produktionsfaktor Kapital substituiert. Trotz dieses Substitutionsprozesses konnte bis zur Mitte der Siebzigerjahre Arbeitslosigkeit verhindert werden. Seit dieser Zeit tritt sie jedoch verstärkt auf. Warum?
4. Ermitteln Sie die Voraussetzungen und Folgen des Robotereinsatzes. Versuchen Sie Ihre Argumentation in einem Schaubild darzustellen.
5. Welcher Zielkonflikt wird in Text 5 angedeutet? Interpretieren Sie dazu auch Karikatur Nr. 2.
6. Inwieweit greifen Produktionsprozesse in die natürliche Umwelt ein?

Tagesfallsequenz 5:

Auch wenn in einem der Zeitungsartikel die Notwendigkeit des Einsatzes modernster Technologien explizit gefordert wurde, ist Andreas sich seiner Sache immer noch nicht sicher. Doch er muss nun schnell eine Entscheidung treffen. Daher zieht er seinen Steuerberater, Herrn Schummel, zurate. Dieser sagt: „Sie müssen investieren, Sie haben gar keine andere Wahl. Sie haben doch sicher Robinson Crusoe gelesen, der hat auf seine Art und Weise auch Kapital gebildet. Genauso müssen Sie es tun.“

Nun ist Andreas völlig verunsichert. Bislang hatte er eine Menge von seinem Steuerberater gehalten, hatte er doch das Finanzamt manchesmal zu seinen Gunsten beschummelt. Aber nun war er wohl nicht mehr ganz richtig im Kopf. Andreas hatte ein ernsthaftes Problem, das ihm schon einige schlaflose Nächte bereitet hatte. Und da kommt der Steuerberater mit Märchen aus seinen Kindertagen. Andreas ist ratlos und ruft aus lauter Verzweiflung seine Mutter an, um sie nach seinen Kinderbüchern und vor allem nach dem Buch „Robinson Crusoe" zu fragen. Nach dem Telefonat macht sich nun auch seine Mutter ernsthafte Gedanken über Andreas Gesundheitszustand.

Robinson Crusoe wird als Schiffbrüchiger auf eine einsame, unbewohnte Südseeinsel verschlagen. Seine Hauptsorge gilt der Erhaltung seiner Existenz, in erster Linie der Beschaffung von Nahrungsmitteln. Für sein Überleben standen ihm nur seine Arbeitskraft und die Güter der Natur zur Verfügung. Da die Lagune von Fischen wimmelt, bereitet es ihm keine Schwierigkeiten, täglich einige zu fangen. Er lebt von der Hand in den Mund. Allmählich aber lernen die Schwärme den neuen Feind fürchten. Sie ziehen sich aus der unmittelbaren Küstennähe in tiefere Gewässer zurück und unserem Robinson macht es immer mehr Mühe, zu seinen Mahlzeiten zu gelangen. Also beschließt er den Bau eines Bootes, um meerwärts neue Fischgründe zu erschließen.

Damit während der Bauzeit seine Nahrung gesichert ist, fängt er zunächst eine Woche lang mehr Fische als er verzehren kann und bewahrt seinen „Vorrat" in einem abgeschlossenen Weiher auf. Dann macht er sich daran, aus Treibholz und Lianen ein primitives Wasserfahrzeug, aus Ästen und Flechtwerk Paddel herzustellen und während dieser Zeit ernährt er sich von dem angelegten Vorrat. Künftig rudert er mit dem Gefährt hinaus und fängt in wesentlich kürzerer Frist erheblich mehr Fische als je zuvor.

5. Arbeitsauftrag:

Helfen Sie Andreas, sein Vertrauen zu seinem Steuerberater zurückzugewinnen, indem Sie den beschriebenen Vorgang für ihn analysieren.

1. Wodurch wurde es Robinson möglich, sein Fangergebnis zu verbessern? Erläutern Sie den Prozess.
2. Übertragen Sie diesen Prozess auf die Unternehmung „New Jeans" und die Situation von Andreas. Wie kann Andreas Kapital bilden?
3. Beschreiben Sie den Prozess der Kapitalbildung. Erläutern Sie diesen Prozess durch ein Beispiel aus Ihrem Lebensbereich.
4. Kann man sagen, dass einige Produktionsfaktoren ursprünglich vorhanden waren, während andere aus diesen ursprünglichen Produktionsfaktoren abgeleitet wurden?
5. Sie kennen aus dem betrieblichen Rechnungswesen auch einen Kapitalbegriff. Wie unterscheidet er sich vom volkswirtschaftlichen Kapitalbegriff?
6. Welche Auswirkungen hat der Prozess der Kapitalbildung?

Tagesfallsequenz 6:

Nach zehn Jahren: Andreas „Hinterhofbetrieb" hat sich inzwischen zu einem rentablen Industrieunternehmen entwickelt. Neben der Fertigung von Jeans, die er nun in vielen verschiedenen Größen, Schnitten und Farben fertigt, hat er seine Produktpalette um Jeansjacken und Jeanshemden erweitert. Mittlerweile beschäftigt er 100 Mitarbeiter, davon 90 Arbeitskräfte in der Produktion. 35 Zuschneiderinnen schneiden seine Jeans, Jeansjacken und Jeanshemden zu.

371388

Trotz seines enormen Erfolges, der sich natürlich auch „in seinen Zahlen“ nachvollziehen lässt, ist sich Andreas darüber im Klaren, dass seine Produktionsverfahren veraltet sind. Selbst sein Steuerberater, Herr Schummel, hat ihn bereits darauf hingewiesen, dass er versuchen solle, so schnell wie möglich, seine Zuschneiderinnen durch moderne, computergesteuerte Zuschneidemaschinen zu ersetzen. Daher hat er sich auf der letzten Industriemesse in Hannover bereits genauestens informiert, welche Zuschneidemaschine seinen Bedürfnissen entspricht. Infrage käme für ihn die Zuschneidemaschine Turbocut 2000. Da Andreas jedoch in der vergangenen Woche ein Seminar zum Thema „Vermeidung unnötiger Kosten“ besucht hat, redet er seither nur noch von Kosten und Kostenminimierung. Das Argument „moderne Technik“ ist für Andreas augenblicklich eher Nebensache. Momentan interessiert ihn nur die Frage, ob er durch die Anschaffung der Zuschneidemaschinen günstiger produzieren kann. Daher wendet er sich an seinen Buchhalter Bernd Eifrig.

Andreas:
Stellen Sie mir bitte bis morgen ein paar wichtige Unterlagen zusammen, die für mich als Entscheidungsgrundlage dienen, also Tabellen, Grafiken und was Ihnen sonst noch so einfällt.

6. Arbeitsauftrag:

Stellen Sie sich vor, Andreas hätte nicht seinen Buchhalter, sondern Sie beauftragt.

Erstellen Sie „per Hand“ eine Tabelle, aus der sich die Kosten, der Kombination der Produktionsfaktoren Arbeit (Anzahl der Zuschneiderinnen) und Kapital (Anzahl der Zuschneidemaschinen) ergeben. Ermitteln Sie anschließend die Kombination, bei der die Gesamtkosten am niedrigsten sind (Minimalkostenkombination) und entscheiden Sie, ob diese Kombination aus betriebswirtschaftlicher Sicht sinnvoll erscheint. Nennen Sie weitere Kritikpunkte.

Folgende Informationen sind zu berücksichtigen:

Eine Zuschneiderin erhält einen monatlichen Bruttoarbeitslohn in Höhe von 1.500 €.

Eine Zuschneidemaschine vom Typ Turbucut 2000 verursacht monatliche Kosten in Höhe von 5.000 €. Für die Bedienung der Zuschneidemaschine ist Bedienungspersonal erforderlich, eine Bedienungskraft soll ebenfalls einen monatlichen Bruttoarbeitslohn von 1.500 € erhalten. Mit folgenden Kombinationen lässt sich die geplante Ausbringungsmenge realisieren.

Kombination	Anzahl der Zuschneiderinnen	Anzahl der Zuschneidemaschinen	Anzahl der Bedienungskräfte
I	35	0	0
II	28	1	1
III	22	2	3
IV	17	3	3
V	11	4	5
VI	6	5	7
VII	3	6	8
VIII	1	7	8
IX	0	8	8

7. Arbeitsauftrag:

Erstellen Sie die obige Tabelle mithilfe eines Tabellenkalkulationsprogrammes. Überprüfen Sie Ihre per Hand angefertigte Tabelle auf ihre Richtigkeit hin.

8. Arbeitsauftrag:

Angenommen, der monatliche Bruttoarbeitslohn erhöht sich auf 3.000 €. Ändert sich die Minimalkostenkombination?

9. Arbeitsauftrag:

Ermitteln Sie die Minimalkostenkombination grafisch.

Tragen Sie hierzu in einem Koordinatensystem mit der waagerechten Achse r_1 (Anzahl der Arbeitskräfte) und der senkrechten Achse r_2 (Anzahl der Betriebsmittel) die Kombinationen ein, mit denen die geplante Ausbringungsmenge erzeugt werden kann. Die Verbindung der Kombinationen der beiden Produktionsfaktoren führt zu einer Kurve, die als **Isoquante** (iso: Vorsilbe für gleich, quantum = Menge) bezeichnet wird.

1. Tragen Sie die Isoquante in das Koordinatensystem ein.

Zur Ermittlung der Minimalkostenkombination müssen nun noch die **Isokostenlinien** eingezeichnet werden. Isokostenlinien sind Geraden, auf denen alle Kombinationsmöglichkeiten zweier Produktionsfaktoren liegen, die gleich hohe Kosten verursachen. Dazu unterstellt man zunächst, dass ein bestimmter Betrag an Gesamtkosten vorliegt.

Beispiel: Für $r_1 = 25$ und $r_2 = 2$ ergeben sich Gesamtkosten in Höhe von 47.500 €.

2. Ermitteln Sie die Gesamtkostenfunktion und tragen Sie ihren Graphen in ein Koordinatensystem ein.

Diese Gerade verschiebt man nun so parallel, bis sie die Isoquante gerade noch berührt. Dieser Berührungspunkt stellt die Minimalkostenkombination dar:

- verschiebt man die Gerade (Isokostenlinie) mehr in Richtung Ursprung, so hat sie keinen gemeinsamen Punkt mehr mit der Isoquante, d. h., die Produktion der geplanten Ausbringungsmenge ist nicht mehr möglich.
- verschiebt man die Gerade vom Ursprung weg, erhöhen sich die Kosten, ohne dass sofern nicht eine andere Isoquante erreicht wird – mehr produziert werden kann.

4.15 Projektaufgaben (Lernaufgaben)

Projektaufgaben[1] (Lernaufgaben) sind im Curriculum und im Bildungsgangkonzept verankerte, fächerübergreifende Aufgaben, die den Schülerinnen und Schülern ein selbst organisiertes und selbst verantwortetes Lösungshandeln abverlangen. Durch eine Projektaufgabe besteht die Möglichkeit, die Aspektenvielfalt eines Bildungsganges an ganz konkreten Problemstellungen zu verdeutlichen. Bei der Bearbeitung der einzelnen Situationen soll den Schülerinnen und Schülern bewusst werden, dass nur Fachkenntnisse vielfältigster Art zur optimalen Problemlösung führen und dies nicht isoliert, sondern im Sinne vernetzten Denkens in gegenseitiger Abhängigkeit und Ergänzung.

1 hier synonym mit Lernaufgaben

Projektaufgaben (Lernaufgaben) gliedern sich meist in verschiedene Fallsituationen, in denen je nach Aufgabenstellung Aspekte der verschiedenen Fächer im Vordergrund stehen. Dadurch wird der **fächerübergreifende** Charakter von Projektaufgaben (Lernaufgaben) in besonderer Weise betont.

Neben einer notwendigen Differenzierung nach vollzeit- und teilzeitschulischen Bildungsgängen lassen sich folgende charakteristische Leitlinien zur Konstruktion von Projektaufgaben (Lernaufgaben) zusammenfassen:[1]

1. Projektaufgaben (Lernaufgaben) lassen sich nicht als Einzelaufgaben konstruieren, sondern nur nach Maßgabe einer begründeten Vorstellung vom gesamten Bildungsgang der Schüler und damit einer Vorstellung von der Entwicklung umfassender Handlungsfähigkeit.
2. Projektaufgaben (Lernaufgaben) beziehen möglichst viele Fächer des Bildungsgangs ein. Die Beteiligung der Fächer des Obligatorikbereichs (z. B. Geschichte, Deutsch, Religion, Sport ...) soll die Entfaltung sozialer und gesellschaftlicher Aspekte sichern.
3. Projektaufgaben (Lernaufgaben) sind im Teilzeitschulbereich so zu konstruieren, dass sie stets die objektiven Anforderungen des Berufs zur Geltung bringen. Sie sichern somit zugleich die Möglichkeit, dass die Schülerinnen und Schüler ihre individuelle Problemlösungsstrategie und eigene Kompetenz mit einbringen.
4. Die Konstruktion von Projektaufgaben (Lernaufgaben) sollte mit kreativen Entwürfen für berufliche Handlungssituationen beginnen, z. B. der Dokumentation von problemhaltigen Sachverhalten, von Fehlentwicklungen, von Entscheidungssituationen, um diese dann entsprechend der Funktion der Lernaufgabe im Bildungsgang auszugestalten und zu lösen.
5. Jede Projektaufgabe ist vor Einsatz im Unterricht auf die konkreten Umsetzungsbedingungen hin zu überprüfen und entsprechend zu modifizieren bzw. zu ergänzen.

Die Schülerinnen und Schüler erhalten die zur Erarbeitung erforderlichen Arbeitsunterlagen je nach Adressatenkreis als einzelne Aufgabenstellungen oder umfangreiches Arbeitsmaterial mit strukturierten Fragen.

Berufliche Handlungssituationen, an denen sich Projektaufgaben (Lernaufgaben) konkretisieren, sind somit offener als Einzelprobleme der Fächer, gleichwohl sind sie nur zu bewältigen, wenn die Fächer auf sie innerhalb des Bildungsgangkonzeptes vorbereitet haben.

Die Schülerinnen und Schüler können ihre Projektaufgaben (Lernaufgaben) nur lösen, wenn sie ihre Handlungskompetenz schulen, u. a.:

- fachliches Wissen einzubringen vermögen,
- das in verschiedenen Fächern Gelernte sinnvoll verknüpfen können,
- Wissen in Problemlösungsstrategien umsetzen können,
- Wissen konstruktiv und kreativ im Sinne alternativer Problemlösungsstrategien nutzen,
- sachlich richtige und gesellschaftlich konsensfähige Lösungen kompromiss- und konfliktfähig vermitteln können.

1 Hierzu vgl. auch: Kollegschule Werkstattberichte, Landesinstitut für Schule und Weiterbildung, Soest 1991

Mit diesen Ausführungen werden sowohl die berufspragmatischen und wissenschaftspropädeutischen Funktionen von Projektaufgaben (Lernaufgaben) deutlich, als auch die Verpflichtung zur Förderung von Bildung, etwa der Konfliktbewältigung zwischen der Vermittlung von Ansprüchen der objektiven Welt und den individuellen Ansprüchen der Lernenden, sichtbar.

Fächerübergreifendes Lernen mit Projektaufgaben (Lernaufgaben)[1]

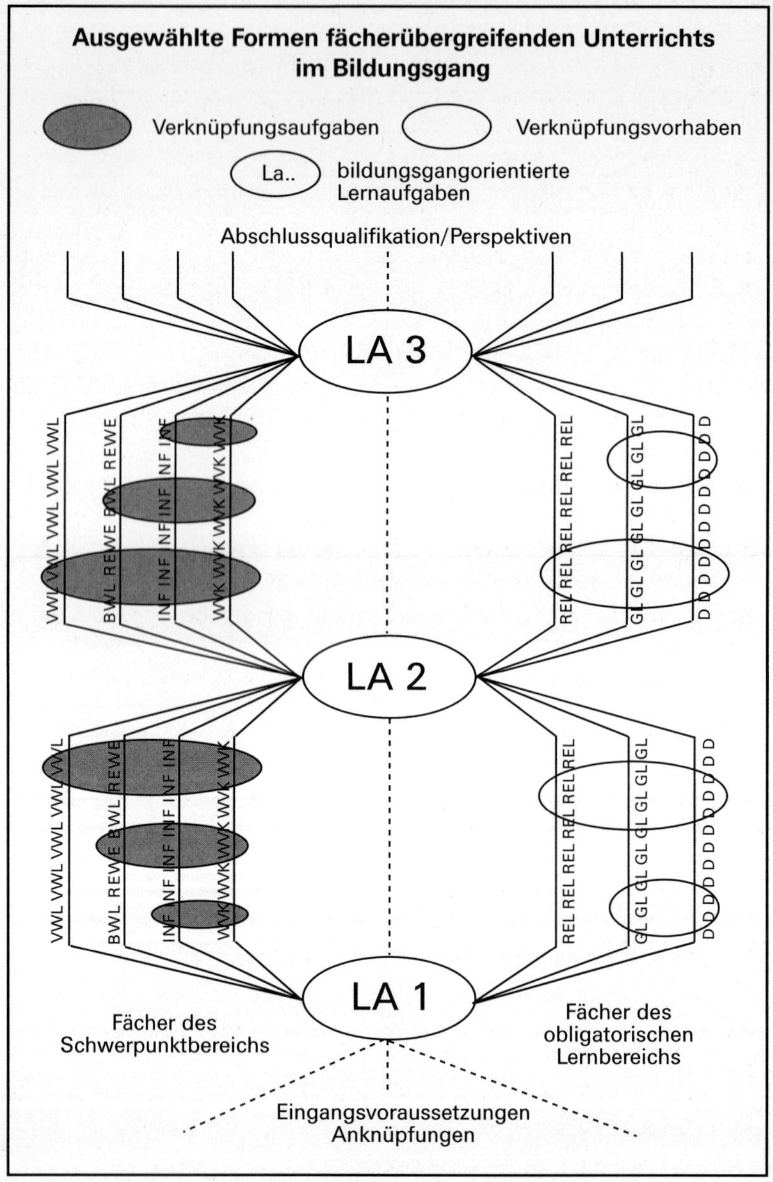

1 Kollegschule Kuniberg Recklinghausen: Lernen in der Kollegschule, Konzept einer Lehrerfortbildung

Verfahrens- und Vorgehensweise:

- ☛ Jede Durchführung von Projektaufgaben (Lernaufgaben) erfordert organisatorische Vorentscheidungen der Lehrer (Raumverteilung; Möglichkeiten zur Materialbeschaffung während der Lernaufgabe; Zeitplan der betreuenden Lehrer).
- ☛ Der Klassenlehrer wird in der Regel vor Beginn einer Lernaufgabe den Schülerinnen und Schülern die Bedeutung der Lernaufgabe, die organisatorischen Rahmenbedingungen und die Thematik der Lernprozesse erläutern.
- ☛ Projektaufgaben (Lernaufgaben) beginnen mit der Problemdarstellung und Problemwahrnehmung durch Vorstellung und Interpretation eines Szenariums, in dem die Schülerinnen und Schüler fachbezogene und überfachliche Teilaufgaben aufspüren und Wege der Bearbeitung entwerfen müssen. Das in die Lernaufgabe einführende **Anfangsplenum** dient einer ersten Verständigung und wird in der Regel 1–2 Unterrichtsstunden durchgeführt.
- ☛ Die Bearbeitung und Problemlösung erfolgt überwiegend in Form von **Gruppenarbeit**. Die Schülerinnen und Schüler können auch andere methodische Vereinbarungen treffen.
- ☛ Die Aufforderung zur **Einzelarbeit** sollte in jedem Szenarium und in jedem Organisationsschema einer Lernaufgabe enthalten sein, um den Schülerinnen und Schülern Gelegenheit zu geben, eigene Teilleistungen zu erbringen und den persönlichen Ertrag der Lernaufgabe zu dokumentieren.
- ☛ Das **Plenum zur Halbzeit** soll den Schülerinnen und Schülern Gelegenheit geben, Arbeitsergebnisse zu vergleichen und die bisherige methodische Vorgehensweise kritisch zu prüfen. Über dieses „Feed-back-Verfahren" wird die weitere inhaltliche und methodische Vorgehensweise zur Problemlösung festgelegt.
- ☛ Im **Abschlussplenum** werden die Ergebnisse der Lernaufgabe vorgestellt. Im Vollzeitbildungsgang wird hierfür in der Regel ein halber Unterrichtstag eingeplant, in Teilzeitbildungsgängen sind in der Regel zwei Unterrichtsstunden vorgesehen.[1]

Beispiel Nr. 1 Projektaufgaben (Lernaufgaben)

Als Beispiele werden hier **einige Bezugsquellen** und Titel **von Projektaufgaben** (Lernaufgaben) genannt:

Landesinstitut für Schule und Weiterbildung Soest:
Kollegschule Werkstattberichte – Lernaufgaben – Ein Leitfaden, Soest 1991

Autorenkollektiv: Kollegschule Kuniberg Recklinghausen:
Heiko Reck – Der 500-€-Ferienjob – Bildungsgangorientierte Lernaufgabe

Autorenkollektiv: Kollegschule Kuniberg Recklinghausen:
Markt und Arbeit – Bildungsgangorientierte Lernaufgabe

Autorenkollektiv: Kollegschule des Ennepe-Ruhr Kreises Witten:
Markt und Arbeit – Berufliche und private Perspektiven in der Leistungsgesellschaft – Bildungsgangorientierte Lernaufgabe

Autorenkollektiv: Friedrich-List-Kollegschule Hamm:
Paisy – Lernaufgabe 12. Jahrgangsstufe

---

1 Vgl. Kollegschule Werkstattberichte: a. a. O., S. 19 – 23

Beispiel Nr. 2 Projektaufgaben (Lernaufgaben)

Eine komplexe Lernaufgabe umfasst umfangreiches Informationsmaterial. Bei der folgenden Lernaufgabe ist die zu bearbeitende Situationskette **exemplarisch** ohne Schülerinformationsmaterial (= M) dargestellt.

Bernd Mannheimer Xero
Kostensenkung im Beschaffungsbereich
Bildungsgangorientierte Lernaufgabe[1]

Situation 1: Der Fahrradmarkt wird analysiert
Situation 2: Eine ABC-Analyse wird durchgeführt
Situation 3: Ein Angebotsvergleich wird erstellt
Situation 4: Eine Lieferantenwahl wird getroffen
Situation 5: Eine Beschaffungsstörung tritt ein. Was nun?
Situation 6: Wie verhandelt man mit einem Lieferanten?
Situation 7: Clever organisiert den Einkauf neu
Situation 8: Was tun, wenn die Organisation nicht passt?

Situation 1

Sebastian Clever (43 Jahre, verheiratet, ist seit 20.. als Prokurist tätig in der Anfang 20.. gegründeten Firma Bernd Mannheimer, Fahrradfabrikation, Bergstraße 13, 45665 Recklinghausen (Germany). Der Betrieb ist auf Montage von BMX-Rädern Marke Xero spezialisiert. Derzeit werden 30 Mitarbeiter beschäftigt: 8 in der kaufmännischen Verwaltung, 22 in der Produktion (Lager, Montage, Vertrieb). Im kaufmännischen Bereich wird noch ausgebildet (1 Auszubildender im 2. Jahr). Für das laufende Geschäftsjahr wird ein Umsatz von ca. 4 Mio. € erwartet.

Sebastian Clever ist nicht überrascht, dass Frau Stegmüller (Sekretärin) ihm heute Morgen mitteilt, Herr Mannheimer lasse ihn um 10:00 Uhr zu einer Besprechung bitten. Er hat sich auf das erwartete Gespräch vorbereitet und die Branchenberichte – insbesondere über die letzte Internationale Fahrrad- und Motorradausstellung Köln – ausgewertet. Auch hat er sich die Gewinn- und Verlustrechnung der letzten beiden Geschäftsjahre aus der Buchhaltung geben lassen. Kosten und Erlöse für das laufende Geschäftsjahr werden zurzeit analysiert. Das Gespräch kommt schnell „auf den Punkt“.	**Gespräch:** Mannheimer: „Herr Clever, die Kosten für Löhne, Material und Energie sind wieder gestiegen – wir müssen mit den Preisen rauf.“ Clever: „ ‚Müssen‘ heißt aber noch längst nicht ‚Können‘, Herr Mannheimer. Jedenfalls sollten wir versuchen …“

1 Quelle: Autorenkollektiv: Kollegschule Kuniberg, Recklinghausen

Aufgaben:

1.1 Analysieren Sie anhand der Auszüge aus der Fachpresse – Mat. M 1 a–c den Beschaffungs- und Absatzmarkt.

1.2 Welche Chancen für eine Durchsetzung von Preiserhöhungen räumen Sie aufgrund der Marktlage der Firma ein?

1.3 Erstellen Sie eine Gewinn- und Verlustrechnung für die Planperiode. – Material M d–e

1.4 Beurteilen Sie die Kostenstruktur der Gewinn- und Verlustrechnung für die Planperiode. Erörtern Sie, ob der Jahresüberschuss als Gewinn anzusehen ist.

1.5 Welche Vorschläge könnte Sebastian Clever seinem Chef unterbreiten?

Situation 2

Herr Mannheimer und Herr Clever sind sich schnell einig: Günstigere Einstandspreise sollen erreicht werden. Herr Clever schlägt noch vor, man solle sich zunächst auf die wichtigsten Teile konzentrieren; dafür sei eine ABC-Analyse erforderlich.

Brigitte Czysperski (22 Jahre, Abschluss der Höheren Handelsschule, gelernte Bürokauffrau in ihrer ersten Stellung, vorwiegend mit Arbeiten im Bereich Einkauf und Zahlungsverkehr beschäftigt) wird mit der Vorbereitung und Durchführung einer ABC-Analyse beauftragt.

Sie erhält dazu eine Stückliste für die Montage von BMX-Rädern. Herr Clever gibt noch den Hinweis, dass bei der geplanten Stückzahl von 50 000 (Jahresproduktion insgesamt) mit folgenden Sonderausstattungen zu rechnen ist:

12 000 Räder werden mit Strahlern und Kettenschutz ausgestattet;
10 000 Räder werden mit Kettenschutz, Schutzblechen, Glocke und Beleuchtungsanlage ausgestattet.

Über Aufbau und Durchführung einer ABC-Analyse informiert sich Brigitte Czysperski anhand ihrer Unterrichtsaufzeichnungen aus der Höheren Handelsschule und/oder aus Fachbüchern.

Aufgabe:

Führen Sie aufgrund der Angaben der Situationsbeschreibung und anhand der Stückliste – Material M 2 – die ABC-Analyse durch. Teilen Sie dabei nach eigenem Ermessen die Artikel in A-, B- und C-Güter ein. Begründen Sie Ihren Vorschlag.

Situation 3

Für das Jahr 20.. plant die Firma Mannheimer die Jahresproduktion von 50 000 BMX-Rädern beizubehalten. Um die hierfür notwendigen Bauteile so preiswert wie möglich zu beschaffen, sollen auch neue Lieferanten ausfindig gemacht werden.

Unter anderem sind die dringend notwendigen Tretlager TL 6204 kostengünstiger einzukaufen. Zwei mögliche Lieferanten, die Firma Ludwig Rabe KG aus Köln sowie die SHIN WEEL IND. CORP. aus Taiwan bieten auf Anfrage zusätzlich zu den bekannten Lieferern an.

Die Entscheidung, wer den Auftrag erhalten soll, steht auf der nächsten Sitzung der Geschäftsleitung am 5. November zur Diskussion.

Herr Clever beauftragt die kaufmännische Angestellte Alwine Zumdick, die entsprechenden Unterlagen für die Sitzung vorzubereiten. Heiko Engel, Auszubildender als Bürokaufmann im zweiten Ausbildungsjahr mit ausgezeichneten Englischkenntnissen, soll ihr bei der Aufbereitung der notwendigen Materialien behilflich sein.

Aufgabe:
Erstellen Sie einen Angebotsvergleich (Material M 3 a–c).

Situation 4 (Alternative a)
Jetzt muss eine Entscheidung getroffen werden: Welcher Lieferant soll den Auftrag erhalten?

a) Entscheidungsfindung in einer Besprechung
   Teilnehmer: Herr Mannheimer, Herr Clever, Frau Stegmüller, Frau Czysperski, Frau Zumdick

Aufgabe:

- Führen Sie die Besprechung als Rollenspiel durch. Berücksichtigen Sie neben dem erstellten Angebotsvergleich auch die zusätzlichen Informationen über die Lieferanten (Material M 3).
- Vervollständigen Sie die Eintragungen in den entsprechenden Unterlagen (Bezugsquellendatei/Angebotsvergleich Nr. .. – M 3 –)

Sollte die neue Alternative a durchgeführt werden, sind ggf. zusätzlich benötigte Materialien (M 4...) selbst zu entwickeln.

Situation 4 (Alternative b)

b) Vorgabe der Geschäftsleitungsentscheidung:
L. Rabe erhält den Auftrag. Die erste Teillieferung soll am 15. Januar erfolgen. Datum der Bestellung: 6. November 20..

Aufgaben

- Vervollständigen Sie die Eintragung in den entsprechenden Unterlagen (Bezugsquellenkarte/Angebotsvergleich Nr. ... – M 3 –).
- Welche Überlegungen sind Ihres Erachtens für diese Entscheidung ausschlaggebend gewesen?

Angebotsvergleich Tretlager TL 6204

Menge: 50 000 Stück	1. Lieferer Bochumer Werksgesellschaft mbH	2. Lieferer Weidenberg KG	
Listeneinkaufspreis (netto)	7,95 €	7,50 €	
./. Rabatte/Boni	20 % 1,59 €	10 % 0,75 €	
Zieleinkaufspreis (ZP)	6,36 €	6,75 €	
./. Skonto	3 % 0,19 €	–	
Bareinkaufspreis (BK)	6,17 €	6,75 €	
+ Verpackungskosten + Transportkosten	– –	1 % 0,08 € 2 % 0,15 €	
+ Sonderzuschläge			
Einstandspreis/Stück	6,17 €	6,98 €	
Einstandspreis/ges.	308.500,00 €	349.000,00 €	
Mindestbestellmenge			
Lieferzeit	6 Wochen	14 Tage	
Bemerkungen	bekannter Lieferer bisher korrekt	bekannter Lieferer bisher korrekt	
Bestellvorschlag des Sachbearbeiters		Entscheidung der Geschäftsleitung	Beurteilung am durch

Situation 5

Die Auftragslage der Firma Mannheimer entwickelt sich im Monat Dezember durchaus positiv. Auch die Bestellungen für das neue Jahr laufen viel versprechend an.

Vor allem Mountainbikes und insbesondere Trekkingräder, mit denen man nach erfolgter Produktionsumstellung im Frühjahr auf den Markt kommen will, finden großen Anklang.

Grund genug für Herrn Mannheimer, im Rahmen einer betrieblichen Weihnachtsfeier optimistischere Töne anzuschlagen. In seiner kurzen Ansprache weist er darauf hin, dass trotz der konjunkturellen Abschwächung die Firma sich im Aufwärtstrend befände. Offensichtlich sei die Erweiterung des Produktionsprogramms um Mountain- und Trekkingbikes ein „Treffer ins Schwarze" gewesen.

„Alles in allem – so Herr Mannheimer zum Schluss seiner Rede – können wir gemeinsam optimistisch in die Zukunft sehen; Personalfreisetzungen wird es in absehbarer Zeit bei der Firma Mannheimer nicht geben. In der Tat ein Anlass zur Freude und zum Feiern. Zum Wohle allerseits!"

Der Abend verläuft in ausgezeichneter Stimmung. Selbst Herr Mannheimer, sonst eher Betriebsfeiern abgeneigt, verlässt als einer der letzten in den frühen Morgenstunden wohlgelaunt die Veranstaltung, sichtlich zufrieden mit sich und der Welt.

<table>
<tr>
<td>Umso erstaunter ist Frau Stegmüller am folgenden Montag, als nach Durchsicht der Post Herr Mannheimer unverzüglich Herrn Clever zu sprechen verlangt.

Als dieser erscheint, legt Mannheimer ihm sichtlich erregt folgendes Schreiben der Firma L. RABE vor. (– Material M 5 –)</td>
<td>Gespräch:

Herrn Mannheimer stehen die Haare zu Berge:

Herr Mannheimer:
„Herr Clever, ich erwarte von meinen Lieferanten zumindest, dass sie Verträge einhalten und Ware liefern."

Herr Clever:
Das kann doch wohl nicht wahr sein …

und Herr Mannheimer ist zunächst sprachlos.</td>
</tr>
</table>

Aufgabe:
Beurteilen Sie die neue Situation und die sich daraus für die Firma Mannheimer ergebenden Konsequenzen

a) aus rechtlicher Sicht,

b) aus betrieblicher Sicht.

371398

Situation 6

Während Herr Mannheimer sich noch Gedanken darüber macht, wie man in der Sache Rabe am besten verfahren soll, finden die ersten Gespräche mit den Lieferanten statt.

Herr Clever verhandelt – unterstützt durch Frau Czysperski bzw. Frau Zumdick – zunächst mit den Verkaufsleitern der Lieferfirmen für Rahmen/Gabeln, Laufräder, Tretlager, die für 20.. eine Preiserhöhung von 3 %-5 % angekündigt haben. Ziel der Verhandlungen ist es, die Einkaufspreise möglichst niedrig zu halten (vgl. Situation 1).

Aufgaben:

6.1 Welche Informationen sind zur Vorbereitung der Verhandlungen notwendig bzw. sinnvoll; wie werden sie beschafft?

6.2 Führen Sie – anhand des Materials M 6 – die Verhandlungen als Rollenspiel durch.

Situation 7

Das Unternehmen, das Bernd Mannheimer 20.. gründete, hat eine stürmische Wachstumsphase erlebt. Herr Mannheimer charakterisierte sich vor Mitarbeitern einmal selbst als „technisch einigermaßen bewanderter Verkäufer, der das Glück hatte, aufgrund einer Erbschaft seinen Wunsch nach Selbstständigkeit verwirklichen zu können". Verwaltungstätigkeiten liegen ihm nach eigenem Bekunden nicht besonders. Mit Frau Stegmüller (Sekretärin) und Frau Tischbein (Buchhalterin) hat er aber einen guten Griff getan. Ansonsten gab es bislang in der kaufmännischen Verwaltung keine klar definierten Zuständigkeiten. Die Mitarbeiter teilen sich die Arbeiten nach Vorlieben und Arbeitsanfall untereinander auf.

20.. kam Herr Clever in den Betrieb. Er soll als Prokurist die kaufmännische Verwaltung organisieren und insbes. im Einkauf den Firmeninhaber entlasten. Herr Clever war zuletzt als Facheinkäufer in einem Großbetrieb tätig; mit Routinetätigkeiten der Bestellabwicklung und Karteiführung hatte er nichts zu tun.

Aufgaben:

7.1 Herr Clever überlegt, wie er den Einkauf in seiner neuen Unternehmung auf der Grundlage seiner Erfahrung organisieren soll. Diskutieren Sie die Organisationsprobleme und mögliche Lösungsansätze.

7.2 Analysieren Sie den Vorschlag, den Herr Clever dem Firmeninhaber unterbreitet (M 7).

Situation 8

Brigitte Czysperski ist mit ihrer Arbeitssituation seit Einführung der neuen Arbeitsverteilung zunehmend unzufrieden: Sie fühlt sich „eingeengt", „nicht ausgelastet" und „zurückgesetzt"; im Verhältnis zu ihrer Arbeitskollegin (Frau Zumdick) fühlt sie sich befangen. Sie ist neuerdings häufiger krank.

Zugleich stellen sich bei Herrn Clever Anzeichen von Überlastung ein. Weil Herr Mannheimer sich in der letzten Zeit sehr stark um technische Probleme kümmert, muss sich Herr Clever verstärkt auch mit dem Absatz befassen.

Aufgabe:

8.1 Entwickeln Sie einen Organisationsvorschlag für den Einkauf auf der Grundlage der neuen Gegebenheiten.

8.2 Wie könnte Brigitte Czysperski ihre Vorstellungen vertreten?

5 Methoden zur Wissenssicherung, Reflexion und zum Transfer

Fachliche Qualifikationen und Schlüsselqualifikationen stehen in einem Wechselspiel. Gefragt sind integrierte Konzepte, die solide Fachkenntnisse und übergreifende Qualifikationen miteinander erarbeiten, verknüpfen und sichern. Handlungsorientierte Unterrichtsmethoden mit einem höherem Grad an Schülerselbsttätigkeit und -verantwortung sind als Vermittlungshilfen in besonderem Maße dazu geeignet.

Berufliches Handeln und handlungsorientiertes Lernen setzen eine breite Wissenspalette von fachlichen Lerninhalten als Basisqualifikation voraus, auf die schon im Hinblick auf tradierte unterrichtliche Lernerfolgskontrollen und leistungsorientierte Prüfungsverfahren nicht verzichtet werden kann. Dabei stehen Erarbeitungs- und Sicherungsphasen unterrichtlich im ständigen Wechselspiel des Lernprozesses, bedingen einander oder bauen wie im Spiralcurriculum der Richtlinien aufeinander auf.

Die Arbeit an Inhalten soll einerseits zu Erkenntnissen führen. Sie soll Aussagen und Feststellungen von kaufmännischen Begriffen, Sachverhalten und Daten als Faktenwissen und netzartig, systematisches Begriffswissen vermitteln, Einblick in Arbeitsabläufe und Vorschriften gewähren sowie Perspektiven eröffnen. Andererseits ist aber nicht nur Wissen zu erarbeiten und zu sichern, sondern auch Handlungsfähigkeit zu entwickeln wie Probleme erkennen, Arbeitsschritte planen, Methoden des jeweiligen Fachgebietes anwenden, Lösungen formulieren und Schlussfolgerungen ziehen.

Beide Betrachtungsweisen sind auf die Erarbeitung von Ergebnissen ausgerichtet, die durch den Einsatz schüleraktivierender Methoden vermittelt werden sollen. In diesem Kontext hat eine methodisch sorgfältig aufbereitete Sicherung und Erfolgskontrolle von Lerninhalten und Qualifikationen eine doppelte Funktion. Sie zeigt dem Einzelnen, was er erarbeitet hat und sie schafft Grundlagen für die nächsten Arbeitsschritte.

Darüber hinaus verfolgt eine gleichermaßen methodisch überlegte Ergebnissicherung weitere Funktionen und Zielsetzungen hinsichtlich der Vermittlung von Schlüsselqualifikationen:

1. Die Arbeit bleibt nicht unverbindlich im Raum stehen, sondern wird dokumentiert und veröffentlicht.
2. Ergebnisse werden ausgewertet, kritisch gewürdigt und ergänzt.
3. Ergebnisse können wie Mosaiksteine zu einem Ganzen zusammengefasst werden.
4. Einzelaspekte werden relativiert und erweitert.
5. Eine Veröffentlichung erfordert die Zusammenfassung der wichtigsten Aspekte und zwingt zur Prägnanz und Kürze.
6. Die dafür notwendige Reflexion der geleisteten Arbeit und ihre Zusammenfassung vertiefen den Lerneffekt für die Lerngruppe.
7. Präsentierte Ergebnisse beeindrucken und vermitteln Erfolgserlebnisse.

Schüleraktivierende Methoden zur Erarbeitung und Wissenssicherung von Lerninhalten liefern somit wichtige Beiträge zur Bestätigung bzw. Verstärkung des individuellen und des gemeinsamen Lernens und zur organischen Entwicklung von einander aufbauenden Erkenntnissen.

Es ist nicht genug zu wissen, man muss es auch anwenden.
Es ist nicht genug zu wollen, man muss es auch tun. *Goethe*

5.1 Spiele

Beim Spielen im Unterricht geht es nicht um einen bloßen Griff in die pädagogische Trickkiste, um Lernende irgendwie zu beschäftigen oder zu disziplinieren. Lernspiele und speziell Wirtschaftsspiele dienen stets einem spezifischen didaktischen Zweck und sind fach-, themen-, material- und aufgabenspezifisch angelegt. Sie sind gleichzeitig der Versuch, die Lernenden durch eine aktivierende Unterrichtsmethode zu motivieren und ein relativ offenes, selbstständiges und kreatives Lernen zu fördern.

Gerade diese Aspekte unterstreicht Klippert[1] und bezeichnet Wirtschaftsspiele als ein wichtiges Instrument, um einem handlungs- und erfahrungsarmen Unterricht erfolgreich entgegenzuwirken. Die allseits beklagten Motivations-, Disziplin- und Lernprobleme in unseren Schulen sind nicht zuletzt eine Folge einer chronischen Berieselung und einer „geisttötenden Rezensivität". Von daher muss sich eine zeitgemäße Bildungsarbeit beinahe zwangsläufig auf andere Zugänge und Interessen der Lernenden besinnen, d. h., sie muss lehrerzentrierte Methoden wie z. B. den monotonen, stundenbeherrschenden Lehrervortrag zugunsten einer stärkeren Betonung handlungs- und erfahrungsorientierter, schülerbezogener Methoden zurückschrauben.

Lern- und Wirtschaftsspiele im **Methoden-Mix** ermöglichen aktives Lernen und tragen u. a. dazu bei, den Mangel an Offenheit und realen Entscheidungsmöglichkeiten im herkömmlichen Unterricht zu beseitigen, Kreativität, Selbstständigkeit und „Denken in Alternativen" zu fördern, das Prinzip des „learning by doing" zu intensivieren, den zielstrebigen Umgang mit Informationsmaterialien und Medien zu üben, Kooperation und Kommunikation im Teamwork zu fördern sowie soziale und verbale Interaktionstechniken wie Gespräch, Vortrag und aktives Zuhören zu üben.

Speziell Wirtschaftsspiele tragen zu dieser Akzentverschiebung bei und stützen ganz wesentlich einen schüleraktiven Unterricht. Dabei ist die Palette möglicher wirtschaftsorientierter Lernspiele breit gefächert und geht in der pädagogischen Literatur von Interaktionsspielen wie Rollen, Planspiel, Simulationsspiel, Pro- und Kontra-Debatte über Gestaltungsspiele, Rätselspiele bis zu Regelspielen, zu denen auch die Würfelspiele gehören (Vgl. 5.2 Spielübersicht).

Generell lassen sich einige wiederkehrende Ziele und Merkmale von Lernspielen[2] bestimmen, die auf nahezu alle bekannten Spielformen zutreffen. Im Kern geht es bei allen Lern- und Wirtschaftsspielen um **problemlösendes Lernen**. Es wird sowohl in inhaltlich-fachlicher Hinsicht als auch auf der methodisch-strategischen, der sozial-kommunikativen und der affektiven Ebene gelernt und somit gleichzeitig berufliche Handlungskompetenz in unserem Sinne gefördert:

- ☛ Spielen erfordert einen freien Raum, weil es selbst frei von fremden Zwecken ist. Es hat seinen Zweck zunächst in sich selbst; wir spielen, um zu spielen, nicht um zu überleben oder um satt zu werden.
- ☛ Spielen ist in sich zielgerichtet und weist Fach- und Themenbezug auf.
- ☛ Dennoch findet Spielen in einer Scheinwelt statt, in der Lern- und Wirtschaftsspiele therapieren, belehren, krank machen, arm machen oder bereichern ... können.

---

1 Vgl. Klippert, Heinz: Handlungsorientierter Politikunterricht, in : Bundeszentrale für politische Bildung (Hg.), Methoden in der politischen Bildung – Handlungsorientierung, Schriftenreihe Band 304, 1991 und Klippert, Heinz: Wirtschaftsspiele im Unterricht, in: a+l/Wirtschaft, Nr. 10, 1993

2 Vgl. Meyer, Hilbert: Unterrichtsmethoden II Praxisband, Frankfurt am Main 1987, S. 342 ff.

- ☛ Spielabläufe sind offen, mehrdeutig und ganzheitlich vom Spielanfang bis zum Spielende.
- ☛ Spielen schafft bei Anerkennung von Spielregeln eine handelnde Auseinandersetzung mit den Mitspielerinnen und Mitspielern oder dem Spielobjekt und fördert *Problembewusstsein* und Kreativität.
- ☛ Wirtschafts- und Lernspiele dokumentieren Chancengleichheit in der *problemorientierten* Ausgangssituation.
- ☛ Sie können sich in der Gegenwart erfüllen, besitzen damit realen Gegenwartsbezug.
- ☛ Spielend können sich die Lernenden in die Welt der Erwachsenen vorwagen, sie können Probehandlungen als *mögliche Problemlösungen* durchführen, soziale Erfahrungen sammeln und dabei auch noch Spaß haben.
- ☛ Spielen fördert die Selbstständigkeit der Lernenden als *Problemlösungslernen.*
- ☛ Spielen kann sehr gut zur *Anwendung* und zum übenden *Vertiefen* der vorher erarbeiteten *Problemlösung* genutzt werden.

5. 2 Spielübersicht

Die folgende Spielübersicht klassifiziert die Lernspiele nach dem Grad ihrer Verregelung, nach ihren unterrichtlichen Funktionen und ihren Lern- und Reflexionsanlässen. Gleichzeitig nennt sie die ausgewählten Beispiele im Methoden-Mix.

Ohne Spielregeln gibt es keine Spiele – nur der Grad, mit dem die Spielerinnen und Spieler vor und während des Spielens die Regeln variieren oder neue Regeln erfinden, ist unterschiedlich ausgeprägt. Stets sind Kombinationen und Modifikationen von Lernspielen als didaktische Antworten von Lehrenden und Lernenden auf sich verändernde Lernbedingungen und Intentionen möglich, wenn nicht sogar notwendig.

Spiele	Beschreibung	Funktionen	Beispiele im Methoden-Mix
Regelspiele	Die Aktionsmöglichkeiten der Lernenden sind in Spielregeln festgehalten. Die Entscheidungsmöglichkeiten sind reduziert auf die Wahl von Alternativen bei speziellen Entscheidungsfeldern bzw. nach streng festgelegten Regeln. Die Unsicherheiten der Entscheidungsfindung durch spezielle zufällige Ereignisse und die zeitlich gerafften, systematisch komprimierten Zusammenhänge eines Problems im Modell werden deutlich.	• Sensibilisieren für Probleme, Ursachen und Handlungsmöglichkeiten • Konfrontieren der Lernenden mit Interdependenzen und Auswirkungen ihrer Entscheidungen • Analysieren von Handlungssituationen und Planen der Strategien • Fördern von systematischem Denken • Unterscheiden von Wesentlichem und Unwesentlichem • ...	• Tabu • Kreuzworträtsel • Domino • Lernstationsspiele • Computerspiele • ...

Spiele	Beschreibung	Funktionen	Beispiele im Methoden-Mix
Rollenspiele	Die Lernenden erarbeiten auf Anweisung der Lehrenden eine Ausgangssituation und reflektieren das Geschehen. Ausgangspunkt bildet ein konkreter Fall, der die Auseinandersetzung mit bestimmten Rollen der an Entscheidungs- und Handlungsprozessen Beteiligter verdeutlicht.	• Nachvollziehen schwer verständlicher quantitativer Vorgänge • Einüben von Konfliktverhalten und strategisch-taktischen Entscheidungen • Veranschaulichen der Verhaltensweisen bestimmter Personen in Konfliktfällen. • Einfühlen in die Meinung anderer • Abbauen von Hemmungen • Steigern des Selbstvertrauens • Überprüfen von Wissen • Vermitteln und problematisieren von Einsichten. • Darstellen und Präsentieren von Meinungen. • Verbessern der Kommunikationstechnik • Kritisches Reflektieren eines Beobachters ...	• Konflikte zwischen Vermieter und Mieter • Durchsetzung von Käuferrechten • Vorstellungsgespräche • Pro- und Kontra-Debatte ...
Konferenzspiele	Die Auseinandersetzung mit Problemen und Konflikten in der besonderen Organisationsform einer Konferenz. Die Informationen müssen durch die Lernenden selbst erarbeitet werden, um in einer Konferenz argumentativ zu agieren.	• Informationsgewinnen und Informationsverarbeiten • Darstellen von Tatbeständen • Konfrontieren mit anderen Standpunkten • Urteilsfähigkeit verbessern ...	• Abteilungsleiterkonferenz • Gemeinderatssitzung • Parlamentsdebatte • Gerichtsverhandlung ...
Planspiele	Im Modell werden Entscheidungs- und Handlungsprozesse gesellschaftlicher und wirtschaftlicher Bereiche und Entwicklungen mit ihren Voraussetzungen, Abläufen, Konsequenzen und Interdependenzen dargestellt. Die Problemstellung wird während der Bearbeitung durch die Aktionen und durch die Reaktionen der Spielleiter häufig verändert und erweitert.	• Anwenden, Erarbeiten und Überprüfen von Wissen in größeren Zusammenhängen • Einsichten über Zusammenhänge, Entscheidungs- und Handlungsprozesse • Fühlen der Wirksamkeit des eigenen Handelns • Entwickeln von Flexibilität und von alternativen Handlungsstrategien • Wahrnehmen der Bedeutung wirtschaftlicher Zusammenhänge als Betroffene in bestimmten Rollen ...	• Chef im Ring • Glasmarkt ...

Spiele	Beschreibung	Funktionen	Beispiele im Methoden-Mix
Wissensspiele bzw. Frage-Antwort-Spiele häufig als Würfelspiele	Eine bestimmte Anzahl von vorgegebenen oder von den Lernenden selbst erstellten Fragen (Fragefelder, Karten ...) werden von dem Lernenden oder der Lerngruppe beantwortet. Damit die Lernenden wissen, ob die Antwort richtig ist, gibt es entsprechende Antwortkarten. Der Lehrende bzw. die Lernenden vergleichen Frage und Antwort mit einem Lösungsblatt. Auf einem Spielbrett ist zwischen Start und Ziel durch Würfeln eine Spielstrecke zu durchlaufen, die z. B. eine Anzahl von Frage-, Ereignis- und Risikofelder enthält.	• Selbstständiges Erarbeiten des Lerninhalts • Formulieren von Fragen • Wiederholen der Lerninhalte • Überblicken des fachlichen Kenntnisstandes bzw. der Defizite • Kooperierendes Verhalten • Einüben und Verstärken vom Teamgeist ...	• Magische Wand • Fragerunde • Kreuzworträtsel • Quiz • Spielend zum Bürokaufmann ...

5. 2. 1 Kreuzworträtsel

Kreuzworträtsel ermöglichen motivierende, Zeit sparende und systematische Wiederholungen bzw. Vertiefungen von erarbeiteten Lerninhalten in allen Fächern. Sie verschaffen als **Wissensspiel** einen Überblick über den fachlichen Kenntnisstand der Lerngruppe, zugleich decken sie aber auch ihre Defizite auf. Bei der **Selbsterstellung** von Kreuzworträtseln wird neben der fachlichen Kompetenz eine kommunikative und kooperative Auseinandersetzung sowohl in der Erstellungs- als auch in der Beurteilungsphase besonders gefördert. Handlungsorientiertes Arbeiten heißt dann, eigenständiges Entwickeln von Fragen, Antworten und Transferaufgaben.

Verfahrens- und Vorgehensweise:

1. Der Lehrer kann zu jedem Themenbereich und für jede Lerngruppe zugeschnitten ein Kreuzworträtsel erstellen.
2. Die Schülerinnen und Schüler erstellen selbst ein Kreuzworträtsel:
   - ☛ In Gruppen werden zu einem behandelten Themenbereich z. B. 20 Fragen als Rätsel erstellt.
   - ☛ Es erfolgt ein Austausch der Rätsel. Innerhalb der Gruppen wird das Kreuzworträtsel gelöst.
   - ☛ Bei Unklarheiten leistet die Gruppe, die das Kreuzworträtsel erstellt hat, Hilfe.
3. Der Lehrer greift auf Kreuzworträtsel der Verlage zurück.

Beispiel Nr. 1 Kreuzworträtsel

Selbst erstelltes Rätsel durch den Lehrer[1]

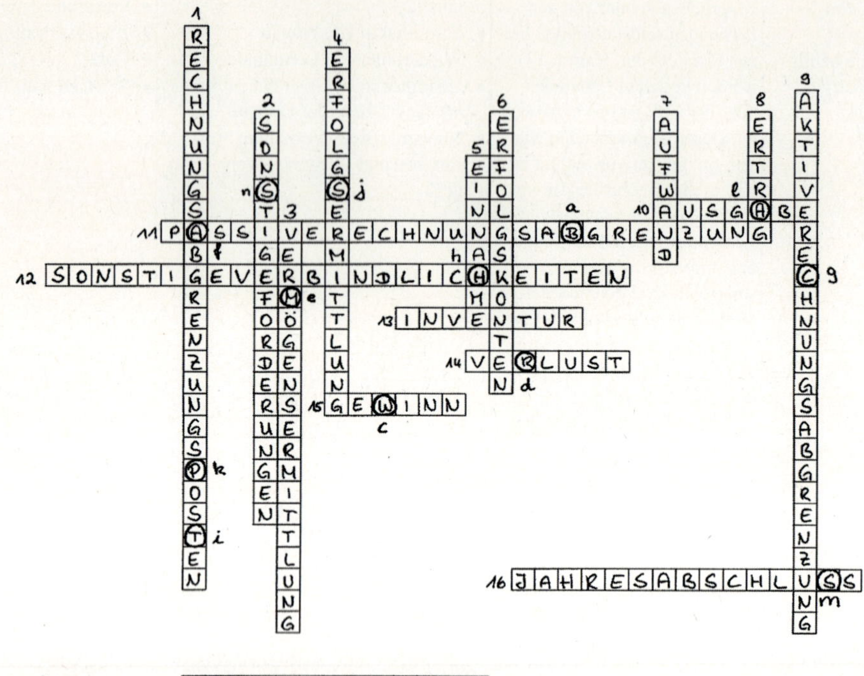

Lösung: BWRMACHTSPASS

Wissenssicherung: BWL mit Rechnungswesen (BWR)

Senkrecht:

1. Periodenübergreifende Erfolgsvorgänge, bei denen die Zahlung im abgelaufenen Geschäftsjahr liegt.
2. Periodenübergreifende Vorgänge, bei denen Erträge im abgelaufenen Geschäftsjahr und Einnahmen im folgenden Geschäftsjahr liegen (2 Worte)
3. Aufgabe des Jahresabschlusses
4. Aufgabe des Jahresabschlusses
5. Zufluss von Zahlungsmitteln und/oder Zunahme von Forderungen
6. Konten, die das Eigenkapital beeinflussen
7. Werteverzehr von Gütern, Diensten und Abgaben innerhalb einer Abrechnungsperiode
8. Wertezugänge des Unternehmens, die zur Erhöhung des Eigenkapitals führen
9. Periodenübergreifende Vorgänge, bei denen die Ausgabe im abgelaufenen Geschäftsjahr und der Aufwand im folgenden Geschäftsjahr liegt. (2 Worte)

Waagerecht:

10. Abfluss von Zahlungsmitteln und/oder Eingehen von Verbindlichkeiten
11. Periodenübergreifende Vorgänge, bei denen die Einnahmen im abgelaufenen Geschäftsjahr und der Ertrag im folgenden Geschäftsjahr liegt (2 Worte)
12. Periodenübergreifende Vorgänge, bei denen Aufwendungen im abgelaufenen Geschäftsjahr und Ausgaben im folgenden Geschäftsjahr liegen (2 Worte)
13. Feststellung der Istbestände
14. Aufwendungen größer als Erträge
15. Aufwendungen kleiner als Erträge
16. Erstellung der Bilanz und der Gewinn- und Verlustrechnung nach Ablauf des Geschäftsjahres

1 Quelle: Bluma, Silke

3713106

Beispiel Nr. 2 Kreuzworträtsel

Selbst erstelltes Rätsel durch Schülerinnen und Schüler

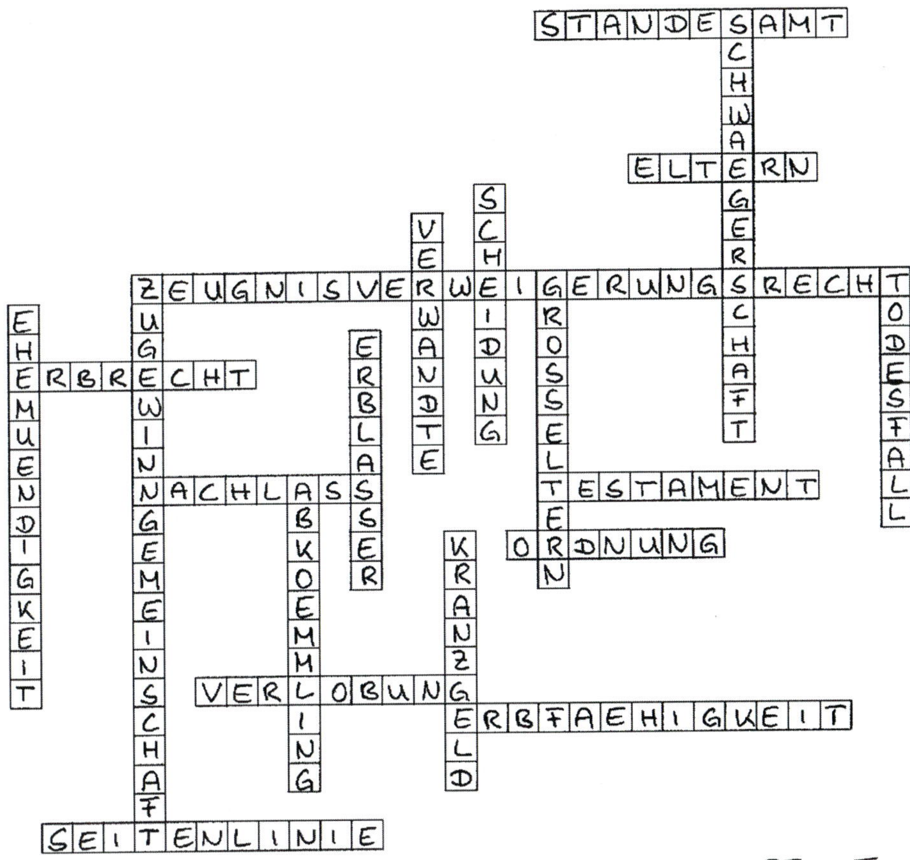

FAMILIENRECHT

Wissenssicherung: Familienrecht und Erbrecht!

Waagerecht:

3. Eheversprechen
5. Gegenteil von Chaos
6. 5. Buch BGB
7. Hinterlassenschaft
8. letzter Wille
10. entfernte Verwandte
12. gesetzliches Recht ab Geburt
13. besonderes Recht (z. B. Ehepartner)
15. Endstation Hoffnung
18. Erzeuger

Senkrecht:

1. der etwas hinterlässt
2. Nachkomme
4. gesetzlicher Güterstand
9. Erben 3. Ordnung
11. „bucklige ... “
14. angeheiratetes Verhältnis
16. Entschädigung für verlorene „Unschuld“
17. Grund zur Trauer (?)
19. gerichtliche Trennung
20. Recht, eine Verbindung einzugehen

Buchstaben für das Lösungswort (selbst zusammenstellen)

Beispiel Nr. 3 Kreuzworträtsel

Veröffentlichtes Rätsel[1]

Lösungswort:

2	23	51	87	○	10	12	18	73	76	69

Waagerecht:

1 Recht im Grundgesetz, sich mit Gleichgesinnten zu verbinden; 7 Gebilde zur Schmerzempfindung; 9 weibl. Vorname; 11 Garantie des Grundgesetzes über der Stellung der Frauen; 14 germanischer Wurfspieß; 15 unbestimmter Artikel; 16 lat. Ding, Sache, Gegenstand; 17 Tugend; 18 Eigentum ist nach dem Grundgesetz ...; 20 spanischer Begeisterungsausruf; 21 englische Anrede für einen Herrn; 25 Abkürzung für Nominativ; 26 kaufmännische Kurzform für „im Auftrag"; 27 unbesetzt; 29 Abkürzung für Reichsmark; 30 Dokument zur Erkennung eines Staatsbürgers; 31 Staatsform der Bundesrepublik Deutschland; 34 Ausdruck beim Skatspiel; 35 chemisches Zeichen für Natrium; 37 chemisches Zeichen für Tantal; 38 Spannungen zwischen oder in Gruppen; 41 Naturprodukte; 43 Nebenfluss der Donau; 44 menschliches Dasein; 46 ein 18-Jähriger ist ...; 49 Nationalitätskennzeichen für die Schweiz; 51 Mehrzahl einer alten Gewichtseinheit; 52 Herrschaft, die in der Demokratie vom Volke ausgeht; 57 Abkürzung für Zusammenschluss von Staaten Westeuropas; 58 persönliches Fürwort; 59 Eigenschaft eines Volljährigen; 62 es wird im Grundgesetz jedem Bürger gewährleistet, soll jedoch auch dem Wohle der Allgemeinheit dienen; 63 Federvieh; 65 sibirischer Fluss; 66 Es regelt die Berufsausbildung; 70 amerikanische Münze; 71 grundgesetzliche Garantie für die Massenmedien; 77 Abkürzung für Hessischer Rundfunk; 78 Kopfschmuck; 79 Zahlung an getrennt lebende Familienmitglieder; 82 Handlung; 83 beschäftigungslos (Hauptwort); 84 Erbträger; 88 Garantie in Art. 1 des GG; 89 Staat, der die Schwächeren unterstützt.

1 Quelle: Schneider/Zindel, Lehrerhandbuch zu Moment mal ..., Winklers Verlag, Darmstadt

5.2.2 Dominospiel

An diesem weltbekannten Spiel können 2 – 4 Personen teilnehmen. Die gepunkteten Steine müssen passend aneinandergereiht werden. Statt Punkte können Steine, Blattstreifen ... mit Begriffen, Zeichen, Symbolen oder kurzen Aussagen beschriftet werden, die dann in einem Anlegespiel „Dominospiel" eingesetzt werden.

Unterrichtsinhalte, die in einer Matrixform dargestellt werden können, eignen sich gut für das Dominospiel (z. B. Sozialversicherung, Gesellschaftsrecht ...). Die Schülerinnen und Schüler müssen die Unterrichtsinhalte aneinanderreihen und begründen, warum sie zueinander passen. Kombinationsvermögen und Ausdrucksfähigkeit wird bei den Schülerinnen und Schülern gefördert.

Verfahrens- und Vorgehensweise:

- Da es eine Vielzahl von Spielregeln gibt, werden unterschiedliche Möglichkeiten erklärt und diskutiert.
- Die Schüler einigen sich auf Spielregeln für das Dominospiel.
- **Spielregelbeispiel:**
  Die Karten werden zunächst alle so auf den Tisch gelegt, dass die Beschriftung nach unten liegt und dann gemischt.
- Jeder Schüler erhält eine Anzahl der Karten, die er so vor sich hinstellt, dass die Aufschrift nur für ihn selbst sichtbar ist.
- Der Rest der Karten wird verdeckt – zum Kaufen – beiseite gelegt.
- Eine Karte wird in die Mitte gelegt.
- Ein Schüler beginnt, indem er aus seinen Karten eine wählt, die auf einer Hälfte inhaltlich mit der auf dem Tisch liegenden Karte übereinstimmt. Er sollte möglichst erklären, warum die beiden Karten zusammenpassen.
- Der folgende Schüler kann nun beliebig an einem der beiden Enden der Spielreihe ansetzen.
- Hat ein Schüler keine passende Karte, so muss er aus den verdeckten Karten eine Karte so lange „kaufen", bis er eine passende gefunden hat.
- Der Schüler, der zuerst alle seine Karten angelegt hat, hat gewonnen.

Spielvarianten:

- als Partner- oder Gruppenanlagespiel
- die Schülerinnen und Schüler erstellen selbst mithilfe ihrer Arbeitsunterlagen in Partner- oder Gruppenarbeit ein Dominospiel (z. B. 20 Dominokarten). Nach der Fertigstellung wird das Dominospiel an eine andere Schülergruppe zum Anlegespiel weitergegeben.

Beispiel Dominospiel

Unternehmensformen

OHG	GmbH
Geschäftsführer	Aktiengesellschaft
Vorstand	Stille Gesellschaft
Einzelunternehmer	GmbH & Co. KG
Geschäftsführer der GmbH	4 % der Einlage, Rest nach Köpfen
OHG	Einzelunternehmung
Risiko allein	Aktionäre
Aktien	Haftung mit Privat- u. Geschäftsverm.
Komplementär	Kommanditist
Teilhafter	alle Gesellschafter gemeinsam
BGB Ges.	Gewinn im Verhältnis der Geschäftsanteile
Gesellschafter der GmbH	Geschäftsführung
Vorstand	Vertretung
Komplementäre	4 % auf Kapitalanteil Rest in angem. Verhältnis
Vollhafter und Teilhafter	Geschäftsführung

alle Ges. mit Privat- u. Geschäftsvermögen-Haftung	Dividende
Einkunft der Aktionäre	Kontrollrecht des Stillen
Stille Gesellschaft	mind. 7 Genossen
Gründung Genossenschaft	mind. 2 Gesellschafter
GmbH & Co.KG	nach Köpfen
Gewinn BGB Ges.	gewöhnliche Gesellschaften allein, außergewöhnliche gemeinsam

3713110

Beispiel Nr. 2 Dominospiel

Sozialversicherung

KV	RV
Aufklärung und Beratung der Rentner	UV
Berufsgenossenschaft	Sterbegeld
Leistungen KV	Bundesknappschaft
Träger KV	Landesarbeitsamt
Träger AL	Bundesanstalt für Arbeit
Gesundheitsuntersuchung	AL
Arbeitsförderungsmaßnahme	Arbeitgeber allein
UV	Arbeitslose
Pflichtversichert KV	AOK
Träger KV	Zahlung von Renten
Leistung von RV	Leistung UV
Maßnahmen zur Unfallverhütung	Finanzierung
Beiträge 1/2 AN 1/2 AG	Angestellte
Pflichtversichert AL	Träger

5.2.3 „Magische Wand“

Die „Magische Wand“ als Wissensspiel verschafft in erster Linie den Lernenden einen Überblick über ihren fachlichen Kenntnisstand. Das erprobte Auswahl- und Entscheidungsverfahren für bestimmte Themenschwerpunkte und Schwierigkeitsgrade bedeutet eine größere Entscheidungsfreiheit sowie einen weiteren Spielraum zum Ausprobieren als in tradierten Formen der Wissenssicherung.

Die Arbeit mit der „Magischen Wand“ ermöglicht zudem eine Selbstbewertung der individuellen Leistungsfähigkeit durch Punktvergabe und Bestimmung der Gesamtpunktzahl.

Durch die Bildung von Rateteams werden zusätzlich gruppendynamische Prozesse etwa durch gemeinsames Beraten und Entscheiden freigesetzt. Soziale Kompetenzen werden durch die Entwicklung eines Wir-Gefühls gefördert.

Verfahrens- und Vorgehensweise:

- ☛ Die Vorderseiten von Karteikarten werden mit unterschiedlichen Punkten, z. B. 100, 200 ... 500, gekennzeichnet. Auf der Rückseite der Karten stehen Fragen mit Lösungen.
- ☛ Die Karten werden untereinander den entsprechenden Bereichen zugeordnet, z. B. Kaufvertrag, Geschäftsfähigkeit, Gewährleistungsansprüche ...
- ☛ Die Klasse wird in Gruppen eingeteilt.
- ☛ Die Gruppe wählt eine Frage, z. B. Kaufvertrag 200. Nach Beratung und richtiger Lösung werden der Gruppe 200 Punkte gutgeschrieben.
- ☛ Die nächste Gruppe darf eine Karte wählen. Der Einsatz von Hilfsmitteln bei der Bearbeitung ist möglich. Schnellste Beantwortung erhält Punkte. ...

Variationsmöglichkeiten:

- ☛ Es werden keine Karteikarten erstellt, sondern ein Tafelbild bzw. eine Folie als Matrix:

Die magische Wand			
Themenbereich 1	**Themenbereich 2**	**Themenbereich 3**	**Themenbereich 4**
100 Punkte	**100 Punkte**	**100 Punkte**	**100 Punkte**
200 Punkte	**200 Punkte**	**200 Punkte**	**200 Punkte**
300 Punkte	**300 Punkte**	**300 Punkte**	**300 Punkte**
400 Punkte	**400 Punkte**	**400 Punkte**	**400 Punkte**

- ☛ Erstellung eines Fragenkatalogs zu den Themenbereichen, die mit entsprechender Punktzahl versehen sind.

3713112

Beispiel Nr. 1 „Magische Wand“

Einführung Recht[1]

Rechtsfähigkeit	Geschäftsfähigkeit	Verträge	Querbeet
100 Punkte	100 Punkte	100 Punkte	100 Punkte
200 Punkte	200 Punkte	200 Punkte	200 Punkte
300 Punkte	300 Punkte	300 Punkte	300 Punkte
400 Punkte	400 Punkte	400 Punkte	400 Punkte
500 Punkte	500 Punkte	500 Punkte	500 Punkte

Karteikartenrückseite von Rechtsfähigkeit 300

Zwei Freunde gründen gemeinsam eine GmbH. Ab wann ist die GmbH als juristische Person des Privatrechts rechtsfähig?

a) Gründungsbeschluss

b) Notarielle Beurkundung des Gesellschaftsvertrages

c) Eintragung in das Handelsregister

Lösung: c)

Beispiel Nr. 2 „Magische Wand“

Folie: **Kontoführung**[2]

	10 Punkte	20 Punkte	30 Punkte
Bankgeheimnis			
Bankgeheimnis			
Bankauskunft			
Bankauskunft			
Kontovertrag			
Kontoführung für Minderjährige			
Treuhandkonten			
Verfügungs-beschränkungen			
Tod des Kontoinhabers			
Querbeet			

1 Quelle: Wiering, Henk

2 Quelle: Wilkes, Claudia

Fragenkatalog: **Magische Wand Kontoführung**

1. Bankgeheimnis

- 10 Punkte: Das Bankgeheimnis endet mit der Beendigung der Geschäftsverbindung. (falsch)
- 10 Punkte: Das Bankgeheimnis wird verletzt, wenn ein KI im Strafverfahren aufgrund richterlicher Anweisung Einsicht in die Kontounterlagen gewährt. (falsch, Auskunftspflicht des KI im Strafverfahren)
- 20 Punkte: Das Bankgeheimnis wird nicht verletzt, wenn ein KI nach dem Tod des Kontoinhabers eine Aufstellung über dessen Vermögenswerte macht und eine Mitteilung an das Finanzamt sendet – Vermögen 25.000 €.(richtig)
- 20 Punkte: Das Bankgeheimnis wird verletzt, wenn ein Mitarbeiter eines KI Kontoauszüge in ein falsches Schließfach einsortiert. (richtig)
- 30 Punkte: Das Bankgeheimnis wird verletzt, wenn ein KI dem Bundesaufsichtsamt für das Kreditwesen Millionenkredite anzeigt. (falsch)
- 30 Punkte: Kreditinstitute können sich nicht auf das Bankgeheimnis berufen bei Auskunftsersuchen von Finanzämtern, wenn diese zum Zwecke der allgemeinen Überwachung Kontostände erfragen. (falsch, KI können sich auf Bankgeheimnis berufen)

2. Bankauskunft

- 10 Punkte: Bankauskünfte werden nur an eigene Kunden und an andere KI gegeben. (richtig)
- 10 Punkte: Über Privatkunden werden Bankauskünfte erteilt, sofern keine anderslautende Weisung des Kunden vorliegt. (falsch, gilt für Firmenkunden)
- 20 Punkte: Auskunftsverweigerungen sind so zu formulieren, dass sie nicht negativ interpretiert werden können. (richtig)
- 20 Punkte: Bankauskünfte sind allgemein gehaltene Mitteilung eines KI über die Kontenstände von Kunden. (falsch, allgemeine Mitteilung über wirtschaftliche Verhältnisse, Kreditwürdigkeit, Zahlungsmoral)
- 30 Punkte: Bankauskünfte erfolgen unter banküblichem Vorbehalt, d. h., das KI übernimmt keine Haftung für die Richtigkeit der Auskunft. (falsch, derzeitiger Kenntnisstand des KI)
- 30 Punkte: Bankauskünfte haben insbesondere im Privatkundengeschäft große Bedeutung. (falsch, Firmenkunden)

3. Kontovertrag

- 10 Punkte: Der Schufa werden ohne Zustimmung des Kunden auch positive Abwicklungsmerkmale von Krediten gemeldet. (falsch)
- 20 Punkte: Die AGB werden durch Aushang im Schalterraum des KIs Bestandteil des Kontovertrages. (falsch, Unterschrift auf Kontoeröffnungsantrag mit Hinweis auf AGB).
- 30 Punkte: Kontovollmachten erlöschen im Todesfall des Kontoinhabers, wenn alle legitimierten Erben die Vollmacht widerrufen. (richtig)

3713114

4. Kontoführung für Minderjährige

- 10 Punkte: Die gesetzlichen Vertreter eines Kindes können im Namen des Kindes einen Kredit aufnehmen. (falsch)
- 20 Punkte: Kontovollmachten können an voll geschäftsfähige und an beschränkt geschäftsfähige Personen erteilt werden. (richtig)
- 30 Punkte: Die Mutter eines nichtehelichen Minderjährigen hat ein gesetzliches Verfügungsrecht über dessen Konten. (richtig)

5. Treuhandkonten

- 10 Punkte: Ein Anderkonto kann der Pate für seinen minderjährigen Neffen einrichten. (falsch)
- 20 Punkte: Über Anderkonten dürfen keine Vollmachten erteilt werden. (falsch, Vollmachten an engen Personenkreis möglich)
- 30 Punkte: Anderkonten dürfen grundsätzlich nicht überzogen werden. (richtig, treuhänderische Verwaltung fremden Vermögens)

6. Verfügungsbeschränkungen (Pfändung, Konkurs, Vergleich)

- 10 Punkte: Liegt ein Pfändungs- und Überweisungsbeschluss beim KI (Drittschuldner) vor, so dürfen keine Verfügungen mehr über das Konto zugelassen werden. Hiervon betroffen sind auch scheckkartengarantierte Schecks im Rahmen der Einlösungsgarantie. (falsch, scheckkartengarantierte Schecks sind im Rahmen der Einlösungsgarantie weiter einzulösen)
- 20 Punkte: Werden Sparguthaben gepfändet, muss bei Vorliegen eines Pfändungs- und Überweisungsbeschlusses auch ohne Vorlage des Sparbuches das gepfändete Guthaben an den Pfändungsgläubiger ausgezahlt werden. (falsch, Vorlage des Sparbuches erforderlich)
- 30 Punkte: Im Konkurs des Kontoinhabers ist neben dem Gemeinschuldner auch der Konkursverwalter verfügungsberechtigt. (falsch, nur Konkursverwalter evtl. mit Mitglied/Mitgliedern des Gläubigerausschusses)

7. Tod des Kontoinhabers

- 10 Punkte: Die Erbengemeinschaft ist eine Gesamthandsgemeinschaft. (richtig: gemeinschaftl. Vertretung durch alle Erben)
- 20 Punkte: Die Erben können sich nach dem Tod eines Kontoinhabers gegenüber dem Kreditinstitut durch Vorlage der Sterbeurkunde des Kontoinhabers und Vorlage des Familienbuches legitimieren. (falsch: Erbschein bzw. Ausfertigung eines Testaments mit dazugehöriger Eröffnungsniederschrift)
- 30 Punkte: Ein Nachlasspfleger legitimiert sich gegenüber dem KI durch ein gerichtliches Eröffnungsprotokoll. (falsch: Bestallungsurkunde, Vergleichsverwalter legitimiert sich durch gerichtl. Eröffnungsprotokoll)

8. Querbeet

- 10 Punkte: Bei Oder-Konten und bei Und-Konten können Scheckkarten ausgestellt werden. (falsch, nur bei Oder-Konten)
- 20 Punkte: Die AGB enthalten Regelungen über die Kündigungsfristen bei den verschiedenen Kontoarten. (falsch)
- 30 Punkte: Kreditgewährungen werden als Positivmerkmale an die Schufa gemeldet. (richtig)

5.2.4 „Tabu“

Ziel des Spiels ist es, Suchbegriffe treffend schriftlich zu kennzeichnen und anschließend mündlich durch gute Umschreibung diese Begriffe erraten zu lassen. Die treffende Ausdrucksfähigkeit mündlich und schriftlich wird hier spielerisch in Übungsphasen angeregt.

Verfahrens- und Vorgehensweise:

- Jede Schülerin und jeder Schüler schreibt auf mindestens zwei Karten jeweils ein Wort (Suchbegriff) aus den behandelten Unterrichtsinhalten. Zu dem unterstrichenen Suchbegriff werden vier weitere Bezeichnungen/Kennzeichnungen/Eigenschaften **„Tabu-Begriffe“** geschrieben, mit denen der Suchbegriff erklärt werden könnte.
- Alle Karten werden gemischt und als Kartenpool angelegt. (Der Einsatz des Kartenpools eignet sich unter Umständen auch für andere Lerngruppen.)
- Die Lerngruppe wird in zwei oder mehr Gruppen eingeteilt.
- Die Gruppe eins stellt ein Gruppenmitglied als „Beschreiber“, die übrigen Gruppenmitglieder seines Teams sind Rater.
- Ein Mitglied aus Gruppe zwei stellt sich neben den „Beschreiber“, schaut ihm in die Karten und ist somit Kontrolleur. In z. B. einer Minute werden vom „Beschreiber“ aus dem Kartenpool möglichst viele Suchbegriffe erklärt, ohne die vier weiteren **„Tabu-Begriffe“** zu benutzen, um sein Team auf das gesuchte Wort zu bringen.
- Während der Beschreiber seine Erklärungen abgibt, sagen/rufen alle seine Gruppenmitglieder jedes Wort, das ihnen als mögliche Lösung in den Sinn kommt. Fehlversuche werden nicht bestraft. Für jeden gefundenen Begriff erhält die Gruppe einen Punkt. Gebraucht der Beschreiber ein aufgeführtes Wort in seinen Erklärungen, erhält die andere Gruppe einen Punkt.
- Nach einer Minute wird die Gruppe, also auch der Beschreiber, gewechselt. Die Teams versuchen abwechselnd möglichst viele Punkte zu sammeln. Die Team-Mitglieder wechseln sich als Beschreiber ab.

Beispiel „Tabu“

Verträge	**Wirtschaftskreislauf**	**Sozialprodukt**
Willenserklärung	Geldstrom	Volkseinkommen
Rechtsgeschäft	Güterstrom	Güter
Nichtigkeit	Haushalte	Dienstleistungen
Anfechtbarkeit	Unternehmen	Volkswirtschaft

Umsatzsteuer	**Beleg**	**Effektivverzinsung**
Vorsteuer	Quittung	Zeit
Mehrwertsteuer	Rechnung	Prozentsatz
Verkehrsteuer	Buchungsgrundlage	Kapital
Warenverkauf	Beweismittel	Vergleich

3713116

5.2.5 Rollenspiel

Unter Rollenspiel wird eine spezifische Art von Spiel verstanden, in dem das Verhalten in verschiedenen sozialen Situationen reflektiert und geübt werden kann. Es handelt sich dabei um eine Art Vorbereitung auf die Wirklichkeit in einem „So-tun-als-ob" oder um den Versuch, sich in die Rolle anderer hineinzuversetzen. Das Rollenspiel kann sowohl der Anpassung an vorgegebene Realität und Verhaltensmuster dienen; es kann aber auch das Ziel haben, konventionelle Rollenverhalten aufzubrechen. Eine charakteristische Eigenschaft des Rollenspiels ist vielfach, dass Einsichten in persönliche Verhaltensweisen und deren Modifikation im Vordergrund stehen. Rollenspiele können in verschiedenen Unterrichtsphasen – z. B. Problemfindung, Problemlösung, Reflexion und Transfer – und vor allem als ganzheitliche Lernarrangements phasenübergreifend eingesetzt werden.

Nach interaktionspädagogischen Zielsetzungen ist das Rollenspiel in fünf Unterformen einteilbar:
- Rollenspiel als Konfliktspiel
- Rollenspiel als Simulationsspiel
- Rollenspiel als Entscheidungsspiel
- Rollenspiel als Utopiespiel
- Rollenspiel als Politdrama

Verfahrens- und Vorgehensweise:

Zur Richtschnur des Handelns in einer vorgegebenen Situation wird im Rollenspiel eine mehr oder weniger präzise **definierte Rolle:**

Angeleitetes Rollenspiel
Im angeleiteten Rollenspiel sind die Vorgaben für das Handeln präzise und weitgehend festgelegt (z. B. Spielkarten). Die Schülerinnen und Schüler müssen eine Rolle übernehmen.

Spontanes Rollenspiel
Im spontanen Rollenspiel gibt es keine genauen Festlegungen auf Handlungen und Handlungsalternativen; vielmehr kommt es darauf an, die zugewiesene Rolle kreativ und konstruktiv auszufüllen.

Ein möglicher Ablauf eines angeleiteten Rollenspiels stellt sich wie folgt dar:

Spieleinführung – Die Schülerinnen und Schüler
- ☛ besprechen die angenommene Handlungssituation und die Zielsetzung,
- ☛ legen fest, wer welche Rolle spielen möchte,
- ☛ planen Ablauf, Aufbau der Szene,
- ☛ bereiten sich auf das Spiel vor, indem sie z. B. Argumente für die Rollen gemeinsam sammeln.

Spieldurchführung – Die Schülerinnen und Schüler
- ☛ spielen als Rollenspieler die Szene, notieren ihre Beobachtungen als Beobachter zu der zuvor festgelegten Beobachtungsaufgabe und
- ☛ danken den Rollenspielern für ihren Einsatz.

Spielauswertung und Spielwiederholung – Die Schülerinnen und Schüler
- ☛ reflektieren das Spielgeschehen: Rollenspieler (Eindrücke, Empfindungen ... zu ihrer Rolle) Beobachter (z. B. Aussagen, Verhalten ... der Spieler),
- ☛ spielen noch einmal mit anderen Spielteilnehmern,
- ☛ werten das Spielgeschehen insgesamt aus.

Erfahrungsgemäß eignen sich viele Themen aus unterschiedlichen Bereichen für Rollenspiele. Beispielhaft werden hier nur einige Spielanlässe als Anregung genannt:

mögliche Spielanlässe in den Phasen	mögliche Handlungsfelder	mögliche Materialien
Problem-gewinnung und Problemanalyse	Handelnde Personen ... diskutieren, beraten, argumentieren z. B. über: • neue Niederlassungen • Standortwahl, • Standortentscheidungen • neue Produkte • Marketingstrategien • Einführung neuer Technologien ...	Zeitungsartikel, Statistiken, Arbeitsmarktsituation, ...
Planung, Problemlösung Präsentation	führen • Warenverkaufsgespräche • Vorstellungsgespräche • Beratungsgespräche in den Bereichen Steuern, Banken, Versicherung ... schließen • Verträge ab ... setzen Rechte • bei Vertragsstörungen durch ...	Arbeitsverträge, Berufsausbildungsvertrag, Lebenslauf, Bewerbungsunterlagen, Unterlagen von Banken, Versicherungen ... Gesetzestexte Urteile
Wissens-sicherung, Reflexion und Transfer	simulieren • Gerichtsverhandlungen • Situationen in den Bereichen Ehe und Familie ...	

Beispiel Nr. 1 Rollenspiel

Spielkarte für das Handlungsfeld Gewährleistungsansprüche[1] im Fächerensemble von Betriebswirtschaftslehre und Warenverkaufskunde

Kunde:
Sie befinden sich im Urlaub in einer Wandergegend. Vorgestern haben Sie sich in einem Schuhfachgeschäft ein Paar neue Wanderschuhe gekauft. Gleich nach den ersten Schritten – es hatte geregnet – löste sich die Kreppsohle ab. Dadurch wurde Ihnen der ganze Tag verdorben. Jetzt müssen Sie noch einmal in das Geschäft und dadurch geht Ihnen fast wieder ein halber Urlaubstag verloren. Sie sind ziemlich ärgerlich, als Sie in dem Geschäft ankommen, um die Wanderschuhe zurückzugeben.

Verkäufer:
Sie sind Verkäufer in einem Schuhfachgeschäft am Urlaubsort, in dem zurzeit Hochbetrieb herrscht. Zu Ihnen kommt ein Kunde, der ein Paar Schuhe reklamieren will. Sie wissen, dass Kunden bei Reklamationen oft gereizt sind, da sie meist Unannehmlichkeiten dadurch haben (z. B. verdorbene Freude, Kosten, Zeitaufwand ...). Versuchen Sie, sich auf den Kunden einzustellen und die Reklamation in geeigneter Weise zu bearbeiten.

1 Vgl. Collins/Meng/Müller-Fixemer/Speier: Rollen spielen – Verkaufen Lernen, Darmstadt 1989, 58

Beispiel Nr. 2 Rollenspiel

Dieses Beispiel zeigt ein Rollenspiel (**Beratungsgespräch – Nichteinlösung von Lastschriften**)[1], wie es in einer Unterrichtsstunde integriert ist, um die Präsentation der Problemlösung und die Sicherung der Arbeitsergebnisse vorzunehmen.

Phasen	**Handlungsschritte/Sachaspekte**	**Aktions- und Sozialformen**	**Medien**
Einstieg/ Problemhinführung	Der Fitnessclub zieht seine Mitgliedsbeiträge im Voraus mittels Lastschrift ein. Der Geschäftsführer reicht eine Lastschriftdatei zum Inkasso bei der Deutschen Bank ein.	Schülervortrag	Folie Arbeitsblatt 1
Problementfaltung	**Mögliche Erschließungsfragen** zur Ausgangssituation: ➔ Um welche Form des Lastschriftverfahrens handelt es sich im vorliegenden Fall? ➔ Welche Bedeutung hat die Prüfung und Aktualisierung des Lastschriftobligos? ➔ Wie erfolgt die Verrechnung zwischen der Deutschen Bank Bocholt (1. Inkassostelle) und den Zahlstellen?	Unterrichtsgespräch	Folie Arbeitsblatt 1
	Austeilen des Arbeitsblattes 1		Arbeitsblätter 1, 2
Problemstellung/ Leitfrage der heutigen Stunde	Die Ausgangssituation wird mithilfe der Informationen auf dem Arbeitsblatt 1 fortgeführt. Schüler werden als Angestellte der Stadtsparkasse Bocholt als Zahlstelle gebeten die Arbeitsvorgänge im Zusammenhang mit der Einlösung bzw. Nichteinlösung der vorliegenden Lastschriftendatensätze zu übernehmen. Als Informationsgrundlage stehen die Arbeitsblätter sowie das Lehrbuch zur Verfügung. **Leitfrage** und zugleich zentrales Problem der Stunde: *Wie werden Lastschriften bei der Zahlstelle bearbeitet?*	Lehrervortrag	
Erarbeitung der Problemlösung	Schüler lösen die Arbeitsaufträge 1, 2 a und 2 b der Arbeitsblätter 1 und 2 in frei gewählter Sozialform (Partner- oder Gruppenarbeit). Während der Erarbeitungsphase werden vorbereitete Rollenkarten für das Rollenspiel sowie Blankofolien zur Ergebnispräsentation an einzelne Schüler verteilt.	Partner- oder Gruppenarbeit	Arbeitsblätter 1 und 2, Lehrbuch Rollenkarten
Präsentation der Problemlösung und Sicherung der Arbeitsergebnisse	Schüler stellen ihre Arbeitsergebnisse im Rollenspiel bzw. im foliengestützten Vortrag mit Erläuterungen der Klasse vor. Die Mitschüler führen evtl. Ergänzungen oder Korrekturen an. Eventuelle Unklarheiten werden im Unterrichtsgespräch aufgearbeitet.	Rollenspiel und Schülervortrag mit ergänzendem Unterrichtsgespräch	Arbeitsblätter 1 und 2, Folien
	➔ Zusatzarbeitsaufträge 2 c, 2 d ➔ weiterführende bzw. vertiefende Fragen (z. B. zur Bedeutung des Lastschriftverkehrs für die beteiligten Kreditinstitute und Kunden)	Unterrichtsgespräch	evtl. ergänzend Folien

1 Quelle: Wilkes, Claudia

Arbeitsblatt Nr. 1

Ausgangssituation:

Der Fitnessclub „Bodyfit" zieht seine Mitgliedsbeiträge je nach Wunsch der Mitglieder monatlich, vierteljährlich, halbjährlich oder jährlich im Voraus mittels Lastschrift ein. Die Mitgliedsbeiträge in Abhängigkeit von der Zahlungsweise sind folgendermaßen gestaffelt:

- monatlicher Beitrag: 60,00 €
- vierteljährlicher Beitrag: 175,00 €
- halbjährlicher Beitrag: 350,00 €
- jährlicher Beitrag: 700,00 €.

Der Geschäftsführer des Fitnessclubs reicht bei der Deutschen Bank Bocholt eine Lastschriftdatei zum Inkasso ein. Der Inkassogegenwert beträgt insgesamt 12.500,00 €.

In der Lastschriftdatei befinden sich u. a. diese Datensätze mit den folgenden Feldinhalten:

	BLZ der Zahlstelle	Betrag	Kontonummer des Zahlungspflichtigen	Name des Zahlungspflichtigen	Verwendungszweck
1	42850035	700,00 €	100542893	Klaus Berger	Beitrag bis 5/01
2	42850035	60,00 €	100765423	Heide Bautner	Beitrag 6/00
3	42850035	175,00 €	100692368	Werner Ravens	Beitrag bis 8/00
4	42850035	350,00 €	100312176	Claudia Müller	Beitrag bis11/00
5	42870077	60,00 €	3300001	Marlies Weber	Beitrag 6/00
6	42851310	700,00 €	7654262	Stefan Hettmer	Beitrag bis 5/01
7	42840005	175,00 €	370511500	Michael Schneider	Beitrag bis 8/00
	usw.				

Die **Deutsche Bank Bocholt** hat als **1. Inkassostelle** im Zusammenhang mit der Einreichung des Lastschriftmaterials folgende Arbeitsvorgänge erledigt:

- Prüfung der formellen Ordnungsmäßigkeit des eingereichten Lastschriftmaterials des Fitnessclubs
- Valutierung des Inkassogegenwertes (2 Geschäftstage nach Einreichung)
- Prüfung und Aktualisierung des Lastschriftobligos
- Dateneingabe (EDV): Sortieren der Datensätze nach Inkassowegen, Buchung
- Weiterleitung des Lastschriftmaterials an die entsprechenden Clearingstellen bzw. Zahlstellen im DTA (körperlich via Magnetband oder via DFÜ)

Die Lastschriftendatensätze gehen bei den o. g. Zahlstellen ein und werden dort bearbeitet. Sie sind zuständiger Kontoführer bei der **Stadtsparkasse Bocholt (Zahlstelle)** und verantwortlich für die Arbeitsvorgänge im Zusammenhang mit der Einlösung/Nichteinlösung der Lastschriften Nr. 1– 4.

Arbeitsaufträge:

1. Beschreiben Sie die **Arbeitsvorgänge bei der Stadtsparkasse Bocholt als Zahlstelle** im Zusammenhang mit der Einlösung von Lastschriften. (Stichworte: Kundenbelastung, Nachdisposition, Information des Kunden über Buchung)
2. Beschreiben Sie die Arbeitsvorgänge im Zusammenhang mit der Einlösung bzw. Nichteinlösung der nachfolgenden Lastschriftendatensätze. Beachten Sie die Zusatzinformationen zu den einzelnen Lastschriftdatensätzen.

3713120

a) Bearbeitung des Lastschriftdatensatzes Nr. 1:

1	42850035	700,00 €	100542893	Klaus Berger	Beitrag bis 5/01

Zusatzinformation: Klaus Berger ist Einzelhandelskaufmann mit einem monatlichen Nettoeinkommen von 800,00 €. Herr Berger hat einen Ratenkredit zur Pkw-Finanzierung aufgenommen. Die monatliche Kreditrate beträgt 200 €. Ein Dispositionskredit wurde nicht eingeräumt. Das Konto weist zurzeit bereits eine genehmigte Überziehung von 900,00 € auf. Am 11. Febr. 2000 hatte Herr Berger mit Ihnen vereinbart, dass das Konto in 3 Monaten ausgeglichen sein soll.

Herr Berger kommt heute zu Ihnen an den Schalter und möchte von Ihnen bestätigt haben, „dass das mit der Lastschrift vom Fitnessclub in Ordnung geht". Der Kunde schlägt vor, zumindest eine Teileinlösung der Lastschrift vorzunehmen, damit er sich auch weiterhin fit halten kann.

- Versetzen Sie sich in die Lage des Kundenberaters und entscheiden Sie situationsbezogen auf der Basis der Ihnen zur Verfügung stehenden Informationen!
- Welche weiteren Arbeitsvorgänge sind von Ihnen zu erledigen?

b) Bearbeitung des Lastschriftdatensatzes Nr. 2:

2	42850035	60,00 €	100765423	Heide Bautner	Beitrag 6/00

Zusatzinformation: Am 30. Mai 2000 spricht Frau Heide Bautner bei der SSK Bocholt unter Vorlage des Kontoauszuges mit der betreffenden Belastungsbuchung vor. Die Kundin ist sichtlich verärgert, da sie fristgerecht ihre Mitgliedschaft zum 30. Mai 2000 im Fitnessclub gekündigt hat. Die Bestätigung über den Eingang der Kündigung, unterzeichnet vom Geschäftsführer des Fitnessclubs, legt Frau Bautner Ihnen vor. Sie bittet um Beratung, wie sie den Beitrag zurückerhalten kann. Gleichzeitig bittet die Kundin um Information, ob ihr dabei Kosten entstehen.

- Versetzen Sie sich in die Lage des Kundenberaters und entscheiden Sie situationsbezogen auf der Basis der Ihnen zur Verfügung stehenden Informationen!
- Welche weiteren Arbeitsvorgänge sind von Ihnen zu erledigen?

Zusatz-Arbeitsaufträge

c) Bearbeitung des Lastschriftdatensatzes Nr. 3:

3	42850035	175,00 €	100692368	Werner Ravens	Beitrag bis 8/00

Das Konto von Herrn Werner Ravens ist am 23. Febr. 2000 aufgelöst worden. Sie erinnern sich daran, dass der Kunde seinen Wohnsitz in Bocholt aufgeben und aus beruflichen Gründen nach Bayern umziehen wollte. Die neue Bankverbindung des Herrn Ravens ist Ihnen nicht bekannt.

d) Bearbeitung des Lastschriftdatensatzes Nr. 4:

4	42850035	350,00 €	100312176	Claudia Müller	Beitrag bis 11/00

Die Konto-Nr. gibt es nicht in Ihrem Hause. Eine EDV-Abfrage ergibt, dass es 18 Kundinnen mit dem Namen „Claudia Müller" bei der Stadtsparkasse Bocholt gibt. Eine Zuordnung des Lastschriftdatensatzes ist nicht möglich.

Arbeits- und Informationsblatt Nr. 2

Information: Auszug aus dem Organisationshandbuch – Inlandszahlungsverkehr

Die Rückgabe von Lastschriften durch die Zahlstelle

wegen Nichteinlösung durch die Zahlstelle

- bei Lastschriften, die unanbringlich sind, z. B. bei falschen Namens- oder Kontonummerangaben oder Unklarheiten hinsichtlich des Betrags oder
- bei fehlender Deckung auf dem Konto des Zahlungspflichtigen oder
- bei Abbuchungsauftrags-Lastschriften wegen Fehlens eines Abbuchungsauftrages

Abwicklung

- Rückgabe durch die Zahlstelle spätestens an dem auf den Tag des Eingangs bei der disponierenden Stelle folgenden Geschäftstag an die 1. Inkassostelle

wegen Widerspruchs des Zahlungspflichtigen – nur bei Einzugsermächtigungslastschriften –

- ohne Angabe von Gründen, wenn nicht mehr als 6 Wochen seit der Belastung vergangen sind,
- nach Ablauf von 6 Wochen, sofern nachgewiesen wird, dass die Abbuchung unberechtigt erfolgt ist (zum Beispiel bei einer Betrugsabsicht des Zahlungsempfängers)

Abwicklung

- Rückgabe durch die Zahlstelle unverzüglich an die 1. Inkassostelle, nachdem sie von dem Widerspruch des Zahlungspflichtigen Kenntnis erlangt hat

Alle Lastschriftrückgaben müssen beleglos abgewickelt werden. Einzige Ausnahme sind Rücklastschriften mit Zinsausgleichsrechnung, die auch künftig beleghaft abgewickelt werden. Im beleglosen Verfahren wird der Rückgabegrund verschlüsselt:

0 = „keine Angaben“
1 = „Konto erloschen“
2 = „Konto-Nr. falsch“ bzw. „Sparkonto“ bzw. Konto-Nr./ Name nicht identisch
3 = „Kein Abbuchungsauftrag“ und „keine Einzugsermächtigung“
4 = „Rückruf“
5 = „Wegen Widerspruchs“
6 = Rückgabe/Chargeback z. B. EDC“

Wegen Nichteinlösung:

- Ausnahme: Rückgabevermerk für beleghafte Lastschriftrückgaben mit Zinsausgleichsrechnung:

„Vorgelegt am ... und nicht bezahlt“

mit dem Namen der Zahlstelle sowie Ort und Datum der Ausfertigung

- Bei Lastschriftbeträgen von 1.000 € und darüber Eilnachricht an die 1. Inkassostelle bis spätestens 14:30 Uhr an dem auf den Tag des Eingangs folgenden Geschäftstag mittels Telex, Telefax, Teletex, Telefon oder Telegramm.

Wegen Widerspruchs:

- Ausnahme: Rückgabevermerk für beleghafte Lastschriftrückgaben mit Zinsausgleichsrechnung:

„Belastet am ... Zurück wegen Widerspruchs“

mit dem Namen der Zahlstelle sowie Ort und Datum der Ausfertigung

- Bei Lastschriftbeträgen von 1.000 € und darüber Eilnachricht an die 1. Inkassostelle bis spätestens 14:30 Uhr an dem auf den Tag des Zugangs des Widerspruchs folgenden Geschäftstag mittels Telex, Telefax, Teletex, Telefon oder Telegramm.

Berechnung eines Rücklastschriftentgelts von maximal 3,75 €.

Bei Nichteinlösung mangels Deckung muss der Zahlungspflichtige spätestens gleichzeitig mit der Lastschriftrückgabe über die Nichteinlösung informiert werden. Teileinlösungen von Lastschriften sind unzulässig.

Rücknahme und Vergütung der Rücklastschriften durch die 1. Inkassostelle

Rollenkarten zur Vorbereitung des Rollenspiels

Rollenkarte Klaus Berger

Sie sind 25 Jahre alt und seit 10 Jahren Kunde der Stadtsparkasse Bocholt. Da Sie problemlos einen Ratenkredit zur Pkw-Finanzierung aufnehmen konnten und Ihnen auch eine Überziehung auf Ihrem Girokonto genehmigt wurde, sehen Sie sich als guter Kunde. Sie treten daher recht selbstsicher auf. Allerdings haben Sie sich in den letzten Monaten an Rückzahlungsvereinbarungen bezüglich der Kontoüberziehung gelegentlich nicht gehalten, was Sie jedoch bei Ihrem Nettogehalt von 800,00 € als unproblematisch betrachten. Den größten Teil Ihres Geldes geben Sie für Ihr Auto sowie für Ihre Fitnessaktivitäten aus. Sie wissen, dass in diesen Tagen die Jahresbeiträge des Fitnessclubs abgebucht werden und möchten sicher gehen, dass die Lastschrift vom Fitnessclub über 700,00 € eingelöst wird. Daher sprechen Sie bei Ihrem Kundenberater vor. Denn eine Rücklastschrift würde Ihrem Ansehen im Fitnessclub schaden. Sie wollen zumindest eine Teileinlösung der Lastschrift durch das Gespräch mit dem Kundenberater erreichen.

Rollenkarte Heide Bautner

Sie sind 35 Jahre alt, Hausfrau und langjährige Kundin bei der Stadtsparkasse Bocholt. Sie kommen sehr verärgert in die Stadtsparkasse. Sie gehen davon aus, dass die Sparkasse ungerechtfertigter Weise den Beitrag für den Fitnessclub von Ihrem Konto abgebucht hat. Den betreffenden Kontoauszug mit der Belastungsbuchung und die Kündigungsbestätigung des Fitnessclubs haben Sie mitgebracht. Sie zeigen sich auch bei Erklärungsversuchen des Kundenberaters zunächst uneinsichtig, sprechen von Schlamperei und drohen damit, die Kontoverbindung aufzulösen. Sie fordern daher vom Kundenberater die sofortige Zurückerstattung des Geldes. Dabei wollen Sie weder einen Zinsverlust noch eine Bearbeitungsgebühr in Kauf nehmen.

Rollenkarte Kundenberater von Klaus Berger

Sie bearbeiten gerade die Überziehungsliste, in der die Lastschriftbuchung über 700,00 € zulasten des Kunden Klaus Berger ausgewiesen ist. Ihnen fällt ein, dass der Kunde sich in der letzten Zeit wiederholt nicht an die Rückführungsvereinbarungen bezüglich der Kontoüberziehung gehalten hat. Sie haben die Buchung bereits als fraglich markiert und freuen sich, dass Sie die Angelegenheit sofort mit dem Kunden besprechen können, der in diesem Augenblick am Schalter erscheint. Entscheiden Sie situationsbezogen über das Anliegen des Kunden auf der Basis der Ihnen zur Verfügung stehenden Informationen.

Rollenkarte Kundenberater von Heide Bautner

Sie versuchen zunächst die sichtlich verärgerte Kundin zu beruhigen. Um Aufsehen am Schalter zu vermeiden, bieten Sie der Kundin einen Platz in einer Beratungsecke an. Lassen Sie sich den Vorgang von der Kundin schildern, ohne diese zu unterbrechen. Erklären Sie ihr den Sachverhalt und machen Sie einen Vorschlag, wie die Situation bereinigt werden kann. Verabschieden Sie die Kundin höflich.

Kontoauszug mit Belastungsbuchung von Frau Bautner

Konto 100765423			Kontoauszug Stadtsparkasse Bocholt BLZ 42850035	Auszug 24	Blatt 1
Buch.-Tag	Wert	PN	Erläuterung/ Verwendungszweck	Umsätze	
2305	2305	0940	Fitnessclub Bodyfit, Beitrag 6/00	60,00 €	S
Dispokredit 1.000 €					
Auszugsdatum 2000-05-23			Alter Kontostand 1.610,00 €	Neuer Kontostand 1.550,00 €	
HEIDE BAUTNER					

Kündigungsbestätigung für Frau Bautner

FITNESSCLUB BODYFIT
Münsterstr. 30
46399 Bocholt
Tel: (0 28 71) 5 32 95

Frau
Heide Bautner
Herzogstr. 25

46399 Bocholt

12. Febr. 20..

Sehr geehrte Frau Bautner,

Hiermit bestätigen wir Ihnen wunschgemäß den Eingang Ihrer Kündigung zum 30. Mai 20..

Mit freundlichen Grüßen

Heinz Weber

Beispiel Nr. 3 Rollenspiel

Problematisierung und Konkretisierung des Gebots der „gerechten“ Entlohnung mithilfe des Gleichheits-, Bedarfs- und Leistungsprinzips, die die Lernenden in einem Rollenspiel je nach Rollenzuweisung zu vertreten haben.

Phase	Sachstruktur	Handlungsmuster/ Sozialform/Medien
Motivation/ Problemwahrnehmung	Persönliche Einschätzung, was unter einem „gerechten“ Lohn zu verstehen ist.	L. legt Folie 1 auf. Sch. äußern sich spontan. L. ruft Sch. auf.
Problemeingrenzung/ Problembearbeitung	Zur Bestimmung des Begriffs „gerechte“ Entlohnung können das Gleichheits-, Bedarfs- und Leistungsprinzip herangezogen werden. Nach diesen drei Prinzipien erfolgt eine Gruppenbildung, wobei die Sch. sich nach dem Zufallsprinzip mit einem der drei Kriterien befassen. Arbeitsaufträge: • Entwicklung einer Personenbeschreibung für das anschließende Rollenspiel, die sich für eins der Prinzipien (je nach Gruppenzugehörigkeit) einsetzt. • Sammeln von Argumenten, die für eins der Prinzipien (je nach Gruppenzugehörigkeit) sprechen. *Gleichheitsprinzip:* Alle erhalten gleich viel Lohn, da alle Menschen gleich sind ➔ z. B. ungelernter Arbeiter, der keinen Ausbildungsplatz erhielt. *Bedarfsprinzip:* Jeder wird nach seinem persönlichen Bedarf entlohnt, denn diesem unterschiedlichen Bedarf muss die Entlohnung gerecht werden ➔ z. B. allein erziehende Mutter mit 2 Kindern *Leistungsprinzip:* Jeder wird entsprechend seiner Leistung entlohnt, denn wer mehr leistet, muss auch mehr Lohn erhalten ➔ z. B. qualifizierter und engagierter Bankkaufmann	L. fordert Sch. zur Gruppenbildung auf. Sch. bilden drei Gruppen (2 x 6 Sch., 1 x 5 Sch.). L. verteilt je nach Gruppenzugehörigkeit an jeden Sch. einen Informationstext einschl. Arbeitsauftrag (vgl. AB 1 – 3). Sch. lesen, diskutieren und machen sich Stichworte. – arbeitsteilige Gruppenarbeit –
Ergebnispräsentation	Beobachtungsauftrag: Die nicht am Spiel beteiligten Sch. beobachten gruppenweise einen Spieler aus einer anderen Gruppe und notieren den genannten Standpunkt und seine vorgetragenen Argumente (siehe vorherige Unterrichtsphase).	L. vergibt Beobachtungsaufträge. Gruppenmitglieder stellen ihre in das Rollenspiel geschickten Personen vor. Pro Gruppe setzt ein Sch. das Gruppenergebnis im Rollenspiel um, die anderen Gruppenmitglieder erledigen den Beobachtungsauftrag.
Reflexion/ Ergebnissicherung	Dargelegte Standpunkte zu einer gerechten Entlohnung: Gleichheits-, Bedarfs- und Leistungsprinzip. Was letztlich als gerecht empfunden wird, hängt vom persönlichen Werturteil ab. Bezüglich der Umsetzungsmöglichkeiten in der Arbeitswelt muss berücksichtigt werden, dass diese Prinzipien in einer konfliktären Beziehung zueinander stehen können. In unserem Wirtschaftssystem wird stärker das Leistungsprinzip umgesetzt, wenngleich es auch bei der Entlohnung des Produktionsfaktors Arbeit Lohnbestandteile gibt, die dem Gleichheits- bzw. Bedarfsprinzip gerecht werden.	Sch. tragen Ergebnisse aus ihren Beobachtungen vor. Sch. aus der Gruppe, die die Rolle vorbereitet haben, machen ggf. Ergänzungen. L. führt Unterrichtsgespräch. L. hält auf Folie 2 fest. L. nennt ggf. Fachbegriffe. Sch. übernehmen Folienbild. Sch. diskutieren. L. moderiert.
Vertiefung bzw. Hausaufgabe	Sammeln von Lohnbestandteilen, die diesen unterschiedlichen Entlohnungsprinzipien gerecht werden. Mögliche Ergebnisse: (vgl. Folie 2)	L. vergibt Arbeitsauftrag bei ausreichender Zeit. Sch. erledigen Arbeitsauftrag mit ihrem Partner zusammen. Sch. tragen Ergebnisse vor. L. moderiert. L. hält Ergebnisse auf Folie 2 fest.

Folie 1

Drei junge Leute diskutieren in einem Eiscafé über die gerechte Entlohnung des Produktionsfaktors Arbeit.

Was ist eine „gerechte“ Entlohnung

Arbeitsblatt 1: „gerechte“ Entlohnung

Drei junge Leute diskutieren in einem Eiscafé über die gerechte Entlohnung des Produktionsfaktors Arbeit[1].

Die obige Szene soll in der Klasse nachgespielt werden. Ihrer Gruppe kommt die Aufgabe zu, die linke Person darzustellen.

Gruppenarbeitsaufträge für die Vorbereitung des Rollenspiels:

- Versetzen Sie sich als Gruppe in die Person am linken Bildrand. Entwickeln Sie eine kurze Personenbeschreibung, die ein Gruppenmitglied vor Beginn des Rollenspiels kurz vorstellt. Bei dieser Personenbeschreibung verraten Sie aber bitte noch nicht Ihren Standpunkt.
- Sammeln Sie für den dargelegten Standpunkt möglichst viele gut begründete Argumente, die ein Gruppenmitglied im Rollenspiel später engagiert hervorbringen soll.

1 Quelle: Nicole Thomann in Anlehnung an: Peters, H. (1992): Volkswirtschaftslehre: Lerne zu handeln; 2. Aufl.; Darmstadt; S. 118

Arbeitsblatt 2: „gerechte“ Entlohnung

Drei junge Leute diskutieren in einem Eiscafé über die gerechte Entlohnung des Produktionsfaktors Arbeit.

Die obige Szene soll in der Klasse nachgespielt werden. Ihrer Gruppe kommt die Aufgabe zu die mittlere Person darzustellen.

Gruppenarbeitsaufträge für die Vorbereitung des Rollenspiels:

- Versetzen Sie sich als Gruppe in die Person in der Mitte des Bildes. Entwickeln Sie eine kurze Personenbeschreibung, die ein Gruppenmitglied vor Beginn des Rollenspiels kurz vorstellt. Bei dieser Personenbeschreibung verraten Sie aber bitte noch nicht Ihren Standpunkt.
- Sammeln Sie für den dargelegten Standpunkt möglichst viele gut begründete Argumente, die ein Gruppenmitglied im Rollenspiel später engagiert hervorbringen soll.

Arbeitsblatt 3: „gerechte“ Entlohnung

Drei junge Leute diskutieren in einem Eiscafé über die gerechte Entlohnung des Produktionsfaktors Arbeit.

Die obige Szene soll in der Klasse nachgespielt werden. Ihrer Gruppe kommt die Aufgabe zu die rechte Person darzustellen.

Gruppenarbeitsaufträge für die Vorbereitung des Rollenspiels:

- Versetzen Sie sich als Gruppe in die Person am rechten Bildrand. Entwickeln Sie eine kurze Personenbeschreibung, die ein Gruppenmitglied vor Beginn des Rollenspiels kurz vorstellt. Bei dieser Personenbeschreibung verraten Sie aber bitte noch nicht Ihren Standpunkt.
- Sammeln Sie für den dargelegten Standpunkt möglichst viele gut begründete Argumente, die ein Gruppenmitglied im Rollenspiel später engagiert hervorbringen soll.

Folie 2	**„gerechte Entlohnung“**	
Name des Rollenspielers (wird später gegen den Fachbegriff „Gleichheitsprinzip“ ausgetauscht)	Name des Rollenspielers (wird später gegen den Fachbegriff „Bedarfsprinzip“ ausgetauscht)	Name des Rollenspielers (wird später gegen den Fachbegriff „Leistungsprinzip“ ausgetauscht)
Standpunkt: Alle erhalten gleich viel Lohn.	*Standpunkt:* Jeder wird entsprechend seines persönlichen Bedarfs entlohnt.	*Standpunkt:* Jeder wird entsprechend seiner Leistung entlohnt.
Was jeder einzelne Mensch als gerecht empfindet, hängt von seinen Wertvorstellungen und seiner persönlichen Lebenssituation ab.		
✂ --		
z. B. berücksichtigt durch: • Zahlung von gleichem Urlaubsgeld • gleiche VL-Zahlung durch den Arbeitgeber	z. B. berücksichtigt durch: • Zuschlag für Verheiratete • Zahlung von Kindergeldzuschlag durch den Arbeitgeber	z. B. berücksichtigt durch: • unterschiedliche Stundenlöhne je nach gestellten Anforderungen • gezahlte Umsatzprovision • gezahlte Prämien für Mehrleistung

Erfahrungsgemäß eignen sich viele Themen aus unterschiedlichen Bereichen für Rollenspiele. Beispielhaft werden hier nur einige Spielanlässe als Anregung genannt:

5.2.6 Planspiel

Erfolgreiches praxisorientiertes Lernen erfordert aktive, intensive und realitätsnahe Methoden. Fallstudien und Rollenspiele bauen daher auf das „Learning-by-Doing"-Prinzip auf. Der komplexen Wirklichkeit können sie jedoch nicht entsprechen. Zur praxisorientierten Vorbereitung dienen im stärkeren Maße Planspiele. Für die Teilnehmer liegt das Ziel des Spiels darin, die gedachte Lage nach bestimmten Spielregeln auf eine Lösung hin durchzuspielen.

Planspiele bieten die Chance zu aktivem, handlungsorientiertem Lernen, was gerade für den Unterricht wichtig ist. Das fallbezogene Aktionslernen im Planspiel kommt der großen Mehrzahl der Schüler entgegen. Das aktive, problemlösende Lernen ermöglicht Selbsterprobung, Selbsterfahrung und nicht zuletzt Erfolgserlebnis. In der Entscheidungssimulation des Planspiels finden die Schülerinnen und Schüler ihre vielleicht zukünftige Berufsaufgabe wieder.

Frederic Vester[1], der das bekannte Planspiel Ökolopoly entwickelt hat, verweist auf den ganzheitlichen Aspekt von Lern- und Planspielen. Die Schülerinnen und Schüler können risikofrei mit beliebig vielen Entscheidungsstrategien experimentieren, bis ein optimales Ergebnis erreicht ist und gleichzeitig die Folgen von Fehlentscheidungen erkunden. So nutzt man beim Spiel zwar den Vorteil der Abstraktion, nämlich den wirklichen Gefahren nicht ausgesetzt zu sein, ohne jedoch ihre Nachteile, als den Verzicht auf die Mitarbeit eines Großteils unserer Gehirnfunktionen, in Kauf nehmen zu müssen. Darüber hinaus reißt eine Simulation die Wirklichkeit nicht auseinander, teilt sie nicht in Fächer ein, sondern versucht sie ja gerade in ihren Wechselwirkungen vernetzt zu erfassen und ihr Muster zu erkennen. All dies fesselt die Aufmerksamkeit, weil es Resonanz mit dem eigenen gedanklichen Grundmuster erzeugt.

Im Wesentlichen bestehen Planspiele aus zwei Elementen – dem Modell, das den Spielrahmen bildet, und dem Spiel, das den Teilnehmern die Gelegenheit bietet, im Rahmen des Modells Spielentscheidungen zu treffen. Im Unterschied zum Rollenspiel und der Fallstudie, wo mit der Entscheidung abgeschlossen wird, kommt beim Planspiel noch eine Gliederung in Zeiteinheiten oder Entscheidungsperioden hinzu. Dieses dynamische Element zwingt die Teilnehmer, sich immer wieder aufgrund der erzielten Ergebnisse und entsprechend ihrer Zielvorstellungen neu zu entscheiden, aber auch mit den Ergebnissen ihrer Entscheidungen zu leben.

Die Wechselwirkung von Aktion und Reaktion führt immer wieder zu veränderten Ausgangsdaten. Solche Spiele ermöglichen es, den dynamischen Charakter der ökonomischen Wirklichkeit darzustellen. Das Planspiel ist weiterhin eine Methode, die sich dadurch auszeichnet, dass sie neben der Wissensvermittlung auch die weiteren Zielschwerpunkte wie z. B. Erkenntnis von Zusammenhängen und Prozessen, die Entscheidungsfindung und das Entscheidungstraining sowie das Üben bestimmter Verhaltensweisen anstrebt.

Darüber hinaus werden Teamfähigkeit und die Entwicklung von Problem- bzw. Konfliktlösungsstrategien gefördert. Ausdrucks-, Argumentations- und Darstellungsfähigkeit als Bereiche von Sprachkompetenz können im Planspiel bei den Lernenden geschult und verbessert werden.

1 Vgl. Vester, Frederic: Spielen hilft verstehen, Vernetzte Vermittlung zwischen harter Praxis und grauer Theorie, in: Praxis Schule 6/92

Die Vorbereitung und Durchführung eines Planspiels setzt Erfahrung mit dieser Methode und Sachkenntnis in Bezug auf den bearbeiteten Inhalt voraus. Beim Einsatz von Planspielen darf nicht übersehen werden, dass es sich jeweils nur um ein Modell der Wirklichkeit handelt. Dies bedeutet, dass aus wirtschaftlichen bzw. rechentechnischen Gründen stets nur ein Teil der ganzen Vielfalt des ökonomischen Lebens im Modell erfasst werden kann. Außerdem sind bestimmte Einflussfaktoren (z. B. Käuferverhalten) nur schwer oder überhaupt nicht quantifizierbar. Die jeweiligen Spielergebnisse und deren Praxisnähe werden daher durch den Aufbau des jeweiligen Spielmodells wesentlich beeinflusst.

Es kann zwischen einer Reihe unterschiedlicher Planspielarten unterschieden werden.[1]

<table>
<tr><th>Unterscheidungsmerkmal</th><th colspan="5">Arten (steigende Komplexität →)</th></tr>
<tr><td>Anzahl der erfassten betrieblichen Teilbereiche</td><td colspan="3">FUNKTIONALSPIELE
(nur ein Teilbereich der Unternehmung ist erfasst)</td><td colspan="2">INTEGRATIONSSPIELE oder ALLGEMEINE SPIELE
(die Interdependenzen zwischen mehreren oder allen Teilbereichen der Unternehmung werden erfasst)</td></tr>
<tr><td>Erforderliche Hilfsmittel zur Auswertung</td><td colspan="3">MANUELLE SPIELE
(können von Hand ausgewertet werden)</td><td colspan="2">COMPUTERSPIELE
(können aufgrund ihrer Komplexität nur mithilfe der elektronischen Datenverarbeitung ausgewertet werden)</td></tr>
<tr><td>Umfang</td><td colspan="5">ANZAHL DER ENTSCHEIDUNGSVARIABLEN i
(i = 1, ... m)</td></tr>
<tr><td rowspan="2">Stellung der Teilnehmer</td><td colspan="2" rowspan="2">SOLOSPIELE
(eine einzige Spielgruppe hat die nach bestimmten Gesetzmäßigkeiten oder Zufallseinflüssen sich ändernden Umweltbedingungen in ihren Entscheidungen zu antizipieren)</td><td colspan="3">KONKURRENZSPIELE</td></tr>
<tr><td colspan="2">PARALLELSPIELE
(mehrere Gruppen spielen unabhängig voneinander, d. h., zwischen ihren Entscheidungen besteht keine Interdependenz, in der Auswertungsphase wird festgestellt, welche Spielgruppe das Ziel am besten erreicht hat)</td><td>INTERAKTIONSSPIELE
(die Entscheidungen der einzelnen Spielgruppen beeinflussen die Spielbedingung aller Spielgruppen; es bestehen also zwischen den Gruppen Interdepenzen)</td></tr>
<tr><td>Entscheidungssituationen</td><td colspan="2">DETERMINISTISCHE SPIELE
(das Spielergebnis bestimmt sich aufgrund mathematisch eindeutig festgelegter Größen des Spielmodells)</td><td colspan="3">STOCHASTISCHE SPIELE
(das Spielergebnis wird auch durch Zufallseinflüsse bestimmt, die schon durch einfachste Methoden simuliert werden können, wie z. B. durch Würfeln und Karten ziehen o. Ä.)</td></tr>
<tr><td>Realitätsbezug</td><td colspan="2">SPIELE MIT ABSTRAKTEN DATEN UND PROBLEMEN
(die unterstellten Daten und Probleme sind nicht unmittelbar aus der Praxis entnommen)</td><td colspan="3">SPIELE MIT KONKRETEN DATEN UND PROBLEMEN
(die unerstellten Daten und Probleme stammen aus in der Realität vorgefundenen Entscheidungssituationen)</td></tr>
<tr><td>Interventionsmöglichkeiten der Spielleitung</td><td colspan="2">STARRE MODELLE
(der Spielablauf wird nur durch das dem PS zugrunde liegende Modell bestimmt)</td><td colspan="3">FREIE MODELLE
(der Spielleitung wird die Möglichkeit eingeräumt lenkend in den Spielablauf einzugreifen)</td></tr>
<tr><td>Anwendungsbereich</td><td>SPEZIALSPIELE
(Spiele sind auf ein bestimmtes Unternehmen abgestimmt)</td><td colspan="3">BRANCHENSPIELE
(Spiele sind auf eine bestimmte Branche abgestellt)</td><td>UNIVERSALSPIELE
(es wird kein spezieller Firmen- oder Branchenbezug unterstellt)</td></tr>
</table>

1 John, E. G.; Walther, K.: Planspiele – Hilfsmittel für einen entscheidungsorientierten und praxisnahen Wirtschaftslehreunterricht? In: Wirtschaft und Erziehung, 1981, Heft 7/8, S. 216

Für den unterrichtlichen Einsatz wird in der Regel mit steigender Komplexität zwischen Funktionalspielen und Integrationsspielen unterschieden. Beschränken sich erstere auf Teilbereiche der Unternehmung, so konzentrieren sich letztere auf das Zusammenwirken mehrerer oder aller Teilbereiche der Unternehmung. Dabei wird durch die fortschreitende Entwicklung der Datenverarbeitung die Simulation häufig am Computer durchgeführt.

Auf dem deutschen Markt gibt es eine Vielzahl von Unternehmensplanspielen für verschiedene Lebensbereiche und Zielgruppen.[1]

Verfahrens- und Vorgehensweise:

- **Spieleinführung**
  Es werden Spielgruppen gemäß den Prinzipien der Gruppenarbeit gebildet. Die Gruppenstärke darf einerseits nicht zu groß sein, damit Meinungsaustausch und Koordination der Arbeiten innerhalb der Entscheidungsperioden verwirklicht werden können, andererseits aber auch nicht zu klein, um die anfallenden Aufgaben zeitgerecht erledigen zu können.
- Benennung der Spielidee und des Ziels
- Bekanntgabe der Spielregeln
- Verteilung der Rollen
- Vorbereitung der Spielfläche
- Ausgabe von Requisiten und Materialien
- Einarbeitung in die zugewiesene Rolle
- Aufträge für die Spielbeobachter
- ...

- **Spielphase**
  Informations- und Meinungsbildung (entsprechend der jeweiligen Spielanleitung)
  Interaktionsphase
- Eröffnung der Spielrunde
- Steuerung des Spielverlaufs durch den Spielleiter
- Dokumentation des Spielverlaufs
- ...

- **Auswertung und Nachbereitung** (erfolgt gemäß den Intentionen des Spielbetriebs)
- Rekapitulation des Spielverlaufs
- Interpretation des Spielergebnisses
- Dokumentation
- Vorschläge zur Verbesserung der Vorbereitung und Durchführung
- ...

1 Eine Planspiel-Übersicht wird von der Deutschen Planspiel-Zentrale (DPSZ) herausgegeben; Deutsche Planspiel-Zentrale Dr. Walter E. Rohn, Vonkeln 51, 42349 Wuppertal

Beispiel Planspiel

„Chef im Ring" ist ein generelles Entscheidungsmodell[1], in dem die wesentlichen unternehmerischen Entscheidungs- und Funktionsbereiche auf einem einfachen Niveau simuliert werden. Drei bis sechs Unternehmen konkurrieren bezüglich der Rohstoffe und der von ihnen hergestellten homogenen Fertigprodukte auf einem gemeinsamen Beschaffungs- und Absatzmarkt mit einem vergleichbaren Produkt. Auf der Grundlage selbstständig gesetzter unternehmerischer Ziele (z. B. Gewinnmaximierung) müssen die Unternehmen finanzieren, investieren, beschaffen, produzieren und verkaufen. Die Schülerinnen und Schüler übernehmen die Leitung des ihnen zugeteilten Unternehmens und führen es in den nächsten Perioden (Geschäftsjahre).

Sie treffen die unternehmerischen Entscheidungen, damit die von ihnen gesetzten Unternehmensziele erreicht werden können. Ihr Ziel muss es sein, den Bestand und den Erfolg ihres Unternehmens langfristig zu sichern. Dazu ist es notwendig, dass sie sich erfolgreich auf dem Markt behaupten.

Ihre Beschaffungs-, Produktions-, Absatz- und Finanzentscheidungen müssen die Schülerinnen und Schüler mit dem Markt und dessen Entwicklung abstimmen. Dabei können in den verschiedenen Bereichen Engpässe auftreten, an denen sie ihre übrigen Pläne ausrichten müssen. Die Entscheidungswirkungen hängen in der Regel von den vorher getroffenen Maßnahmen, dem taktischen und strategischen Handeln der Konkurrenten und evtl. von Zufallskomponenten ab. Der **„Chef im Ring"** wird ermittelt.

Die Entscheidungsfindung und -fällung vollzieht sich zumeist unter Zeitdruck. Ein Würfel zeigt den Schülerinnen und Schülern, welche Aktion von ihnen verlangt wird (1, 3, 5 Entscheidungen, 4 spezielle Entscheidung zu bestimmten Ereignissen, die durch Ereigniskarten vorgegeben werden, 5 spezielle Entscheidungen im Bereich der Kosten, 6 spezielle Entscheidungen im Bereich Werbung und Verwaltung).

Die Einführung des Planspiels mit den entsprechenden Materialien und die Organisation der Volkswirtschaftsgruppen erfordert ca. 45 Minuten. Das Spiel und die Ergebnisfeststellung sollte weitere 2 Unterrichtsstunden betragen. Der Markt als Angebots- und Nachfragemarkt wird mit Spielsteinen, Knöpfen usw. in einer Preisskala verdeutlicht.

Die Ergebnisse der Entscheidungen über den **„Chef im Ring"** werden in einer einfachen Buchführung auf Bestandskonten vorgenommen.

In einer abschließenden Reflexion werden die gewonnenen Erfahrungen und Erkenntnisse bezüglich der betriebswirtschaftlichen Funktionszusammenhänge und des Marktgeschehens vertieft.

1 Vgl. Unternehmens-Planspiel playboss – Das Wirtschaftsspiel, Verlag Ravensburg und Webers, Hans-Harald: Planspiel Glasmark, Ein Lernspiel zur Marktpreisbildung, Köln-Porz 1987

3713134

Eine Erweiterung des Spiels durch den Einsatz des Computers als Planungshilfsmittel ist denkbar.

Unternehmen:

Aktiva	**Eröffnungsbilanz** **Passiva**

Aktiva	**Schlussbilanz** **Passiva**

Eigenkapital in der Schlussbilanz	
Eigenkapital in der Eröffnungsbilanz	

Unternehmensplanspiel – Rahmenbedingungen	
1. Jede Spielgruppe stellt eine Volkswirtschaft dar. Beziehungen zwischen den einzelnen Volkswirtschaften können im Spielverlauf erreicht werden. 2. Es liegt keine soziale Marktwirtschaft vor. Vereinbarungen der Unternehmer, die auf Zusammenschlüsse bzw. besondere Strategien zielen, sind erlaubt. 3. Ein Spieler übernimmt die Bank. 4. Der Spieler wird Unternehmer in einer Volkswirtschaft und übernimmt eine Unternehmung. a) Firmierung festlegen b) Bilanz erstellen c) Folgende Konten sollten geführt werden 1. Maschinen 2. Kasse 3. Bank Erweiterungen möglich! Es wird nur auf diesen Konten gebucht, d. h. keine Buchungen in der Erfolgsrechnung. Es werden also nur die Vorgänge in den Finanzkonten gebucht. Beim Abschluss werden durch die Inventur die weiteren Bestände im Anlage- und Umlaufvermögen festgestellt. 5. Es sollten möglichst viele Vorgänge bargeldlos abgewickelt werden. 6. Eine Spielrunde bedeutet = ein Geschäftsjahr. Nach jedem Geschäftsjahr kann (muss aber nicht) der Gewinn versteuert werden. Tilgung, Kredit und Zinszahlung beachten.	Notizen

5.3 Projekt

Die Entwicklung fachübergreifender Qualifikationen kann im **Methoden-Mix** in erster Linie durch den verstärkten Einsatz aktiver Lernmethoden gefördert werden. Hierzu zählt die Projektmethode, in der Literatur auch als Projektverfahren, Projektunterricht, projektorientierter Unterricht oder nur als Projekt bezeichnet. *Dewey* (1859 – 1952) hatte sich schon früh intensiv mit dieser Unterrichtsform auseinandergesetzt und versuchte die Interessen und Bedürfnisse der Lernenden in den Vordergrund zu stellen, um Planen, Lernen und Handeln im Prozess der Selbstorganisation zu verbinden, d. h., Lernende und Lehrende planen, organisieren und kontrollierenden Unterricht, in dessen Mittelpunkt ein Projekt steht, gemeinsam.[1]

Bei der Projektmethode werden von den Schülern unternehmerische Denkweisen, Strategien und Hinweise für die Projektdurchführung angewendet. Durch dieses projektorientierte Arbeiten können im Sinne angestrebter Schlüsselqualifikationen besonders Selbstständigkeit, Fantasie, Innovationsfähigkeit, Kritikfähigkeit und demokratisches Verhalten bei den Schülern sichtbar entwickelt und eingeübt werden. Um solche Fähigkeiten zu fördern, muss der Lernprozess allerdings an den Bedürfnissen und Interessen der Beteiligten orientiert sein und sich an den von *Gudjons* formulierten Merkmalen des Projektunterrichts ausrichten:[2]

1. Situationsbezug und Lebensweltorientierung
2. Selbstorganisation und Selbstverantwortung
3. Gesellschaftliche Praxisrelevanz
4. Zielgerichtete Projektplanung
5. Projektorientierung
6. Einbeziehen vieler Sinne
7. Soziales Lernen
8. Interdisziplinarität
9. Grenzen

   ...

Als Gegenstand der Projektmethode bzw. des Projektes kann eine Untersuchung, eine Aktion oder eine andere für die Lernenden bedeutsame praktische Tätigkeit mit Aufgabencharakter gewählt werden.

Die praktische Umsetzung von Projekten kann in folgenden Projektschritten geschehen:

1. **Projektthematik**
   Eine für den Erwerb von Erfahrungen geeignete, problemhaltige Sachlage sollte zunächst ausgewählt werden, die auf Schülerinitiative zurückgeht und eine bedeutsame praktische Tätigkeit verlangt.
2. **Projektziel**
   Als Projektziel sollte ein Produkt benannt werden, z. B. die Erstellung einer Informationsmappe, die den Lernfortschritt nachweist und objektiviert. Dabei sollte sorgfältig ein gemeinsamer Plan zur Problemlösung entwickelt werden.

---

1 Vgl. Stach, Reinhard: Projektorientierter Unterricht, Kastellaun 1978, S. 13 ff.

2 Vgl. Gudjons, Herbert: Handlungsorientiert Lehren und Lernen, Bad Heilbrunn 1986, S. 58 ff.

3. **Projektaktion**
   Die Umsetzung des Planes liegt weitgehend in Schülerhand, die in Gruppen zusammenarbeiten, Arbeitsergebnisse zu einem Ganzen koordinieren, Interessen ausgleichen.
4. **Projektpräsentation**
   Die erarbeitete Problemlösung wird vorgestellt und an der Wirklichkeit überprüft.
5. **Projekttransfer**
   Auch im Transferbereich werden Fachgrenzen weitgehend überschritten, denn projektorientiertes Lernen versteht sich als ganzheitliches Lernen.[1]

Der Projektgedanke erlebte im Zusammenhang mit der Gesamtschulentwicklung einen großen Aufschwung. Heute werden jedoch nicht nur dort, sondern auch im kaufmännischen berufsbildenden Schulwesen, in Berufsausbildungszentren und Berufsförderungswerken immer häufiger Forderungen laut, projektorientiertes Lernen in den Unterricht einzubringen. So sehen zum Beispiel die Eckdaten für das Fach Wirtschaftsrecht und Verwaltungsrecht der Höheren Handelsschule Projektarbeit vor. Ebenso finden sich Hinweise für Projektunterricht in den vorläufigen Richtlinien Betriebswirtschaftslehre mit Rechnungswesen.[2] Berufsausbildungszentren und Berufsförderungswerke haben die Projektarbeit zwingend in ihre Ausbildungspläne übernommen.[3]

Trotz breiter fachwissenschaftlicher und allgemein pädagogischer Zustimmung stößt im Schulalltag die praktische Durchführung von Projekten z. B. im kaufmännischen Bereich auf erhebliche Skepsis und Kritik. So werden häufig Zeitnot, anstehende Prüfungstermine, Schwierigkeiten bei der Abstimmung von Lehrenden und Lernenden in der Planungs-, Durchführungs- und Reflexionsphase zu Projekten beklagt. Hinzu kommen organisatorische Probleme sowie der Mangel an Räumlichkeiten und Ausstattungen in den Schulen.

Verfahrens- und Vorgehensweise:

Projekte und ihre Beschreibungen sind sehr verschiedenartig, sodass auch die Planungs- und Verlaufsstrukturen sehr verschiedenartig sein können. Dabei sind die wechselnden Interessen und Absichten der Beteiligten zu berücksichtigen. Dennoch lassen sich folgende gemeinsame Planungselemente angeben.

Für die **Vorbereitung der Projektarbeit** ergeben sich für die Lehrerin oder den Lehrer vier zentrale Planungsmomente:[4]
- die Einführung der neuen Unterrichtsform in der Klasse
- die vorbereitende Projektplanung der Lehrerin oder des Lehrers
- die kooperative Planungsphase mit der Klasse
- die permanente Revision der Eingangsplanung während des Projektablaufs

---

1 Vgl. Bastian, Johannes und Gudjons, Herbert: Das Projektbuch II, 1990, S. 27 ff.

2 Vgl. u. a. Die Schule in Nordrhein-Westfalen, Vorläufige Richtlinien: Betriebswirtschaftslehre mit Rechnungswesen, Höhere Berufsfachschule mit gymnasialer Oberstufe, Berufsbezogener Schwerpunkt Wirtschaft und Verwaltung, hrsg. vom Kultusminister des Landes Nordrhein-Westfalen, Frechen 9/1987, S.44 ff.;
Die Schule in Nordrhein-Westfalen, Vorläufige Richtlinien: Betriebswirtschaftslehre mit Rechnungswesen, Höhere Berufsfachschule (zweijährige Höhere Handelsschule) Typ Wirtschaft und Verwaltung, hrsg. vom Kultusminister des Landes Nordrhein-Westfalen, Frechen 12/1989, S. 8 ff.;
Der Kultusminister: Entwurf Eckdaten für das Fach Wirtschaftsrecht in der zweijährigen Höheren Berufsfachschule für Wirtschaft und Verwaltung, 1990, S. 6

3 Tolksdorf, Peter: Arbeitspapier Nordrhein-Westfälisches Berufsförderungswerk e. V. Dortmund: Zukunftsorientierte Berufsausbildung/-umschulung mit modernisiertem Konzept in den Berufsbildern Bürokaufmann/Bürokauffrau sowie Industriekaufmann/Industriekauffrau im Berufsförderungswerk Dortmund, Dortmund 1992, S. 8 ff.

4 Vgl. Gudjons, Herbert: a. a. O., S. 80 ff.

Der **Ablauf des Projekts** könnte im Grundmuster nach folgenden Phasen gegliedert werden.[1]

Kooperative Projektplanung:

- **Projektinitiative** Ideensammlung
  Auseinandersetzung mit der Projektinitiative
  Entwicklung einer Projektskizze
- **Projektskizze** Äußerung der Interessen und Betätigungswünsche der Schülerinnen und Schüler
  Erste Überlegungen zu: Fragestellungen, Zeitbedarf, Materialien, Formen der Zusammenarbeit
  Entwicklung des Projektplans
- **Projektplan** Benennung des Produktes bzw. der Aktion
  Festlegung eines Arbeitsplanes: wer, was, wie und warum tut
  Festlegung der Projektschritte mit Zeitplanung
  Planung notwendiger organisatorischer Hilfsmittel

Projektdurchführung

- Ausführung des Arbeitsplanes durch die Schülerinnen und Schüler
  Tätigkeitsorganisation in den Gruppen (Gruppenarbeitspläne)
  Bearbeitung der jeweiligen thematischen Schwerpunkte
- Koordination der Tätigkeiten
  Sicherung und Diskussion von Zwischenergebnissen
- Übermittlung notwendiger Informationen in der Organisationsgruppe
  Hilfe bei Problemen
  Erörterung neuer Ideen
- Aufarbeitung von Beziehungsproblemen und Konflikten
  Auseinandersetzung mit dem eigenen Tun

Projektabschluss und Reflexion

- Präsentation der Projektergebnisse
- Rückkopplung zur Projektinitiative
- Reflexion über die geleistete Arbeit, der Zielerreichung und Zielvorstellung, Verbesserungsvorschläge, ...

---

1 Vgl. Landesinstitut für Erziehung und Unterricht, Abteilung Berufliche Schulen: Berufsorientierte Projekte – Handreichungen, Stuttgart 1993

Beispiel Nr. 1 Projekt

„Schüler der K II als Unternehmer“[1]

Schüler der K II als Unternehmer
– Gewinn geht in die Klassenkasse – Beste Präsentation wird prämiert! Informationsveranstaltung am 29. Januar 2000
1. Die Klasse ...... gründet eine Unternehmung zum Betreiben a) einer Milch- und Saftheke (HHA) b) einer Cafeteria (Kaffee und Kuchen) (G 12) c) einer Frühstücksbar (HH 12 BF) d) eines Suppentopfes (HH 12 BW) 2. Gesellschafterliste (verbindlich mithelfende Schüler) mit Telefonnummer: .... 3. Geschäftsführer (Name): .... 4. Stellvertretender Geschäftsführer (Name): .... 5. Buchhalter/Kassenführer (Name): .... 6. Firmierung (Name des Unternehmens): ....

Checkliste für Unternehmung: ....
Für die Planung sollten die Unternehmungen (Klassen) beachten: **1. Finanzplanung** a) Fremdkapital Darlehen vom Förderverein der K II .... € Das zinslose Darlehen muss zurückgezahlt werden. Eine Buchführung sollte/muss erfolgen. b) Eigenkapital Eigen- (Arbeitsleistung) und Sachleistungen (z. B. selbst erstellter Kuchen) **2. Angebotsplanung** Angebot der Waren festlegen mit Preisen **3. Beschaffungsplanung** Einkauf der Waren (auch Spenden von Eltern, Lehrern ...) **4. Personalplanung** Wer übernimmt welche Aufgaben verbindlich? (z. B. Spüldienst) **5. Werbeplanung** z. B. Hinweisschilder, Preistafeln, Flugblätter, Zeitungsartikel ... Erstellung z. B. im Deutsch- und EDV-Unterricht **6. Zeitplanung** Besprechung am 24. November 1999 Zeit: 3. + 4. Stunde Raum: ...... Geschäftsführer mit Stellvertreter **7. Weitere Überlegungen**

1 Quelle: Hoffmann, Bärbel; Fandel, Gabriele: Projektunterricht zur Förderung von Schlüsselqualifikationen „Schüler der K II als Unternehmer, Winklers Flügelstift 1/94, Darmstadt 1994

Beispiel Nr. 2 Projekt

Spielend zum Bürokaufmann: Entwicklung eines Wissensspiels durch Lernende[1]

1 Quelle: Umschülerinnen und Umschüler des Berufsförderungswerkes Dortmund, Projektleitung Hoffmann, Horst; Dortmund 1995

Spielend zum Bürokaufmann

Allgemeines
„Spielend zum Bürokaufmann" ist ein Spiel, das aus viel Spaß, Wissen und Glück besteht. Hauptziel dieses Spiels ist es, die „Prüfung" zum Bürokaufmann zu schaffen, das heißt im Verlauf des Spiels Wissen hinzugewinnen, Wissen weiterzugeben oder mit etwas Glück richtig zu raten oder gekonnt zu würfeln.

Wie im richtigen Leben ist Wissen gleich Macht.

Es geht in diesem Spiel nicht darum, mit Wissen zu glänzen oder sich seines „Nichtwissens" zu schämen. (Es ist noch kein Meister vom Himmel gefallen.) Der Hauptgedanke ist Wissen zu festigen und sich das Wissen, was noch nicht vorhanden ist, „spielend" anzueignen.

Spieleranzahl
2–28 Spieler einzeln oder in Gruppen
Optimale Spielerzahl 4 – 8

Inhalt des Spiels (Zubehör)
1 Spielplan / Würfel / Spielsteine / Frage- und Antwortkarten zu Datenverarbeitung (DV), Organisationslehre (Orga), Rechnungswesen (Rewe), Allgemeine Wirtschaftslehre (AWL) und berufliches Allgemeinwissen (allgemein).

Ziel des Spiels
Die Prüfung zum Bürokaufmann zu bestehen!

Spielvorbereitung
Jeder Spieler (Gruppe) wählt einen Spielstein und stellt ihn auf das Startfeld. Nun würfelt jeder Spieler (Gruppe) einmal. Der mit der höchsten Augenzahl beginnt mit dem Spiel. Weiter gehts im Uhrzeigersinn.

Die Frage- und Antwortkarten werden nach Wissensgebieten sortiert, gemischt und verdeckt abgelegt. (5 Stapel)

Das Spiel beginnt:
Der erste Spieler würfelt mit einem Würfel und geht die gewürfelte Augenzahl in Pfeilrichtung, also im Uhrzeigersinn.

Trifft der Spieler auf ein Wissensfeld, z. B. DV, so zieht der links von ihm sitzende Mitspieler die oberste Karte des DV-Stapels und stellt die dort angegebene Frage. Kann er sie beantworten, so darf er auf dem Feld stehen bleiben, wenn nicht, muss er die vorher gewürfelte Augenzahl wieder zurückstellen. Dann ist der nächste an der Reihe.

Es dürfen mehrere Spieler auf einem Feld stehen.

Trifft ein Spieler auf ein Jokerfeld, darf er zur Belohnung noch einmal würfeln.

Kommt ein Spieler mit der gewürfelten Augenzahl **direkt** auf ein Feld mit einem Schlüssel, darf er sich ein Wissensgebiet aussuchen und der links von ihm sitzende Spieler stellt wieder die Frage anhand der Frage- und Antwortkarten.

Wird die Frage beantwortet, darf er durch die Tür in die nächste Ebene (auf das Feld mit der Hand). Wird die Frage nicht beantwortet, bleibt er auf dem „Schlüsselfeld" stehen und hat in der nächsten Runde erneut eine Chance, durch die richtige Beantwortung der Frage in die nächste Ebene zu gelangen.

Wenn ein Spieler während einer normalen Runde mit der gewürfelten Augenzahl auf ein „Handfeld" kommt, bleibt er bis zur nächsten Runde dort stehen ohne eine Frage beantworten zu müssen.

Hat man dann endlich das „Zielfeld" erreicht, steht man direkt vor der „Prüfung".

Hier muss aus jedem Wissensgebiet eine Frage beantwortet werden. Kann man die erste Frage eines Wissensgebietes nicht lösen, so bekommt man eine zweite und dann auch eine dritte Chance. Wenn keine der drei Fragen richtig beantwortet wurde, muss der Spieler mit seinem Spielstein wieder eine Ebene tiefer auf das Feld mit der Hand, links vom Schlüsselfeld.

Wenn eine Frage richtig beantwortet wurde, kommt das nächste Wissensgebiet an die Reihe usw., bis aus allen fünf Bereichen jeweils eine Frage beantwortet wurde.

Wer dies schafft, hat die Prüfung zum Bürokaufmann bestanden!

Viel Spaß

6 Die Rollen der Lehrpersonen im handlungsorientierten Unterricht

Über die Schule als gesellschaftlicher Lebens- und Erfahrungsraum weiß jeder Mensch aus seiner eigenen Schulzeit zu erzählen. Manch Heiteres, oft Nachdenkliches und viel Kritisches wird seit Generationen berichtet, komponiert und fantasievoll angedichtet.

Dabei entwickelt und infiltriert jeder seine eigenen Vorstellungen und Urteile über die besonderen Qualifikationen und über die konkreten Rollen der „richtigen" Lehrpersonen in der Schule und speziell im Unterricht. Erinnern wir uns nur an die dargestellten Lehrertypen und deren Rollenverhalten in den Verfilmungen der „Feuerzangenbowle" oder des „Fliegenden Klassenzimmers"! Sprechen wir über den wissenschaftsorientierten, „logotropen"[1] Lehrer, der stets der Maxime folgt: „Wer das Wissen hat, kann auch lehren", meinen wir den „paidotropen"[2] Sozialtechnologen, der die Klaviatur der Menschenführung versteht oder fordern wir neuerdings mit hohem Anspruchsniveau an die Rollen der Lehrpersonen in einem handlungsorientierten Unterricht nicht eher einen idealtypischen „Teufelskerl"?[3]

Dieser Alleskönner, diese universale Lehrperson soll im **Methoden-Mix** der Handlungsorientierung zugleich Schlüsselqualifikationen vermitteln und Kompetenzen fördern, über die er selbst stets glaubwürdig verfügen und die er nachvollziehbar unterrichtsprozessual umsetzen kann.

Diesen **Fragen** der Rollen von Lehrpersonen im handlungsorientierten Unterricht wollen wir abschließend nachgehen:

> Welche veränderten Rollensegmente verlangen heute handlungsorientierte Unterrichtsprozesse in einem **Methoden-Mix**, um eine umfassende Handlungskompetenz (Fach-, Sozial- und Methodenkompetenz) fördern zu können und wie konkretisieren sich diese veränderten Rollen und Kompetenzen in handlungsorientierten Unterrichtsprozessen?

Die **Antworten** werden dabei weder ein idealtypisches Rollenbild von Lehrpersonen zeichnen, noch einen vollständigen Forderungskatalog von Qualifikationsaspekten erheben, doch sollen die Rollen der Lehrpersonen im handlungsorientierten Unterricht verdeutlicht und zuletzt am Beispiel des „Team-Teaching" konkretisiert werden.

6.1 Rollensegmente und Kompetenzen

Sozialkompetenz durch Unterrichten, Erziehen, Beraten, Bewerten, Organisieren und Innovieren

Gegenseitige Wertschätzung von Lehrenden und Lernenden sowie die Fähigkeit, für sich selbst und für andere Verantwortung zu übernehmen, sind wichtige Elemente der Persönlichkeitsentwicklung und des demokratischen Zusammenlebens.

Für die Schule der Zukunft, einem Haus des Lernens,[4] und speziell für die Qualifikationen der Lehrpersonen fordern diese Aussagen die erzieherische Kompetenz der Lehrenden,

1 Vgl. Caselmann, C: Wesensformen des Lehrers, Stuttgart 1964
2 Vgl. Caselmann, C: a. a. O.
3 Vgl. Bönsch, M.: Auf den Lehrer kommt es an! In: Wirtschaft und Erziehung, 7/8 1988, S. 232
4 Vgl. Bildungskommission NRW: Zukunft der Bildung – Schule der Zukunft, Neuwied, Kriftel, Berlin 1995

wie sie in vielfältiger Weise durch die konkrete Umsetzung des **Methoden-Mix** in handlungsorientierten Unterrichtsprozessen deutlich wird.

Handlungsorientierte Methoden und Rollensegmente, wie z. B. die Rollen des Lehrers als Spielleiter im Rollenspiel, im Planspiel oder im Projekt fordern Lehrerpersönlichkeiten, die durch die Art zu denken, durch ihr Engagement, durch ihre Art zu leben und durch ihr an Vernunft, Freiheit und Gerechtigkeit orientiertes Wertesystem beispielgebend und vorbildlich sind.[1] Dabei ist diese Vorbildrolle der Lehrpersonen im wahrsten Sinne des Wortes als erzieherisches Bild zu verstehen, das vor einer Lerngruppe oder einzelnen Person steht, an dem man sich orientieren, das man aber auch kritisieren kann, das engagiert und kritisch sachverständig und gerecht ist, das Kompromissbereitschaft, aber auch Konflikthärte zeigen kann.

Diese Rolle des Lehrenden als *Erzieher* ist im **Methoden-Mix** unter anderem in den neuen Organisationsformen des Lernens und Lehrens sichtbar geworden und verdeutlicht die Bedeutung einer ausgeprägten *Sozialkompetenz* der Lehrpersonen.

Formen kooperativen Lernens und Lehrens werden im **Methoden-Mix** dargestellt und sozial differenziertes Lernen mit wechselnden Rollen praktiziert. Fachliches und überfachliches Lernen, individuelle und soziale Erfahrungen, Praxisbezug und die Einbeziehung des gesellschaftlichen Umfeldes werden im **Methoden-Mix** miteinander verknüpft und somit Schule als demokratischer Lern- und Lebensraum aktiv gestaltet.[2]

Fachkompetenz durch Unterrichten, Erziehen, Beraten, Bewerten, Organisieren und Innovieren

Fachliches Unterrichten und Lernen sowie fachliche Kompetenzen entwickeln sich im **Methoden-Mix** durch die Fähigkeiten, Lernprozesse selbst zu steuern und sie im Wechselspiel von Denken und Handeln spiralförmig und in Lernschleifen zu vollziehen.

Dabei muss in handlungsorientierten Unterrichtsprozessen der Lehrende seine Fachkompetenz für didaktisches Handeln wissenschaftlich sicher beweisen und seine Entscheidungen pädagogisch sinnvoll begründen können. So müssen Kontextverständnis, Ziel- und Entscheidungsfähigkeit, die Organisation der Lernprozesse sowie die Evaluation vor dem Hintergrund einer gesicherten stundenbezogenen Sachanalyse von den Lehrpersonen geleistet werden.

Das Fachwissen sollte weiterhin unverkennbar die subjektorientierte Keimzelle der Unterrichtspraxis sein, die sich vor allem in didaktischen Entscheidungen durch die durchdachte Vollständigkeit von Lernprozessen und Lernhandlungen auszeichnen sollte.

Methodenkompetenz durch Unterrichten, Erziehen, Beraten, Bewerten, Organisieren und Innovieren

Selbst gesteuerte Formen des Lernens[3] verändern die Rollen von Lehrerinnen und Lehrern im „Haus des Lernens". Die Lehrenden können jedoch nicht mehr, wie unser **Methoden-Mix** zeigt, allein Wissensvermittler sein. Das professionelle Selbstverständnis muss sich in der neuen Rolle des „Coaching", der Kompetenz von Lernberatern und „Lernhelfern" (learn-facilitators) ausdrücken, die gegenüber den Lernenden als Lernerfahrene, als Experten einen gewissen Vorsprung haben. Somit kann sich Schule für Lehrende und Lernende zum gemeinsamen Lebens- und sozialen Erfahrungsraum entwickeln.[4]

---

1 Vgl. Bönsch, M.: a. a. O., Seite 231
2 Vgl. Bildungskommission NRW.: a. a. O., Seite 83
3 Vgl. Bildungskommission NRW.: a. a. O., Seite 85
4 Vgl. Cohn, Ruth: Von der Psychoanalyse zur themenzentrierten Interaktion, Stuttgart 1995

Wie die Vorstellung des **Methoden-Mix** ausweist, werden die Lehrenden und Lernenden bei der Durchführung handlungsorientierter Unterrichtsprozesse von der Aufgabe des reinen Wissensvermittelns weitgehend entlastet. Der Schwerpunkt der Unterrichtstätigkeit liegt daher vielmehr in der fachlichen und methodischen Beratung und Unterstützung auch einzelner Schülerinnen und Schüler. So besteht die Hauptaufgabe im Unterricht nicht nur in der Vermittlung von Fachwissen, sondern in der Aufgabe eines Lernprozesshelfers durch die Steuerung und Organisation des selbstständigen und selbstverantwortlichen Lernprozesses der Schülerinnen und Schüler.

Der *Methodenkompetenz* kommt somit für die Lehrenden in der Planung, Durchführung und Kontrolle von handlungsorientierten Lernprozessen erhöhte Bedeutung zu.

Die *unterrichtsvorbereitende* Planung findet beim handlungsorientierten Lernen ihre Ergänzung und Vollendung in der gemeinsamen Planung des Lernprozesses mit den Schülern. Im Idealfall wird die Aufgabenstellung sogar mit den Schülerinnen und Schülern gemeinsam entwickelt. Es hat wenig Sinn, die Bewältigung einer Problemstellung von den Schülern zu fordern, wenn sie den Sinn des Ganzen nicht erkennen und nicht an der geplanten Vorgehensweise beteiligt sind. Deshalb ist es unbedingt erforderlich, dass den Lernenden schon vor Beginn der Auseinandersetzung die Problemstellung bekannt und verdeutlicht wird.

Die Rollen der Lehrenden konzentrieren sich in diesem Prozess darauf, in der *Planungsphase* die entsprechenden methodenzentrierten Übungen vorzubereiten, zu moderieren und nötigenfalls den Lernenden mit Rat und Tat zur Seite zu stehen. Geübt und einstudiert wird keineswegs abgehoben und fachfremd, sondern sehr wohl fach-, themen- und materialbezogen. Insofern stehen Methodenlernen und fachliches Lernen auch nicht in einem Konkurrenzverhältnis zueinander.[1]

Während der *Phasen der Planung* und *der Problemlösung* beobachten die Lehrenden den erwarteten Problemlösungsprozess. In diesem Denkprozess greifen die Lehrenden bei Fehlern oder Irrwegen nicht sogleich ein, sondern geben den Lernenden die Chance, ihre Fehler zu erkennen, zu überdenken und zu revidieren. In Lernschleifen und zwischengeschalteten *Reflexionsphasen* oder gar in der *Bewertungsphase* zum Abschluss der Problemlösung sind die Lehrenden und die Lernenden aufgerufen ihr Vorgehen und ihre Handlungsergebnisse zu reflektieren, zu beurteilen und abweichende Meinungen und Einschätzungen zu diskutieren.

Fassen wir ein **Fazit**, so hat der Lehrende im Bemühen um ganzheitliche Bildungsansätze in handlungsorientierten Lernprozessen unterschiedliche Rollen z. B. als Begleiter, Erzieher, Moderator, Methodentrainer, Lernprozesshelfer ... zu erfüllen.

Roman Dörig fordert, dass der Lehrer im handlungsorientierten Unterricht „modelliert, (mit)steuert, sprachlich begleitet, coacht, überwacht, korrigiert und bewertet".[2] Dabei sei betont, dass es nicht darum geht, fachliche Kompetenzen durch methodische und soziale Kompetenzen zu ersetzen, sondern im Wesentlichen darum, sie integriert zu vermitteln.[3]

Es wird klar, dass von der Aufgabe des reinen Wissensvermittelns die Lehrerinnen und Lehrer bei der Durchführung eines handlungsorientierten Unterrichts weitgehend entlastet und zum Lernprozesshelfer aufgerufen sind.

---

1 Vgl. Klippert, Heinz: Methodentraining, a. a. O., Seite 241
2 Vgl. Stein, H.: Der Lehrer als Moderator, Gehlen Heft 6, Seite 239
3 Vgl. Beck, H.: Schlüsselqualifikationen – Bildung im Wandel, a. a. O., S. 88

6.2 Lehrpersonen im Lernprozess

Berufliche Handlungskompetenz

Fachkompetenz
Sozialkompetenz
Methodenkompetenz

Methoden-Mix

Rollensegmente

Rollen von Lehrpersonen im Lernprozess

Planung

- wecken das Interesse und motivieren (Gegenwart, Zukunft, Berufswelt ...)
- trainieren das problembewusste Denken
- sind teamfähig
- ermöglichen entdeckendes, handlungsorientiertes Lernen z. B. durch exempl. Fallkonstruktionen
- erstellen die Arbeitsaufgaben did. reduziert
- setzen und vereinbaren Ziele vorausschauend
- stellen Materialien bereit
- organisieren
- beraten die Lernenden bei der Planung und Durchführung eines Methoden-Mix, schulen Methodenrepertoires
- handeln durch Vorbild
- initiieren
- ermöglichen Beobachtungslernen durch Vorbild
- helfen und beraten die Lernenden bei der Planung Ihrer Schul- und Berufsausbildung
- helfen Außenseitern in Gruppen einzubinden

Durchführung

- schulen die Kommunikations- und Kooperationsfähigkeit
- entwickeln Solidarität, Teamgeist und Toleranz
- fördern individuell
- fördern das kooperative und angstfreie Lernen „learn-facilator"
- beobachten den Lernprozess
- moderieren
- geben Lernhilfen und weiterführende Impulse
- kommunizieren
- fördern selbstständige Aktivitäten, zeigen Flexibilität
- greifen möglichst wenig lenkend und steuernd ein
- nehmen ihre Fachautorität zurück
- ermöglichen durch Schülereigeninitiative Erziehungswirkungen zu fördern
- beherrschen neue Technologien
- beraten auch außerunterrichtlich
- fördern Dialog durch „Scaffolding"
- coachen
- diskutieren Fehler und Widersprüche

Kontrolle

- schulen die Fähigkeit, Informationen auszuwählen und auszuwerten
- fördern Autonomie
- ermöglichen ein aktives selbstgesteuertes Lernen
- ermöglichen individuelle Lerntempi und Lernzeiten
- beraten durch Lernhilfen
- führen Gespräche mit Schülerinnen und Schülern über fachliche, persönliche und methodische Probleme
- zeigen Frustrationstoleranz
- geben Rückkoppelung über erreichte Ergebnisse
- sind selbskritisch
- regen zur Selbstprüfung und Kontrolle an, auch im Bereich von Sozial- und Methodenkompetenz
- ermöglichen ein aktives und Analysieren und Beurteilen der eigenen und fremden Handlungen unter erzieherischen Gesichtspunkten
- fördern Kritikfähigkeit
- begleiten sprachlich
- macht Bewertungsgrundsätze transparent
- akzeptieren begründete alternative Lösungen

unterrichten
beraten
bewerten
erziehen
innovieren
verwalten

6.3 Beispiel: Team-Teaching

Abschließend soll die veränderte Rolle der Lehrpersonen in handlungsorientierten Lernprozessen am konkreten, selbst erprobten Beispiel des Team-Teaching verdeutlicht werden.

Kooperationswilligkeit und Teamfähigkeit von Lehrpersonen sind dabei zwei wesentliche *Grundvoraussetzungen* einer partnerschaftlichen Schulkultur. Dazu gehören gleichsam auch als Qualifikationen von Team-Teaching in handlungsorientierten Unterrichtsprozessen:[1]

- Kompetenzen zur kollegialen und interprofessionellen Zusammenarbeit
- Fähigkeiten zur Selbststeuerung in sozialen Kontexten und zur Konfliktbewältigung sowie die
- Motivation zur teamorientierten ganzheitlichen Gestaltung von Unterricht und Erziehung und in diesem Zusammenhang die Bereitschaft, Unterricht in einem handlungsorientierten Methoden-Mix zu gestalten.

Für den unterrichtenden „Team-Teacher" heißt dies konkret, aktiv und passiv kritikfähig zu sein, insbesondere auch, Kritik vom „Team-Partner" empfangen zu können und dennoch kooperationswillig und -fähig zu bleiben, d. h. verantwortungsvoll und anerkennend gegenseitig umfassend zu informieren, selbststeuernd und selbstverantwortlich zu agieren und dieses unter Beachtung und Wissen gruppendynamischer und kommunikativer Prozesse.

Diese *Charakteristika* einer schulgesellschaftlichen Team- und Kooperationskultur ermöglichen und stärken das Handlungslernen als einen dynamischen, sozialen Interaktionsprozess unter Einbeziehung der ganzheitlichen Lebenswirklichkeit, wie z. B. einem Zusammenrücken von Theorie und Praxis durch gemeinsame und gleichzeitige Planung, Durchführung und Reflexion von Lernprozessen mit fächerübergreifenden Unterrichtsorganisationen im **Methoden-Mix**.

Team-Teaching[2] meint die Planung, Durchführung und Auswertung unterrichtlicher Lernprozesse durch ein Lehrteam möglicherweise inmitten flexibler Schülergruppen als stärkste kommunikativ und emanzipatorisch ausgerichtete Unterrichtsmethode.

Als ein entscheidendes *Merkmal* von Team-Teaching kann im handlungsorientierten Unterricht etwa im Lernbüro der gleichzeitige Einsatz und die sichtbare Anwesenheit von mindenstens zwei Lehrpersonen in der Lerngruppe als fachspezifisches Team, als fächerübergreifendes Team oder sogar als Gesamtfächerteam aufgefasst werden. Dabei kann der *Lehrereinsatz* im Team, z. B. bei der Arbeit mit einem Tagesfall, „normal" im Klassenverband oder in einer anderen organisierten Lerngruppe wie in Grund- und in Leistungskursen erfolgen. Andere methodische Großformen im **Methoden-Mix**, wie etwa die projektorientierte Lernaufgabe oder der Unterricht im arbeitsteiligen Lernbüro, verlangen wegen der notwendigen Betreuung von Lernenden aus mehreren Parallelgruppen und Abteilungen den horizontalen Teameinsatz, während im Projektunterricht Lerngruppen aus unterschiedlichen Jahrgangsstufen im vertikalen Einsatz durch „Team-Teacher" betreut wer-

1 Vgl.: Bildungskommission NRW: Zukunft der Bildung, Schule der Zukunft, Neuwied, Kriftel, Berlin 1995, S. 305/306
2 Vgl. Winkel, R.: Theorie und Praxis des Team-Teaching, Braunschweig 1974 und vgl.: Prior, H: Sozialformen des Unterrichts, in: Otto, G./ Schulz,W. (Hg.): Enzyklopädie Erziehungswissenschaft, Bd. 4, Stuttgart 1985, S. 149 f.

den. Während schulinterner Projektwochen können sogar gleiche und verschiedenartige Jahrgangsstufen im gemischten Einsatz in einer Großgruppe, etwa als Organisations- und Schriftleitung zur Dokumentation von Projekttagen, von einem Lehrteam beraten und unterstützt werden.[1]

Team-Teaching kann sich in allen *Unterrichtsphasen* durch die solidarische Zusammenarbeit der Lehrpersonen, durch ihre wechselseitige, freiwillige Unterstützung und durch ihre gegenseitige Beratung und Kontrolle bewähren:

In der *Planungsphase* als „Team-Planning“ wird der Unterricht gemeinsam konzipiert. In handlungsorientierten Lernfeldern gilt es, ganzheitliche Handlungssituationen im gemeinsamen Erfahrungsaustausch und unter Berücksichtigung der individuellen Fähigkeiten und Kenntnisse der Lehrpersonen im Team auszuwählen und zu analysieren. In Bildungsgangkonzeptionen sind über die primär fachspezifischen Überlegungen hinaus Team-Teacher besonders der berufsübergreifenden Fächer gefordert ihren Berufsbezug transparent zu machen und Anregungen aus den berufsbezogenen Fächern aufzugreifen.[2]

Dabei sind in Tagesfällen, projektorientierten Lernaufgaben bzw. in Projekten besonders die Beiträge der Fächer zu den komplexen Handlungslernsituationen und zu weiteren möglichen Fächerverknüpfungen im unterrichtlichen Planungsteam sinnvoll herauszuarbeiten. So wird durch gemeinsames Lernen, im Erfahrungsaustausch, in der Abstimmung und in der Vereinheitlichung vernetztes Denken als Methode trainiert und Expertenwissen effektiv eingebracht.

In der unterrichtlichen *Durchführung* als echtes „Team-Teaching“ und in der *Reflexion* als „Team-Evaluating“ wirkt Team-Teaching für ein gut zusammenarbeitendes Team immer als Korrektiv und Ansporn, didaktische und methodische Konzepte durch bessere Informationsvernetzung effizient umzusetzen. Die bei den Lernenden angestrebte Teamfähigkeit wird vom Lehrteam konkret unterrichtlich veranschaulicht und vorgelebt, in dem z. B. das **Methoden- Mix** abwechslungsreich und lernprozesstragend eingesetzt wird und jeder Team-Teacher dabei seine Fähigkeiten als Lernprozesshelfer in verschiedenen Rollen optimiert. Stets kann eine eigenbestimmte Qualitätskontrolle von Unterricht erfolgen, die die Lehrpersonen dem Einzelkämpferstatus entrückt und zu einer höheren Arbeitszufriedenheit und gestärkter Professionalisierung führt. In Evaluationsphasen und in Phasen der kritischen Reflexion von Unterricht können Lehrteams den Lernzuwachs durch gemeinsame Nachbesprechungen objektiver messen und zu einer sicheren Unterrichts- und Leistungsbeurteilung gelangen als dies die Lehrperson mit Einzelkämpfernatur vermag.

Gemeinsame didaktische Reflexionen des Unterrichts dienen somit gleichzeitig der Verbesserung der Unterrichtsqualität.

Probleme und Grenzen[3] des kooperativen Team-Teaching können jedoch bei der Planung, Durchführung und gemeinsamen Kontrollen von Unterricht durch die größere Zeitintensität der Planungsprozesse und durch die Einschränkung der Dispositionsfreiheit und Flexibilität von Lehrpersonen auftreten.

1 Vgl.: Studienseminar für das Lehramt für die Sekundarstufe II, Gelsenkirchen I, Dokumentation Projekttage, Gelsenkirchen 1995, Projektgruppe: Team- Teaching

2 Vgl.: Halfpap, K.: Bildungsgangkonferenzen an berufsbildenden Schulen und Kollegschulen in: Die Kaufmännische Schule, 12/94, S. 6

3 Vgl.: Middendorf, W.: Teamorientierung und Kooperation im Lehrerberuf: Chancen und Probleme, in: Die Kaufmännische Schule, 7 – 8/1995

Dennoch sollten Schulorganisation und Schulleitungen die Chancen des Team-Teaching zur Förderung ganzheitlichen Lernens, insbesondere zur Förderung fach- und berufsübergreifender Qualifikationen, nutzen. In Bildungsgangkonferenzen, in Teilkonferenzen und in Arbeitsgruppen sollten Schulen autonom ein eigenes Kooperationsprofil schaffen, um so letztlich pädagogische Ressourcen zur Vermittlung beruflicher Handlungskompetenz, etwa durch das Team-Teaching als eine Organisationsform im **Methoden-Mix,** zu wecken.

Im Lehrerberuf und in der Schule, einem Haus des Lernens, sollten alle Beteiligten durch teamorientierte Arbeitsbewältigung und Problemlösung mehr Synergie[1] wagen, um im Methoden-Mix ganzheitliches Handlungslernen vorzuleben und damit erfahrbar, glaubhaft und evaluierbar zu machen.

1 Vgl.: Kienbaum Unternehmensberatung GmbH: Management Summary, in: Die Kaufmännische Schule, Heft 3 – 4/1995, S. 67 und vgl.: Wunsch, R.: Mehr Synergie wagen, in: Schulverwaltung NRW, Nr. 1/96

3713148

7 Literaturverzeichnis

- Achtenhagen, F./John, G.: Mehrdimensionale Lehr-Lern-Arrangements-Innovieren in der kaufmännischen Aus- und Weiterbildung, Wiesbaden 1992
- Achtenhagen, Frank: Didaktik des Wirtschaftslehreunterrichts, Opladen 1984
- Aebli, H.: Denken: das Ordnen des Tuns, Bd. 1: Kognitive Aspekte der Handlungstheorie, Stuttgart 1980
- Aebli, H.: Zwölf Grundformen des Lehrens und Lernens. Eine allgemeine Didaktik auf psychologischer Grundlage, Stuttgart 1983
- Arnold, R./Müller, H. J.: Handlungsorientierung und ganzheitliches Lernen in der Berufsbildung – 10 Annäherungsversuche, in: Erziehungswissenschaft und Beruf, 4/93
- Bader, Reinhard: „Handlungsfähigkeit entfalten – Zukunft gestalten", in: Die Kaufmännische Schule, Heft 6, 1993
- Bader, Reinhard: Entwicklung beruflicher Handlungskompetenz in der Berufsschule. Zum Begriff „berufliche Handlungskompetenz" und zur didaktischen Strukturierung handlungsorientierten Unterrichts, Landesinstitut für Schule und Weiterbildung, Soest 1990
- Bastian Johannes und Gudjons Herbert: Das Projektbuch II, Bergmann + Helbig Verlag, 1990
- Beck, H.: „Schlüsselqualifikationen lehren und lernen – Orientierungspunkte zur Realisierung in Thesenform", in: Wirtschaft und Erziehung, Heft 5/1993
- Beck, H.: Ein Begriff macht Karriere, Schlüsselqualifikationen, WirtschaftsSpiegel, Thema des Monats, 8/93
- Beck, H.: Schlüsselqualifikationen, Bildung im Wandel, Darmstadt 1993
- Beck, H.: Zur Problematik der Beurteilung von Schlüsselqualifikationen, in: Wirtschaft und Gesellschaft im Beruf, 1993, H. 4
- Bildungskommission NRW: Zukunft der Bildung, Schule der Zukunft, Neuwied, Kriftel, Berlin 1995, S. 305/306
- Bönsch, M.: Auf den Lehrer kommt es an! In: Wirtschaft und Erziehung, 7/8 1988, S. 232
- Brunsch/Florenz/Hoffmann/Langefeld/Rückwart/Schreiber: Arbeitspapier für das Fachseminar Wirtschaftswissenschaft Lehramt für die Sekundarstufe II, Stand Ende 1993
- Burow, Olaf-Axel, Neumann-Schönwetter, Marina: Zukunftswerkstatt in Schule und Unterricht, Hamburg 1995
- Buzan, T.: Use Your Memory, BBC Books 1986
- Caselmann, C: Wesensformen des Lehrers, Stuttgart 1964
- Cohn, Ruth C.: Von der Psychoanalyse zur themenzentrierten Interaktion, Stuttgart 1975
- Collins/Meng/Müller-Fixemer/Speier: Rollen spielen – Verkaufen lernen, Darmstadt 1989,
- Derschka, Peter: Gottschall, Dietmar: Das Geheimnis der Wolke in: Management Wissen 12/84

- Deutscher Bildungsrat: Empfehlungen der Bildungskommission. Zur Neuordnung der Sekundarstufe II. Konzept für eine Verbindung von allgemeinem und beruflichen Lernen, Stuttgar 1974
- Die Schule in Nordrhein-Westfalen, Vorläufige Richtlinien: Betriebswirtschaftslehre mit Rechnungswesen, Höhere Berufsfachschule mit gymnasialer Oberstufe, Berufsbezogener Schwerpunkt Wirtschaft und Verwaltung hrsg. vom Kultusminister des Landes Nordrhein-Westfalen, Frechen 9/1987
- Dörig, R.: Handlungsorientierter Unterricht – Konzept und Grundsätze der Umsetzung im Unterricht, in: Wirtschaft und Gesellschaft im Beruf, Heft 5/1995
- Dörig, R.: Schlüsselqualifikationen – Transferwissen und pädagogische Denkhaltung, in: Zeitschrift für Berufs- und Wirtschaftspädagogik, 91. Band, Heft 2 (1995)
- Dubs, R.: Der Stellenwert des Wissens im Unterricht der Wirtschaftsfächer, in: Zeitschrift für Berufs- und Wirtschaftspädagogik, 1989, H. 7
- Dubs, R.: Versuch einer Differenzierung von polarisierenden Aussagen über Lernformen (Unterrichtsmethoden) und über den Führungsstil des Lehrers im Klassenzimmer, in: Zeitschrift für Berufs- und Wirtschaftspädagogik 87 (1991)
- Dubs, Rolf: Schlüsselqualifikationen – Umsetzung im Unterricht Beruflicher Schulen. In: Prompt, Heft 1/1992
- Ewig, Wege zur Schüleraktivität, Winklers Verlag 1990
- Fandel, Gabriele/Hoffmann, Bärbel: Projektunterricht zur Förderung von Schlüsselqualifikationen, in: Winklers Flügelstift 1/94
- Fink, Alexander, Schlake, Oliver: Szenariomanagement – Ein Rahmenkonzept zur Entwicklung von Leitbildern und Strategien, Universität Gesamthochschule Paderborn
- Frey, K. Die Projektmethode, Weinheim 1990, 3., erw. Aufl.
- Gausemeier, Jürgen: Szenario-Technik – Werkzeug auf dem Weg zur kreativen Nation, Universität Gesamthochschule Paderborn
- Gudjon, H.: Handlungsorientiert lehren und lernen, Schüleraktivierung – Selbsttätigkeit – Projektarbeit, Bad Heilbrunn/Obb. 1994
- Gudjons, Herbert: „Ein Bild ist besser als 1000 Worte. Mit den Augen lernen.“, in Pädagogik, Heft 10/1994
- Gudjons, Herbert: Handlungsorientiert lehren und lernen, Bad Heilbronn 1986
- Halfpap, K.: Bildungsgangkonferenzen an berufsbildenden Schulen und Kollegschulen, in: Die Kaufmännische Schule, 12/94
- Halfpap, K.: Dynamischer Handlungsunterricht, Darmstadt 1983
- Halfpap, Klaus: Ganzheitliches Lernen im Unterricht kaufmännischer beruflicher Schulen, in: Erziehungswissenschaft und Beruf, Heft 3/1991
- Halfpap: Unterricht als integriertes Handlungslernen in kaufmännischen Schulen, Bd. 1 Absatzwirtschaft, Winklers Verlag, 1993
- Heinen, E.: Grundfragen der entscheidungsorientierten Betriebswirtschaftslehre, München 1976
- Hemmert, H.: Zur Konstruktion von Handlungslernsituationen, in: Halfpap, K.(Hrsg.) Unterricht als integriertes Handlungslernen in kaufmännischen Schulen, Band 1: Absatzwirtschaft, Darmstadt 1993

- Höpfner, Hans-Dieter; Koch, Johannes; Meerten, Egon; Rottluff, Joachim; Schneider, Peter Jürgen; Selka, Reinhard: Leittexte – ein Weg zu selbständigem Lernen, Referentenleitfaden, Bundesinstitut für Berufsbildung, Der Generalsekretär, Bonn: BIBB, 1991
- Horster, L.: Wie Schulen sich entwickeln können, Schulleitungsseminar, Lehrerfortbildung in NRW, Paderborn 1991
- Hürlimann, W.: Methodenkatalog. Ein systematisches Inventar von über 3 000 Problemlösungsmethoden, Bern 1981
- Jank, W./Meyer, H.: Didaktische Modelle, Frankfurt a. M. 1991
- John, E. G./Walter, K.: Hilfsmittel für einen entscheidungsorientierten und praxisnahen Wirtschaftslehreunterricht? in: Wirtschaft und Erziehung, 1981, Heft 7/8, Seite 214 – 221
- John, E. G.; Walther, K.: Planspiele – Hilfsmittel für einen entscheidungsorientierten und praxisnahen Wirtschaftslehreunterricht? In: Wirtschaft und Erziehung, 1981, Heft 7/8, S. 216
- Junker, H. R.: Unternehmensplanspielangebot und Unterrichtseinsatz, in: Wirtschaft und Erziehung, 1991, Heft 11
- Kaiser, Annemarie u. Kaiser, Franz-Josef: Projektstudium und Projektarbeit in der Schule, Bd. 2, Bad Heilbrunn 1977
- Kaiser, F. J./Kaminski, H.: Methodik des Ökonomie-Unterrichts – Grundlagen eines handlungsorientierten Lernkonzepts mit Beispielen, Bad Heilbrunn 1994
- Kaiser, F. J./Kaminski, H.: Methodik des Ökonomieunterrichts, Grundlagen eines handlungsorientierten Lernkonzepts mit Beispielen, Bad Heilbrunn/Obb. 1994
- Kaiser, Franz-Josef (ed.): Handlungsorientiertes Lernen in kaufmännischen Berufsschulen, Bad Heilbrunn 1987
- Kaiser, Franz-Josef und Kaminski, Hans: Methodik des Ökonomie-Unterrichts, Bad Heilbrunn 1994
- Kaiser, Franz-Josef: Die Fallstudie, Bad Heilbrunn 1983
- Kienbaum Unternehmensberatung GmbH: Management Summary, in: Die Kaufmännische Schule, Heft 3 – 4/1995, S. 67
- Kirckhoff, Mogend: Einführung in eine kreative Arbeitsmethode, Bremen 1993
- Klafki, Wolfgang: Unterrichtsbeispiele der Hinführung zur Arbeits- und Wirtschaftswelt, Düsseldorf 1970
- Klippert, H.: Handlungsorientiertes Lehren und Lernen in der Schule, in: a+l/Wirtschaft, Nr. 4 1991
- Klippert, H.: Lernziel Selbständigkeit, Methodentraining mit Schülern, in: Wirtschaften, Arbeiten und Lernen, 2 (1992)
- Klippert, Heinz: Handlungsorientierter Politikunterricht, in : Bundeszentrale für politische Bildung (Hg,), Methoden in der politischen Bildung – Handlungsorientierung , Schriftenreihe Band 304, 1991
- Klippert, Heinz: Methoden-Training, Weinheim 1994
- Klippert, Heinz: Wirtschaftsspiele im Unterricht, in: a+l/Wirtschaft, Nr. 10, 1993

- Knapp, R.: Fallstudien als praxisnahe Curriculumelemente im politisch-ökonomischen Unterricht der kaufmännischen Berufsbildung, in: Erziehungswissenschaften und Beruf, Rinteln, Heft 3/ 1983
- Knoll, Jörg: Kleingruppenmethoden, Beltz 1993
- Koch, Johannes; Selka, Reinhard: Leittexte – ein Weg zu selbständigem Lernen, Teilnehmer-Unterlagen, Herausgeber, Bundesinstitut für Berufsbildung, Der Generalsekretär, Bonn: BIBB, 1991
- Kollegschule Kuniberg Recklinghausen: Lernen in der Kollegschule, Konzept einer Lehrerfortbildung
- Kollegschule Werkstattberichte, Landesinstitut für Schule und Weiterbildung, Soest 1991
- König, Manfred: Szenariotechnik. Unterrichtsgegenstand und Unterrichtsmethode in kaufmännischen Schulen, in: Manfred Becker und Ulrich Pleiss (Hrsg.): Wirtschaftspädagogik im Spektrum ihrer Problemstellung, Beltmannsweiler 1988
- Kosiol, E.: Die Behandlung praktischer Fälle im Hochschulunterricht, Berlin 1957
- Landesinstitut für Erziehung und Unterricht Abteilung Berufliche Schulen: Berufsorientierte Projekte – Handreichungen, Stuttgart 1993
- Landesinstitut für Schule und Weiterbildung NRW. (Hg.): Zukunftsphantasien (k)ein modischer Trend? Reader zum Lernkonzept der Zukunftswerkstatt, Soest 1987
- Landesinstitut für Schule und Weiterbildung: Berufliche Bildung: Schlüsselqualifikationen, Soest 1991
- Mertens, Dieter.: Schlüsselqualifikationen. Thesen zur Schulung für eine moderne Gesellschaft, in: Mitteilungen aus der Arbeitsmarkt- und Berufsforschung, 1974, Heft 6, S. 40
- Mertens, Dieter: Schlüsselqualifikationen, in: Mitteilungen aus Arbeitsmarkt und Berufsforschung, Heft 7/1974
- Meyer, H.: Unterrichtsmethoden II: Praxisband, 5. Auflage, Frankfurt a. M. 1993
- Meyer, Hilbert: Unterrichtsmethoden II Praxisband, Frankfurt am Main 1987, S. 342 ff.
- Middendorf, W.: Teamorientierung und Kooperation im Lehrerberuf: Chancen und Probleme, in: Die Kaufmännische Schule, 7 – 8/ 1995
- Naef-Schräder Regula: Lerntraining für Erwachsene, Beltz 1993
- Nyhan, Barry: Entwicklung der Lernfähigkeit, Europäische Beiträge zu Selbst-, Lernkompetenz und Technologischem Wandel, Hg. Kommission der Europäischen Gemeinschaften, Brüssel 1993
- P. Weinbrenner: Darstellung der Szenariomethode und ihrer Anwendung, in: Steinmann, Weber (Hrsg.): Handlungsorientierte Methoden in der Ökonomie, Neusäß 1995
- Pallsch & Reimers: Pädagogische Werkstattarbeit, Weinheim 1990
- Pätzold, G.: Handlungsorientiertes Lehren und Lernen in der schulischen Berufsbildung, in: Die Kaufmännische Schule 6/95
- Peters, Heidrun: Volkswirtschaftslehre: Lerne zu handeln; 2. Auflage, Darmstadt
- Possner, Karl-H.: Die Gestaltung von Betriebserkundungen als methodisches Hilfsmittel für den Betriebswirtschaftsunterricht, in: Winklers Flügelstift; Heft 1, 1977, S. 31

- Prior, H: Sozialformen des Unterrichts, in: Otto, G./ Schulz,W. (Hg.): Enzyklopädie Erziehungswissenschaft, Bd. 4, Stuttgart 1985, S. 149 f.
- Reetz, L.: Der Umgang mit Fällen und die Verwendung von Fallstudien im Wirtschaftslehreunterricht, in: Achtenhagen, F.; John, E. G. (Hrsg.): Lernprozesse und Lernorte in der beruflichen Bildung, Göttingen 1988, S. 239
- Reetz, L.: Schlüsselqualifikationen in der Berufsbildung, in: Twardy, Martin: „Duales System zwischen Tradition und Fortschritt“ Köln 1991
- Reetz, L.: Wirtschaftsdidaktik, Bad Heilbrunn 1984
- Reetz, L.: Zum Einsatz didaktischer Fallstudien im Wirtschaftslehreunterricht. In Unterrichtswissenschaft, 1988, S. 38
- Reetz, Lothar: Fälle und Fallstudien im Wirtschaftslehre-Unterricht, in: Wirtschaft und Erziehung, Heft 5/1988
- Sawizki, Egon R.: Lernvergnügen, GABAL, 1988
- Schade, Wolfgang: Leittextmethode im kaufmännischen Unterricht, in Winklers Flügelstift 3/94
- Schlicksupp, H.: Produktinnovation – Wege zu innovativen Produkten und Dienstleistungen, Würzburg 1988
- Schoof, Dieter: Zukunftswerkstatt – Eine Methode der Lehrerfortbildung, in: Pädagogik 6/92
- Selka, R./Conrad, S.: Leittexte – ein Weg zu selbständigem Lernen, hrsg. vom Bundesinstitut für berufliche Bildung, Berlin 1987
- Sellnow, A. Becker-Freyseng, H. J. Fietkau & T. Länge: Bürgerforum und Zukunftswerkstatt, Frankfurt 1990
- Speth, Hermann: Theorie und Praxis des Wirtschaftslehre-Unterrichts. Eine Fachdidaktik, Rinteln 1994
- Stach, Reinhard: Projektorientierter Unterricht, Kastellaun 1978
- Stein, H.: Der Lehrer als Moderator, Gehlen Heft 6, Seite 239
- Steinmann, B./Weber, B. (Hrsg.) Handlungsorientierte Methoden in der Ökonomie, Neusäß 1995
- Stössel, H.: Ausbildungskonzept für die Neuordnung der Büroberufe, in: Neue Entwicklungen in den kaufmännischen Berufen, BIBB-Kongreß Neue Berufe – Neue Qualifikationen
- Stössel, H.: Schlüsselqualifikationen, in: Lernfeld Betrieb, Heft 2, 1986
- Studienseminar für das Lehramt für die Sekundarstufe II, Gelsenkirchen I, Dokumentation Projekttage, Gelsenkirchen 1995, Projektgruppe: Team-Teaching
- Svantesson Ingemar: Mind-Mapping und Gedächtnis-Training, Gabal 1993
- Tamm, Tade: Konzeption und theoretische Grundlagen einer evaluativ-konstruktiven Curriculumstrategie – Entwurf eines Forschungsprogramms unter der Perspektive des Lernhandelns, Diss., Göttingen 1992
- Tolksdorf, Peter: Arbeitspapier Nordrhein-Westfälisches Berufsförderungswerk e. V. Dortmund: Zukunftsorientierte Berufsausbildung/-umschulung mit modernisiertem Konzept in den Berufsbildern Bürokaufmann/Bürokauffrau sowie Industriekaufmann/ Industriekauffrau im Berufsförderungswerk Dortmund, Dortmund 1992

- Unternehmens-Planspiel playboss – Das Wirtschaftsspiel, Verlag Ravensburg
- Vester, F.: Denken, Lernen, Vergessen, München 1978
- Vgl. Caselmann, C: Wesensformen des Lehrers, Stuttgart 1964
- Webers, Hans-Harald: Entwicklung und unterrichtliche Erprobung einer Fallstudie zur Produktpolitik im Themenbereich Absatzmarketing zur Förderung der beruflichen Handlungskompetenz, unveröffentlicht, Gelsenkirchen 1994
- Webers, Hans-Harald: Entwicklung von Fallstudien, in: Dokumentation Projekttage im Studienseminar Gelsenkirchen I
- Webers, Hans-Harald: Planspiel Glasmark, Ein Lernspiel zur Marktpreisbildung, Köln-Porz 1987
- Weinbrenner, P.: Von Otto Normalverbraucher zu Öko-Paul – Auf der Suche nach dem neuen Konsumenten, in: Der berufliche Bildungsweg 2/1989
- Will, Hermann: Mit den Augen lernen, Beltz 1994
- Winkel, R.: Theorie und Praxis des Team-Teaching, Braunschweig 1974
- Wunsch, R.: Mehr Synergie wagen, in: Schulverwaltung NRW, Nr. 1/96

Sachwortverzeichnis

K

L

M

N

P

Q

3713156